本书系国家社会科学基金一般项目“中国城市群创新能力差异及协同路径研究”（21BJY229）阶段性研究成果。

临空经济

中国区域发展新格局的动力源

AIRPORT ECONOMY

汤凯 著

Airport Economy

A Driving Force for the New Pattern of Regional Development in China

中国社会科学出版社

图书在版编目（CIP）数据

临空经济：中国区域发展新格局的动力源/汤凯著 .—北京：中国社会科学出版社，2023. 8

ISBN 978-7-5227-2338-9

Ⅰ. ①临… Ⅱ. ①汤… Ⅲ. ①航空运输—经济发展—研究—中国 Ⅳ. ①F562

中国国家版本馆 CIP 数据核字(2023)第 139821 号

出 版 人 赵剑英
责任编辑 任睿明 刘晓红
责任校对 周晓东
责任印制 戴 宽

出　　版 中国社会科学出版社
社　　址 北京鼓楼西大街甲 158 号
邮　　编 100720
网　　址 http://www.csspw.cn
发 行 部 010-84083685
门 市 部 010-84029450
经　　销 新华书店及其他书店

印　　刷 北京君升印刷有限公司
装　　订 廊坊市广阳区广增装订厂
版　　次 2023 年 8 月第 1 版
印　　次 2023 年 8 月第 1 次印刷

开　　本 710×1000 1/16
印　　张 15.75
插　　页 2
字　　数 240 千字
定　　价 89.00 元

凡购买中国社会科学出版社图书，如有质量问题请与本社营销中心联系调换
电话：010-84083683

摘　要

从孙中山先生号召“航空救国”到习近平主席提出“为实现民航强国目标、为实现中华民族伟大复兴再立新功”，中国航空业的发展总是与国家的命运休戚相关，时刻担负着国家战略实施的时代使命，而依托机场和航空运输应运而生的临空经济正在中国区域发展中发挥着重要的战略功能。中国经济社会已进入新的发展阶段，构建区域发展新格局赋予临空经济更大的历史使命，每一个机场、临空经济区的背后不仅承载着一个区域发展的最新热望，也反映着国家对构建现代化经济体系、优化经济发展格局的战略预期。那么，什么是临空经济？临空经济怎样影响区域发展新格局？影响效果如何？该如何最大化发挥临空经济的效应，以促进区域发展新格局的形成？

临空经济与区域发展新格局是在同样的时代背景和现实基础上提出的并行不悖的区域战略部署，两者都是高站位服务于国家发展目标，这是临空经济赋能区域发展新格局的战略基础。从 1959 年世界第一个临空经济区——爱尔兰香农国际航空港自由贸易区设立至今，全球已有设立临空经济区 1000 余家。中国临空经济自 2010 年以后快速发展，已设立各类临空经济区 87 个，其中，国家级临空经济示范区 17 个。临空经济在中国各地的蓬勃发展，已引起学界的广泛关注，但现有研究多是对国外临空经济发展理论的引进与应用，鲜有基于中国区域发展实际层面的系统性分析；多是关于临空经济与区域经济关系的局部均衡分析，缺乏从临空经济的特性系统出发，对其在区域发展中的作用进行一般均衡分析；多是探究临空经济自身的发展问题，缺乏临空经济对区域发展新格局所提出的新要求、新任务等方面的影响机理分析。在新一轮科技革命和产业变革以及新冠疫情的冲击下，全球价值链加速重构。与此同时，航空运输、移动互联网、全球价值链的综合作用推动人类进入了“大空间时代”。在此背景下，中国提出不同区域要不断探索发展新模式，构建新发展格局，而临空经济正迎合了这一重大战略部署，能从区域开放、区域经济高质量发展、区域创新等层面，影响区域发展新格局。

临空经济自身的特性系统与区域发展新格局所提出的新要求、新任务高度契合，这是临空经济赋能区域发展新格局的技术基础。临空经济是以航空枢纽为依托，以现代综合交通运输体系为支撑，以提供高时效、高质量、高附加值产品和服务并参与国际市场分工为特征，吸引航空运输业、高端制造业和现代服务业集聚发展而形成的一种新的经济形态。临空经济是交通运输方式、企业生产方式以及大众生活方式变革的必然结果，其发展有完整的生命周期，可根据航空运输量的规模将其划分为初创、成长、成熟三个阶段。临空经济的发展受到机场条件、地面交通网络、产业结构、经济腹地、机场周边环境、政府政策等一系列影响因素的制约，而基础性动力、外源性动力、内生性动力的动态变化，决定着临空经济由低级阶段向高级阶段的跃升。依据对航空运输和对机场的依附程度，临空产业大致可分为临空核心产业、临空关联产业、临空引致产业三大类。现实中，在临空产业的内在集聚力、机场的需求驱策力、政府的行政主导力等力量影响下，临空产业常集群化发展，呈现出“空间上的机场枢纽指向性、演进上的长期性和阶段性、类型上的多样性和层次性、主体上的多维互动性、系统上的复杂性”等特征。匀质空间中，临空经济会以机场为价值极核、在机场周边形成类似同心圆式的圈层空间结构；现实中，因受地理环境、交通设施、产业基础等因子的影响，地租曲线会发生显著变化，导致临空经济区各产业圈层边界呈现出一定程度的变形，从同心圆式圈层结构演变为组团圈层、偏侧、轴带、指状、卫星等多种形态空间结构。临空经济的空间生长过程大致沿循“起步期——机场产业化区、成长期——空港都市区、成熟期——航空市镇群”的模式，其发展路径一般有渐进式、跨越式、更新式三种。以上临空经济的技术性特征系统，决定了其能够对区域发展新格局产生重要影响。

第一，临空经济会影响区域创新格局。优化区域创新资源和结构、提升区域创新能力是构建区域发展新格局的关键。临空经济影响区域创新格局具有坚实的要素基础：一是经济要素基础。临空经济具有“技术—制度—产业”三重经济属性，分别能通过技术支撑、制度安排、产业集聚等路径影响区域创新要素流动、创新活动先行先试以及创新主体集聚与协同。二是交通要素基础。临空经济所内含的完善的综合交通设施，能通过时空压缩和网络连接，提升创新要素流动速度、促进知识溢出，影响区域创新能力以及区域间的创新差距。三是空间要素基础。临空经济能降低运输成本，提升区域开放度，扩大市场规模，从而吸引创新要素的空间集聚，在循环累计因果的作用下，有可能形成“核心—外围”的创新空间格局。在此基础上，临空经济会通过竞争效应、溢出效应、国际投资效应、集聚效应等，提升创新资源的可得性和流动性，在吸聚作用以及植根性等因素的作用下，形成并提升区域的创新优势。此外，从“制度创新+空间动力”的视角看，临空经济还能影响区域创新结构：一是临空经济能通过提升城市通达度和交通枢纽地位，进而影响城市层级结构，改变城市特别是中心城市在区域创新中的地位。二是临空经济能缩小城市间知识密集型服务业的差距，使城市群向创新多中心空间结构演化。三是临空经济能为城市群创新发展提供集聚与扩散叠加动力、制度创新变迁动力、政府与市场双向互动激活动力、中心极核与外围互补引领协同动力，影响区域创新的动力结构。

第二，临空经济会影响区域对外开放新格局的形成。促进形成对外开放新格局是构建区域发展新格局的前提。从临空经济区与自贸区关系的视角看，开放性是自贸区和临空经济区共同的基因。近年来，临空经济区以其便捷的运输体系和高度的开放性，演变成为引领地方深度参与全球分工的高端经济区域。从临空经济区与自贸区融合的角度分析，自贸区由原先的沿海港、河港转为向航空港周边延伸，建设“自贸区+空港”的临空型自贸区正成为众多区域探索改革开放新模式的重要选择。从临空经济区与自贸区联动的角度分析，两者联动发展有着科学的理论与现实逻辑，理论上它们均是面向新发展阶段的开放政策创新，是开放功能互补的新经济集聚区。联动的实质是制度创新与产业创新、科技创新的联动，现实上两者的联动可以拓展先行先试的试验舞台、放大改革创新的示范效应、形成双轮驱动的发展格局。临空经济区与自贸区联动推动形成区域开放新格局主要涉及开放主体、开放要素、开放环境与开放文化四大内容。选取郑州航空港实验区与河南自贸区联动发展为研究案例，详细探讨了两者联动发展的基础、模式与实现路径。

第三，临空经济会影响区域经济高质量发展新格局。推动区域经济高质量发展是构建区域发展新格局的重要内容和落脚点。从全球临空经济与区域经济发展的历史脉络与现实情况分析，两者并非顺沿各自轨道而孤立发展，在特定范围内两者常在时间上相伴而生、空间上高度融合、速度上相互推拽，呈现出三维耦合现象。当前，中国经济已由高速增长阶段转向高质量发展阶段。在基于国内发展形势、把握国际发展大势的基础上，中央进一步提出“加快构建以国内大循环为主体、国内国际双循环相互促进的新发展格局”，这进一步为中国区域经济高质量转型指明了方向。从中国临空经济与区域经济高质量发展的耦合关系分析，两者耦合度呈波动式上升趋势，但整体上仍处于失调衰退类的低水平状态；临空经济与区域经济高质量发展耦合度在空间上由东至西依次递减，东部地区已进入勉强协调发展层，未来中国四大板块临空经济与区域经济高质量发展间存在耦合趋同的可能；每个城市都应该根据其临空经济与区域经济高质量发展的耦合状态，探索适宜的耦合跃升路径。从中国临空经济与区域经济高质量发展的因果关系分析，临空经济能显著促进区域经济高质量发展，并呈现出空间异质性，对东部、东北地区经济高质量发展的促进作用明显高于中部和西部地区；从临空经济发展规模水平的各维度影响看，飞机起降架次对区域经济高质量发展的促进作用最强，其次是航空货运，最后是航空客运；临空经济对区域经济高质量发展的影响在各个分位数上都是显著的，呈现出先升后降的倒“U”形态，反映出临空经济对区域经济高质量发展的影响存在“边际效应递减”的特征。

整体而言，临空经济能够通过影响区域创新、对外开放以及经济高质量发展，推动形成区域发展新格局。在中国新发展阶段大力实施创新驱动、全面深化对外开放以及高质量发展等战略背景下，应在国家层面明确临空经济在区域发展中的战略地位，加强顶层设计，优化临空经济区空间布局，构建分类施策的政策工具体系；强化临空经济区改革创新、先行先试试验田功能，加快推进其管理体制和运行机制等重点领域和关键环节改革，激发临空经济区制度红利；探索在城市群等更大区域空间尺度上临空经济发展新模式，提升临空经济对区域创新的辐射带动功能；激发临空经济对区域开放型经济发展的推动作用，探索建设临空型自贸区，促进临空经济区与自贸区融合或联动发展，以临空经济区的高水平开放引领区域全面深化对外开放；完善航空运输与其他运输方式高效衔接的现代综合交通运输体系，实施临空经济“以点带面”或“以网带面”的区域发展战略，带动区域嵌入全球产业链、价值链、创新链，带动全国层面的经济高质量发展，推动形成区域发展新格局。

关键词：临空经济；区域发展新格局；区域创新；对外开放；经济高质量发展

目　录

第一章

绪 论

改革开放40多年来，中国经济发展取得了举世瞩目的成就，GDP总量稳居世界第2位，2021年人均GDP已达12551美元，有望于2025—2030年迈入高收入国家的行列，并成为世界第一大经济体①。但是，中国仍存在较严重的发展不平衡、不充分等问题，反映在区域发展上则表现为区域间收入分配差距较大、经济质量和效益不高、产业结构不合理、高水平对外开放不够、科技创新能力不足、空间布局不科学等多个方面。党的十九大明确提出了要实施区域协调发展战略，构建区域发展新格局。如何才能实现这一战略目标呢？经济园区的建设和发展是中国区域经济发展的重要特征，近年来，发展临空经济、建设临空经济区在中国区域实践中发挥着越来越重要的作用，因主体功能定位清晰、提升区域竞争力作用明显，已成为中国众多地方探索区域发展新模式的重要突破口。那么，在当前中国大力推进临空经济发展和构建区域发展新格局的双重战略背景下，临空经济究竟能否显著推动区域发展新格局的形成？其具体的内在作用机制是什么样的？如何对影响机制进行合理的解释、对影响效应进行验证与测度？相关主体该如何响应以最优化发挥临空经济的效应呢？

① 林毅夫：《中国改革开放40年与北大建校120年：反思与前瞻》，《北京大学学报》（哲学社会科学版）2018年第2期。

第一节 研究背景、目的和意义

一 研究背景

（一）全球价值链加速重构

自20世纪90年代起，经济全球化推动企业生产经营发生深刻变革，其显著特征是跨国公司向全球公司转型。跨国公司突破传统的国家地理界限，将生产、销售、运输、售后服务等基本活动以及原材料、技术、人员、财务等支持性活动向全球分散布局，以优化配置全球最优质的资源，提升其企业竞争力。在此推动下，中间品贸易量快速增长，许多跨国公司的海外资产、员工、销售额等超过本土，从而使企业价值链延伸到全世界各个角落，形成了全球价值链，国际经济竞争也就更多地表现为整个价值链的竞争。自2008年国际金融危机发生以来，全球价值链加速重构，世界经贸格局深度调整，国际贸易增速放缓，区域、次区域合作日趋强化，贸易壁垒不断增加。世界主要经济体相继实施了“再工业化”或产业振兴等战略，垂直专业化分工价值链在全球范围内重新布局，对全球贸易产生了深远的影响，从而引起了全世界的广泛关注①。2013年联合国贸发会议发布了以“全球价值链：促进发展的投资与贸易”为主题的《世界投资报告》，专门探讨全球价值链的形成与发展问题；2014年APEC领导人会议通过了《推动全球价值链发展与合作战略蓝图》《建立APEC供应链联盟倡议》；2016年G20杭州峰会中国提出“促进包容协调的全球价值链发展”的倡议；2020年世界银行集团发布以“在全球价值链时代以贸易促发展”为主题的《世界发展报告》。可以说，全球价值链重构已经成为国际金融危机以来经济全球化演进最显著的特征，深刻改变着全球贸易结构。

中国1950年货物进出口总额仅为11.3亿美元，到1978年货物

① 赵明亮、臧旭恒：《国际贸易新动能塑造与全球价值链重构》，《改革》2018年第7期。

进出口总额也仅占全球份额的0.8%。改革开放后，凭借低成本优势，中国积极参与国际分工，主动嵌入全球制造业价值链的加工环节，工业化进程显著加快，逐步成长为“世界工厂”。2009年中国成为全球货物贸易第一大出口国和第二大进口国，2013年成为全球货物贸易第一大国，之后除了2016年被美国反超外，其余年份均保持全球货物贸易第一大国的地位。2018年中国货物贸易进出口总值高达4.62万亿美元，占全球份额的11.8%。尤其是近年来中国跨境电商迅猛增长，据阿里研究院与埃森哲战略咨询公司（Accenture）发布的《全球跨境B2C电商市场展望》显示，2014—2020年跨境电商B2C市场交易规模年均增长率高达27%，到2020年市场规模达到9940亿美元，其中以中国为核心的亚太地区新增交易额贡献度高达53.6%。中国对外贸易体量快速增大的同时，也不断向全球价值链高端攀升。早期由于出口产品科技含量和附加值偏低，缺乏核心技术和自主品牌，中国企业大部分位于全球价值链低端。如今，中国一大批大型公司集团挺进世界一流，逐渐构建起所有权优势、内部化优势、区位优势以及国际优势产能，2019年7月美国《财富》杂志公布的世界500强企业排行榜中，有129家企业来自中国，且有24家企业进入世界100强，中国已经连续多年成为世界500强新进企业最重要的培育摇篮。当前中国经济已深度融入世界经济，制造业全球价值链参与率高达47.7%，能否形成一大批具有全球价值链整合能力的一流跨国企业，对未来发展至关重要。因此，应充分把握全球价值链深度调整的历史机遇，把提升中国在全球价值链中的地位作为对外贸易转型升级的努力方向，积极融入全球价值链，优化配置全球优质资源，提升企业国际竞争力，努力构建自我主导的全球价值链。

（二）大空间时代已经到来

人类的发展史也是其经济活动空间的扩张史。依照人类生产生活方式的差异，人类经济活动空间形态主要经历了四个阶段的演进：第一阶段为“点空间时代”。在工业革命之前的漫长农耕时期，人类经济活动空间范围较小，大部分以居住地为中心点、以人力或畜力所及为半径，进行基本的自给自足以及近距离的简单商品交换等经济活动。第二阶段为“平面空间时代”或“二维空间时代”。第一次工业革命后，在以化石燃料为主要能源的船舶、火车、汽车等先进交通工具推动下，地面交通网络日益丰富，人类经济活动空间虽然仍限于地球表面，但逐渐跨越了地域界线，范围显著扩大。第三阶段为“立体空间时代”或“三维空间时代”。第二次工业革命至20世纪末，飞机、电话、互联网等现代交通通信工具为人类生产生活构建起空中通道和即时沟通平台，知识经济、高科技附加值产业迅猛发展，地面线性交通网络演变为立体空间网络，人类经济活动空间不断跨越地表界限。第四阶段为“大空间时代”或“多维空间时代”。进入21世纪以来，在信息技术、航空航天技术、现代交通技术等相互作用下，信息沟通与物质交换共存互动，立体交通网与互联网互联互通，实体空间与虚拟空间深度融合，人类生产生活方式正经历更深刻的变革①。

航空运输、移动互联网、全球价值链是催生“大空间时代”的三大前提条件。首先，以航空运输为主导的完善的立体交通体系是推动“大空间时代”到来的基本前提。21世纪是速度经济的时代，正如美国著名企业史学家钱德勒（Alfred Dupont Chandler）所言，现代化大生产、现代化大分配与现代化的运输和通信一样，其经济性主要来自速度，而非规模②。而航空运输具有显著的时空融聚性特征，通过与高速铁路、高速公路等多种现代运输方式的有效衔接，构建起覆盖全球的立体交通体系，能快捷地实现各类要素在全球范围内的快速流动与优化配置，为“大空间时代”提供基本的物质载体。其次，移动互联网是“大空间时代”的技术支撑。移动互联网的普及为人类搭建了即时沟通平台，突破了生产生活上时间和空间的制约、虚拟与现实的阻隔，有效地拓展了生产可能性边界和不同经济体的发展空间。最后，全球价值链的形成与重构是进入“大空间时代”的主要内容。随着产业结构的转型升级以及国际贸易和经济全球化的发展，国家间开始基于各自的资源禀赋和相对优势对产业链进行深化分工，一些国家

---

① 王学东：《国际空港城市：全球化生存和发展的平台》，经济管理出版社2020年版。

② ［美］小艾尔弗雷德·D. 钱德勒：《看得见的手——美国企业的管理革命》，重武译，商务印书馆1987年版。

逐渐将某些生产工序外包给其他在该工序上更具比较优势的地区，以便优化配置全球资源、降低生产经营成本。这种产业链转移方式突出特点是由原先的“整体型转移”转变为“分离型转移”、由原先的“垂直或水平转移”转变为“同一产品内部各工序间的分工”，地区间的分工更明确、更稳定，相互依赖性也更强。因此，全球价值链的形成与重构成为“大空间时代”所承载的主要内容。“大空间时代”显著特征主要有以下几个方面：一是要素流动极速化。以航空运输为主导的立体交通体系能在24小时内把各类要素送达地球任何一个城市，互联网尤其是移动终端的普及实现了在全球范围内的即时性信息交流，供需反馈方便快捷，把人类的消费生活体验提升到前所未有的高度。二是经济利润长尾化。“大空间时代”全球市场快捷的信息交流和物质交换渠道有效降低了供需双方交换成本，也“使一切国家的生产和消费都成了世界性的了”，从而更容易产生规模效应。在这种作用下，“模仿型排浪式消费阶段基本结束，个性化消费渐成主流”，小批量、定制化、个性化产品需求成为企业重要利润来源。三是产业结构高端化。全球共同市场的形成推动高科技含量产品以及服务经济迅速发展，虚拟产品和创意商品规模不断扩大，全球产业结构加速转型升级。四是经济社会全息化。大数据走向普及化，人类更容易获取全样本数据资料并进行全方位、全景式的信息挖掘，对企业生产决策模式和人类生活交流模式带来全新的思维和冲击。五是全球发展均衡化。全球价值链分工表现出点对点、跨区域网状布局的大空间形态，一些拥有航空港和信息节点功能的内陆地区也可以充分参与到全球价值链分工中去，从而有可能摆脱区位劣势，推动全球发展向均衡化趋势演进①。

临空经济区是“大空间时代”区域参与全球竞争的重要平台。以机场为核心的临空经济区是全球物流网络的关键节点，集聚了大量的人流、物流、信息流、技术流、资金流等。建设临空经济区，既能够

① 王学东：《社会进入“大空间”时代，空港城市将成新中心》，《市场观察》2015年第7期。

通过遍及全球的航空运输网络实现要素的全球易达，又可降低供需远程交易的时空成本、提升时空价值，促进企业基于准时生产策略、跨区域采购策略等柔性生产方式的实现，以多品种、小批量柔性生产满足个性化、碎片化、多样化的消费需求趋势。尤其是一些具有高科技含量、高附加值、重量轻、体积小、时效性强、鲜活性等特点的高端产品，对航空运输具有较强的依赖性，唯有向临空经济区聚集，才可适应“速度经济”时代“迅者生存”的竞争法则。临空经济区的形成与发展是对传统区域经济理论的重要拓展。区域发展逐渐摆脱对海岸线、大江大河、重要交通线的依赖，产业也将不必然沿着“发达国家—发展中国家沿海地区—发展中国家内陆地区”的路径进行梯度转移，广袤的内陆地区可凭借临空经济区的优势嵌入全球价值链，构建高端产业发展平台，与沿海地区站在同一起跑线上。

总之，“互联网+航空运输网+全球价值链”所催生的“大空间时代”正在到来，临空经济区适应了全球范围内互联互通、消费需求新变革、产业结构升级、区域均衡发展的趋势，推动在全球配置资源的大空间格局的形成，正逐渐成为拉动区域经济发展的“新引擎”和世界各国抢占全球资源的战略制高点。全球中心城市分布已呈现出依托空港均衡布局的趋势。因此，“如果说我国在海港时代、陆港时代错过了抢占制高点的历史机遇，那么我们应该抓住当前空港时代的机遇，把国际空港城市建设摆在国家战略的更高位置整体推进”①。

（三）全面开放新格局逐步形成

对外开放是国家实现繁荣昌盛的必由之路，中国改革开放促进了国家总体经济效益的迅速提高，但也带来了地区差距不断拉大等问题。中国以前对外开放的基本国策在具体执行中主要采用的是渐进式的改革推进模式，“从点到线再到面，从沿海到内陆”，在地域扩展上大致按“经济特区—沿海开放城市—沿海经济开放区—沿边地带—沿江经济区—内地中心城市”的顺序进行（见表1-1）。因此，东部沿海区域率先成为中国经济体制改革先行区，发展潜力迅速释放，吸引

① 王学东：《国际空港城市：在大空间中构建未来》，社会科学文献出版社2014年版。

了大量资源，经济得到快速发展，也带来了国家总体经济效益的迅速提高。而中西部区域由于经济体制改革迟缓、对外开放水平偏低，与东部沿海区域经济差距逐渐拉大，中国西部地区国土面积、人口、经济总量分别占全国的72%、27%和20%，对外贸易额、利用外资额、对外投资额则分别仅占全国的7%、7.6%和7.7%，可以说，中国区域经济差距很大程度上源于区域间对外开放水平的差距，也表现在对外开放水平的差距上。

表1-1　　中国区域开放战略演变

类型	时间和地域
经济特区	1980年8月设立深圳、珠海、汕头、厦门为经济特区；1988年4月设立海南经济特区；2010年5月设立霍尔果斯、喀什为经济特区
沿海开放城市	1984年批准大连、秦皇岛、天津、烟台、青岛、连云港、南通、上海、宁波、温州、福州、广州、湛江、北海14个城市为全国第一批对外开放城市；1985年和1988年分别将营口和威海增列为沿海开放城市
沿海经济开放区	1985年2月将长江三角洲、珠江三角洲和闽南三角地区（厦门、漳州、泉州）设为沿海经济开放区；1988年3月将辽东半岛、山东半岛、环渤海地区列为沿海经济开放区
沿边地带	1992年3月开放黑河、绥芬河、珲春、满洲里、二连浩特、伊宁、塔城、博乐、瑞丽、畹町、河口、凭祥、东兴镇13个市、镇
沿江开放	1992—1994年陆续将长江沿岸的重庆、岳阳、武汉、九江、芜湖、黄石、宜昌、万县、涪陵列为沿江对外开放城市，将长江三峡工程库区17个县市列为长江三峡经济开放区，实行沿海开放城市的政策
省会城市开放	1992年8月开放哈尔滨、长春、呼和浩特、石家庄、太原、合肥、南昌、郑州、长沙、成都、贵阳、西安、兰州、西宁、银川18个省会（首府）城市，实行沿海开放城市政策

资料来源：笔者综合整理。

进入新时代以来，中国特色社会主义建设面临的对外开放新形势愈加复杂多样，各种制约深化全面开放的国内外因素日益显现。从国际看：全球经济复苏步履维艰，经济增长旧动能明显弱化，市场竞争更加激烈；国际产业转移和分工出现新的趋势，发达国家由“去工业化”向“再工业化”转变；部分国家逆全球化愈演愈烈，贸易保护主义和内顾倾向抬头，新保守主义日趋泛滥，多边贸易体制遭遇严峻挑战，尤其是2019年末开始暴发的新冠疫情对全球治理秩序带来了前所未有的冲击，加剧了逆全球化趋势和全球经济发展的不确定。从国内看："要素驱动"和"投资驱动"的传统开放型经济发展模式遭遇瓶颈，增长动力亟待转换；在全球价值链中以中低端加工、组装和制造等环节为主的地位尚未发生根本转变，在新一轮国际分工中被边缘化的危险日益增加；经济发展结构性矛盾突出，制造业在核心技术研发、品牌创建等方面短板明显，推动产业从中低端向中高端转型升级任重道远；企业自主创新能力不足，整合全球创新要素能力欠缺，严重影响区域对外开放的发展水平。需要注意的是，虽然中国全面开放面临的形势极为严峻，但挑战与机遇并存，总体而言仍是机遇大于挑战，我国正处于一个大有可为的历史机遇期。自2006年以来，中国对世界经济增长贡献率稳居世界第1位，2019年中国对全球经济增长的贡献率达到39%，超过美国、欧盟、日本贡献率之和，是世界经济增长第一引擎，"在全球经济治理体系中的制度性话语权显著提升"①。特别是中国倡导的"一带一路"建设得到了众多国家的积极响应，大幅提高了中国在国际经济秩序制定和全球治理体系中的作用，也大大拓展了中国开放型经济发展空间。面对这样的形势，中国需全面优化区域开放布局，特别是要将对外开放基本战略取向需逐渐调整为在继续发挥东部沿海地区优势的基础上更多帮助和支持内陆地区上来，不断推动开放环境下的经济地理重塑，正如习近平总书记所指出一样，过去我国的开放基于沿海地区，面向海洋、面向发达国家，今后更多要考虑中西部地区和沿边地区开放，进一步向西开放、向周边国家开放②。

党的十九大报告提出的"要推动形成全面开放新格局""发展更高层次的开放型经济"，是全新的开放发展理念，是对现有对外开放政策所作出的重大调整，也是推动对外开放理论和实践创新的重要举措。"全面开放新格局"要求沿海开放与内陆沿边开放并重，要"形

① 汪洋：《推动形成全面开放新格局》，《人民日报》2017年11月10日第4版。

② 中共中央宣传部：《习近平新时代中国特色社会主义思想三十讲》，学习出版社2018年版。

成陆海内外联动、东西双向互济的开放格局”，要“在过去开放方向的基础上，更多地考虑中西部地区和沿边地区的对外开放，整合升级内陆已有开放平台，培育一批贸易投资区域枢纽城市，提升沿边开放平台功能”，为中国广大内陆地区对外开放带来了前所未有的发展机遇，“中西部地区逐步从开放末梢走向开放前沿”①。全面开放新格局的要求更加均衡、层次更高，是中国实现区域协调发展整体战略意图和目标的必选路径，也是新时代中国内陆地区深度融入全球化进程的重要举措。在构建全面开放新格局的进程中，发展临空经济正成为中西部内陆地区实现跨越式发展的全新模式，是推动中国形成全面开放新格局的加速器。临空经济是一种典型的开放型经济形态，具有显著的时效性、可达性和产业带动性等特征。内陆地区通过发展临空经济，能以较低的成本与外部世界建立紧密的联系，拉近与世界的距离，大幅度提高与其他国家的交往效率，并带动其产业结构的升级，引领内陆地区深度融入全球产业分工体系中去，使环境闭塞的内陆地区转身为对外开放的前沿阵地。

（四）新冠疫情冲击全球供应链

2019 年末始发的新冠疫情迅速在全球蔓延，成为自 1918 年西班牙大流感以来最严重的全球公共卫生危机，也是一次“对整个人类社会的冲击”和“前所未见的全球健康危机”，世界卫生组织（WHO）将其定性为“全球性流行病”（pandemic）。新冠疫情也给全世界人民生命安全与身体健康造成严重危害，截至 2022 年 8 月 3 日，全球累计新冠确诊病例超过 5.77 亿例，死亡病例超 640 万例。根据世界银行测算，受新冠疫情影响，2020 年全球经济陷入深度衰退，按不变美元计算 GDP 总量为 81.9 万亿美元，比 2019 年的 84.67 减少 2.77 万亿美元，增长率为-3.3%，自第二次世界大战结束以来首次出现负增长②；失业人数增加近 2500 万③，贫困人口大幅增加，全球消费能力

① 汪洋：《推动形成全面开放新格局》，《人民日报》2017 年 11 月 10 日第 4 版。

② 资料来源于世界银行数据库：https：//data.worldbank.org.cn/indicator/NY.GDP.MKTP.KD.

③ 资料来源于 2020 年 4 月 14 日国际货币基金组织（IMF）发布的《世界经济展望报告》。

明显下降，世界经济衰退达到创纪录的规模①。中国经济短期内也受到了新冠疫情的严重冲击，2020 年 GDP 增长率仅为 2.3%，是改革开放以来增长最缓慢的一年②。

新冠疫情对经济社会的影响是全方位的，尤其是对全球供应链造成了严重破坏。新冠疫情冲击供应链的根源在于因控制疫情需要，劳动力无法提供面对面接触或集聚性劳动，导致劳动力供给急剧下降和就业结构变化。新冠疫情造成了一定数量的劳动力死亡，直接减少了劳动力供给；因抗击疫情的需要，一些劳动力可能会从原有岗位转向抗击疫情工作，引起劳动力结构的变化；而新冠疫情引起的劳动力要素供给中断对供应链的冲击最为严重。为了阻断疫情传播，必须限制人员流动，最大限度地减少人与人的接触频次，中国在防控疫情期间就采取了较为严格的限制社交活动和社会隔离措施，如停办规模性群体活动、保持社交距离、关闭公共娱乐场所、学校停课、减少班列和航班等一系列措施。这样的举措对有效阻断疫情蔓延、保护人民生命安全起到重要作用，但同时也造成了企业停工、劳动力滞留在家、企业与家庭之间的经济循环被迫中断等问题。在当前高度分工协作的现代经济体系下，因抗击疫情需要所导致的劳动力供给中断会迅速传导至企业资金流、物流等各个方面，增加整个供应链的中断风险。

新冠疫情对航空业造成严重破坏。第一，航空运输业是受新冠疫情冲击最显著的行业之一。国际航空运输协会（IATA）发布的《2020 年世界航空运输统计报告》显示，2020 年全球航空客运量为 18 亿人次，比 2019 年下降 60.2%；客运总收入同比减少 69%，净亏损 1264 亿美元，疫情最严峻时全球 66%的商业航空机队停飞③。2500 万个与航空业相关的工作岗位消失，多家航空公司面临倒闭④，截至

---

① 资料来源于 2020 年 3 月 19 日联合国秘书长古特雷斯的演讲。

② 资料来源于国家统计局 2021 年 2 月 28 日发布的《中华人民共和国 2020 年国民经济和社会发展统计公报》。

③ 郑彬：《2020 年世界航空运输统计报告近日发布——全球航空业努力克服挑战》，《人民日报》2021 年 8 月 23 日第 16 版。

④ IATA，“COVID-19 Updated Impact Assessment”，https：//www.iata.org/en/iata-repository/publications/economic-reports/covid-fourth-impact-assessment/，2020.4.14.

2020 年 5 月 2 日，已有英国 Flybe、美国 Compass、美国 TransStates、美国 RavnAir、瑞典 Braathens、德国 LGW 等 9 家航空公司倒闭或申请破产，正如 IATA 总干事兼首席执行官朱尼亚克所言，“航空运输业正面临最严重危机”；全球航空运输业恢复将远滞后于世界经济的恢复，有别于 2003 年重症急性呼吸综合征（SARS）后全球航空运输业的“V”形复苏，本次新冠疫情后全球航空运输业有可能呈“U”形复苏形态，预计到 2023 年才可恢复到 2019 年水平。中国民用航空局发布的《2020 年民航行业发展统计公报》显示，2020 年中国民用航空运输业主要指标全部大幅下滑，全行业航空运输总周转量、旅客运输量、货邮运输量分别为 798.51 亿吨公里、4.18 亿人次、676.6 万吨，比 2019 年分别增长-38.3%、-36.7%、-10.2%；机场旅客吞吐量、货邮吞吐量、飞机起降架次分别为 8.57 亿人次、1607.5 万吨、371.1 万架次，比 2019 年分别增长-36.6%、-6%、-25.3%；飞机日利用率 6.49 小时/日，比 2019 年减少 2.84①。第二，新冠疫情对航空制造业供应链也造成了严重冲击。受新冠疫情影响，通用航空（GE Aviation）、美捷特（Meggitt）、罗尔斯·罗伊斯（Rolls-Royce）、精灵航空系统公司（Spirit AeroSystems）等航空制造企业大幅裁员；波音公司（Boeing）为缓解飞机交付延期，于 2020 年 3 月取消了 313 架飞机储备订单，并暂停波音 787 客机在南卡罗来纳州（South Carolina）的生产；空客公司（Airbus）削减了 1/3 产能，于 2020 年第一季度取消了 66 架飞机订单，推迟一年实施空客 A220 型客机在加拿大的增产计划，并因“库存积压和政府建议”暂停空客 A220 型和 A320 型客机在美国亚拉巴马州（Alabama）的生产；巴航航空工业公司（Embraer）解雇在本国支线飞机生产上所有非必要工人；庞巴迪（Bombardier）暂停公务机生产；赛峰集团（SAFRAN）全球裁员 35%，并暂时关闭 45 个生产基地。中国航空制造业也面临艰难处境。中国航空制造企业停工时间较以往延长，交付压力骤增。第三，航展业受到新冠疫情重

---

① 中国民用航空局：《2020 年民航行业发展统计公报》，中国民用航空局网，http://www.caac.gov.cn/XXGK/XXGK/TJSJ/202106/t20210610_207915.html.

创，国内外多个航展相继取消，包括原计划 2020 年 4 月举办的中国上海亚洲公务机展、5 月举办的德国柏林航展和中国郑州航展、7 月举办的英国范堡罗航展和英国皇家国际空中分列式。第四，航空维修业进入“冰河时代”。受新冠疫情影响，大量民航客机被迫停飞，利用率迅速降低，维修需求自然下降；疫情危机给航空公司生产经营带来严峻挑战，迫使航空公司更加关注现金管理和储备，缩减客机维修服务支出；一些航空公司提前退役老旧客机，如德国汉莎航空公司（Deutsche Lufthansa）提前 2 年淘汰 6 架空客 A380 客机、荷兰皇家航空公司（KLM Royal Dutch Airlines）提前 1 年退役 7 架波音 747 客机、法国航空公司（Air France）提前 1 年退役 4 架 A340-300 客机，这意味着大量最需要保养、维修的老旧客机直接退出航空维修市场。奥纬咨询公司（Oliver Wyman）于 2020 年 4 月将 2020 年全球航空维修业商场规模下调了 350 亿美元，降幅达 40%。

综合以上背景分析可以发现，新发展阶段中国区域发展面临着较严重的发展不平衡、不充分以及发展质量不高等问题。与此同时，在新一轮科技革命和产业变革的冲击下，全球价值链加速重构；在航空运输、移动互联网、全球价值链的综合作用下，人类进入“大空间时代”；新冠疫情严重冲击全球供应链，中国各区域发展需加快融入“双循环”新发展格局。当前，航空运输在促进区域融入全球市场、推动要素全球优化配置中的作用愈加重要，并以其高时效性吸引资金、劳动力、产业、企业等要素不断向机场周边聚集，催生出临空经济这种新的经济形态，为中国构建区域发展新格局提供了有效突破口，在转变区域发展方式、优化区域经济结构、强化区域发展动力、促进区域经济高质量发展中的作用日益凸显。近年来，中国各级地方政府不断强化对临空经济的重视，纷纷依托区域机场建设临空经济区，力图将其构建成区域发展的新增长极，带动区域发展；国家层面也加大了对临空经济的支持力度，出台了一系列指导性文件，设立了多个国家级临空经济示范区，以期促进临空经济效应发挥、优化空间格局，推动区域发展新格局的构建。那么，临空经济究竟能对中国区域发展新格局产生什么样的影响呢？有怎样的作用机制？如何加快临空经济发展，以此促进中国区域发展新格局的形成呢？这正是目前缺乏研究和亟待研究的问题，本书研究将为此付出积极努力。

二　研究目的

本书研究的总体目标是，构建临空经济理论体系，分析中国临空经济对区域发展新格局的影响效果及机理，为提升中国临空经济发展水平、促进形成区域发展新格局提供理论依据和决策支持。具体而言：

（1）构建临空经济影响区域发展新格局的理论体系。将临空经济区构成要素、空间特性、产业与空间特性、偏好特征、发展阶段与演进机制、发展模式、动力系统、产业类型与演变规律等多元因素纳入理论模型的分析框架，是考察临空经济区对区域发展新格局影响的理论基础。为此，本书将从交通经济、区域经济、产业经济等理论中把临空经济剥离出来，系统分析临空经济发展的规律性问题，再以单独的视角将临空经济内容重建在区域发展新格局的理论体系中，完成基础理论体系搭建，实现对现代经济学中关于经济增长极和区域协调发展等核心理论问题的拓展，丰富中国特色临空经济理论体系。

（2）分析临空经济对区域发展新格局的影响效果与作用机制。本书研究将把区域发展新格局分解为区域创新新格局、区域对外开放新格局、区域经济高质量发展新格局三个关键维度，基于临空经济属性的分析，分别探讨临空经济对区域创新、对外开放以及高质量发展等方面的影响机制，并构建理论模型、相应的评价指标体系和数理模型，采集全国主要临空经济区和空港城市相关数据进行量化分析，检验相应的机制，验证“临空经济能有效促进形成区域发展新格局”的理论预判。

（3）提出以临空经济促进形成区域发展新格局的路径体系。在新发展阶段中国大力实施创新驱动、高水平对外开放、区域协调和高质量发展的战略背景下，本书研究将针对我国临空经济与区域发展的现状，从国家顶层设计、地方资源倾斜、区域空间布局、多区融合联动、体制机制创新、关键支撑要素等方面，构建以临空经济引领构建区域发展新格局的路径体系，提出相应的响应机制和对策建议，为提升我国临空经济发展水平、推动形成区域发展新格局提供决策参考。

三　研究意义

尽管临空经济的相关研究已较为丰富，但应用研究的多、理论探索的少，整体上并不系统且缺乏一定的深度，理论研究严重滞后于实践需要。当前中国临空经济建设风生水起，发展临空经济几乎成了中国大中型航空枢纽城市的必然选择，推动临空经济理论在“分析的范畴”和“实践的范畴”上进行有效结合，这是本书研究的重要出发点。整体而言，本书研究的理论意义和现实意义如下：

（一）理论意义：丰富和拓展中国特色临空经济理论体系

现有研究多是以西方发达区域的临空经济实践为基础来开展的，其研究成果并不能保证在其他国家或区域具有普遍的适用性，特别是在当前经济社会正发生深刻变革、区域发展新格局正加速形成的中国，更不能盲目照搬西方的临空经济发展理论和经验。中国幅员辽阔，不同临空经济区以及所依附的区域社会经济发展情况差异显著，为国内临空经济研究提供了丰富的样本。同时，中国区域发展新格局的构建为临空经济发展提供了广阔空间，众多区域目前也正在大力发展临空经济，中国已成为全球临空经济发展速度最快、规模最大、成效最显著的国家，基于中国临空经济发展实践的相关理论研究具有广阔的前景。因此，厘清临空经济对区域发展新格局的作用机理及优化路径，探寻其独特的内生化机制和影响模式，并基于中国实践进行实证检验，有助于丰富产业经济理论、空间经济理论、区域发展理论等研究内容，推动具有中国本土特色的临空经济理论体系构建；将临空经济发展收敛在国家构建区域发展新格局的特殊阶段，有助于实现对现代经济学中关于经济增长极和区域可持续发展等核心理论问题的拓展。

（二）现实意义：为中国临空经济健康发展提供理论指导

中国临空经济自 2010 年起才开始迅速发展。到 2025 年中国布局规划民用机场总数将达到 370 个，并覆盖绝大多数地级市，届时临空经济在区域发展中的作用会更为突出。但中国现已规划的各级别临空经济区中鲜有成熟的发展模式，社会各界对临空经济的发展规律与建设经验、在区域发展新格局中的作用与地位等的认识上也存在差异。因此，厘清临空经济在区域发展新格局中的作用，对各地临空经济区建设实践有重要指导价值。此外，对于中国这一正处于转型期的大国来说，政府在区域发展新格局构建中仍占据重要地位，交通等基础设施投资、产业扶持、经济功能区建设等长期以来都是各级政府调控经济的必要手段，但其效果莫衷一是。临空经济独特的发展规律决定了不能以经济开发区的发展思路来指导临空经济区建设。本书研究可为相关主体制定区域及临空经济发展规划，明确交通投资、产业扶持、园区建设等的规模、力度、优先顺序提供依据，推动其建立科学的响应机制，实现路径优化，为构建区域发展新格局提供一个抓手。

第二节 文献述评

一 研究综述

在临空经济研究领域，中外研究主要集中于产业功能、空间结构、航空城现象、临空经济影响因素、形成机理、空间扩张与机制、区域影响、发展模式等方面。

（一）临空经济的产业功能

临空产业是指具有临空指向性的产业，常从航线连接性、运输时效性、产品高价值性等方面判断一个产业是否具有临空指向性，并用临空指数 y=f（t，p，v）[①] 来衡量其临空指向度[②]。临空产业类型多样，可按照其与航空运输联系程度划分为服务于航空枢纽的产业、航空运输和物流服务产业、具有明显航空运输指向性的加工制造业和有关服务业、以研发和管理为主的公司地区总部经济四种类型[③]，或划

① 其中 y 表示产业的临空指向度，t 表示产品或服务时间要求，p 表示单位产品或服务价格，v 表示单位产品或服务所占用空间，当 t 和 v 越小，p 越大时，该产业的临空指向性越强，对航空枢纽的依赖程度就越高。

② 张军扩等：《临空经济的内涵及发展中国临空经济的重要性》，《中国经济时报》2007 年 2 月 6 日第 4 版。

③ 张军扩等：《临空经济的内涵及发展中国临空经济的重要性》，《中国经济时报》2007 年 2 月 6 日第 4 版。

分为临空核心产业、临空引致产业、临空关联产业三种[①]。不同类型的临空产业具有不同的发展规律，其构建过程中需要不同的主导力量推动，应以省级政府为主导布局临空基础产业、以航空港区为主导规划临空关联产业、以机场集团为主导发展临空核心产业、以市场机制为主导培育临空引致产业[②]。临空经济区内还有一些非临空类产业，基于产业发展的共性与个性差异，临空经济区内可供选择的产业包括传统临空产业（共性）、地方产业基础的延续（个性）、特色区位和资源可带来的新兴生态环保产业（个性）、相关配套产业（共性），各临空经济区应按照“确定共性与个性产业，设置入驻门槛，建立网络与联系”路径对产业进行动态选择[③]。临空经济区内产业结构是动态变化的，随着机场规模的扩大，临空经济区服务经济特征逐渐强化，临空指向度呈先增强、后稳定状态，航空运输产业组织有序化、产业链逐步延长，航空货运产业比航空客运产业发展更为明显[④]。临空产业是城市产业网络的重要组成部分，因此，临空经济区的产业选择也必须基于城市的职能定位[⑤]。

临空产业集群是临空经济发展到较高水平的重要标志。临空产业集群主要由一个核心产业集群（民航运输产业链、民航制造产业链、民航运输综合服务保障产业链）和三个关联产业集群（配套服务业集群、高新技术产业集群、传统制造业集群）构成，临空产业集群化发展是解决其在产业链上“断链”问题的唯一途径，孕育着巨大的区域经济效益[⑥]。临空产业集群的形成和发展具有特殊的动力机制，其中，临空工业高时效、高科技的特征决定了其需通过产业集聚来获取竞争

---

① 高友才、汤凯：《临空经济与供给侧结构性改革——作用机理和改革指向》，《经济管理》2017 年第 10 期。

② 高传华：《河南临空产业体系构建与政策设计》，《开放导报》2013 年第 5 期。

③ 魏晓芳等：《现代空港经济区的产业选择与空间布局模式》，《经济地理》2010 年第 8 期。

④ 张蕾、陈雯：《空港经济区产业结构演变特征——以长三角枢纽机场为例》，《地理科学进展》2012 年第 12 期。

⑤ 徐鑫等：《沈阳空港经济区产业布局规划研究》，《城市规划》2016 年第 S1 期。

⑥ 王志清等：《京津冀地区发展民航产业集群研究》，《中国工业经济》2006 年第 3 期。

优势，形成推动产业集群化发展的内部动力；机场与产业集群的良性互动以及地方政府的推动是形成临空产业集群的外部动力；航空枢纽的货物快速集散优势因能产生规模经济效应而强化了临空企业的集聚①。张明莉基于系统论视角，从时间维度、空间维度、产业功能、组织网络等方面探讨了临空产业集群化发展的机理②。王巧义根据临空产业集群形成过程中政府与市场的地位差异，将临空产业集群发展模式划分为市场主导型、政府主导型和政府市场互动型三种，中国临空产业集群存在发展较晚、模式雷同、规划过度超前等问题，应遵循临空产业集群发展规律，合理确定其发展路径，强化政策引导，科学规划布局③。刘雪妮等认为，临空产业集群的产业类型、优势产业集群航空运输指向度、相关生产性服务业的发展水平及产业间关联情况等反映了临空经济的发展阶段，地方政府应据此研判其临空经济所处的发展阶段和不足④。李非等从产业集群的程度、类型和特点三个方面对临空经济区产业集群现状进行评估，提出我国大型国际枢纽机场临空经济的发展已进入产业集聚阶段，而区域性枢纽机场临空经济的发展仍处于运输经济向产业集聚转变的阶段⑤。

（二）临空经济的空间特性

临空经济区是临空经济的空间载体，临空经济的空间问题实质上是在特定环境下综合产业在临空经济区内的空间布局问题，其形态形成主要源于向心力与离心力的共同作用。因不同经济单元对机场的依赖程度不同，临空经济区内产业分布常以机场为核心形成同心圆式的圈层布局结构。如美国剑桥系统研究所（Cambridge Systematic，Inc.）Glen E. Weisbrod 等学者深入研究了欧洲、日本、北美等机场周边空间结构，在《机场区域经济发展模式》一文中，基于航空枢纽指向度，将临空经济区空间结构划分为机场区（At the airport）、机场紧邻区

---

① 刘雪妮等：《发展临空产业集群的动力机制研究》，《现代经济探讨》2007 年第 1 期。

② 张明莉：《临空产业集群化的系统分析及实践导向》，《河北学刊》2013 年第 6 期。

③ 王巧义：《临空产业集群实施路径研究》，《河北经贸大学学报》2014 年第 2 期。

④ 刘雪妮等：《首都机场临空产业集群的评估分析》，《软科学》2008 年第 3 期。

⑤ 李非等：《临空经济区形成机理与区域产业结构升级——以广州新白云国际机场为例》，《学术研究》2012 年第 1 期。

（Adjacent to the Airport）、机场相邻区和机场交通走廊沿线高可达性区域（Vicinity of the Airport and Airport Access Corridor）、外围辐射区（Elsewhere in the Metropolitan Area）四个圈层[①]；Omar EL Hosseiny 基于机场与城市群的互动关系探讨了临空经济区空间成长机制，并将其划分为空港（the airport domain）、空港地区（the sector of the airport）、空港区域（the airport's region）三个阶段，提出临空经济空间范围不断扩张的同时经济活动内容也更为丰富，逐渐从机场经营和辅助业务为主导向非航空收入过渡，最终成长为整个区域发展的增长极[②]；美国北卡罗来纳大学教授约翰·卡赛德（John Kasarda）基于廊道加集群创造了航空大都市（Aerotropolis）概念模型，将航空大都市界定在以机场为核心半径 20 英里（30 公里）的发展区域，并对其内部空间布局进行解构后提出，航空大都市环状交通系统内部主要布局航站楼购物中心、会议中心、高档商务酒店、货运处理设施、停车场、机场办公室、鲜活易腐货物中心、多式联运衔接平台等，环状交通系统外部主要布局高科技产业园、及时制造产业园、航空物流产业园、保税仓储园区、自由贸易区、酒店与休闲娱乐区、商务办公走廊、购物餐饮区、居住区等（见图 1-1）[③]。

在国外方法论影响下，以同心圆为基础的临空经济区空间结构得到了国内学者的普遍接受[④⑤⑥]。近年来，伴随航空运输业及临空经济的迅猛发展，国内学者纷纷从不同角度深化探讨临空经济区的空间结构理论模式，并对广州、沈阳、深圳、郑州等地临空经济区空间布局

---

① Glen E. Weisbrod, et al., "Airport Area Economic Development Model", The PTRC International Transport Conference, Manchester, England, 1993: 1-12.

② Omar EL Hosseiny, "Challenges Facing the Interrelation of 21st Century International Airports and Urban Dynamics in Metropolitan Agglomerations. Case Study: Cairo International Airport", Airports and Urban Dynamics 39th Iso Carp Congress, 2003.

③ ［美］约翰·卡赛德：《航空大都市：21 世纪的商业流动性与城市竞争力》，《城市观察》2013 年第 2 期。

④ 沈露莹：《世界空港经济发展模式研究》，《世界地理研究》2008 年第 3 期。

⑤ 魏晓芳等：《现代空港经济区的产业选择与空间布局模式》，《经济地理》2010 年第 8 期。

⑥ 张衔春等：《空港经济区法定空间规划体系内容识别与优化策略》，《地理科学进展》2015 年第 9 期。

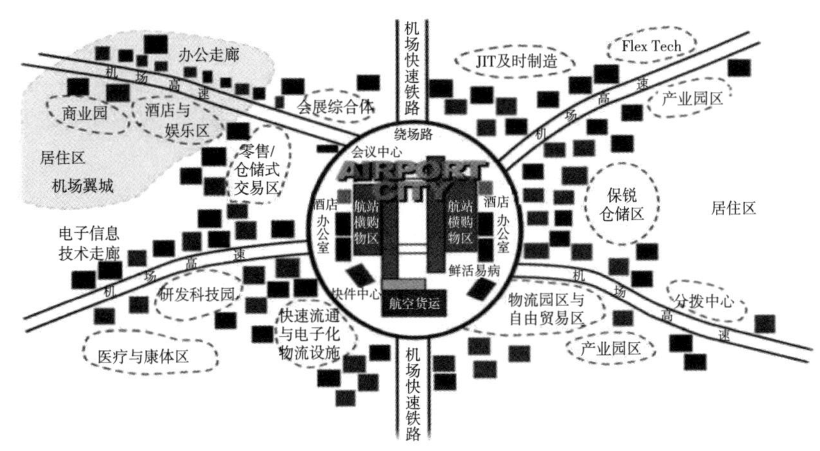

图 1-1 航空大都市模型

资料来源：［美］约翰·卡赛德：《航空大都市：21 世纪的商业流动性与城市竞争力》，《城市观察》2013 年第 2 期。

进行规划研究①②③④。曹允春⑤、阮菊明⑥基于临空经济区内各空间的功能差异，将其划分为临空工业区、临空农业区、临空服务区、临空旅游休闲区、临空居住区等结构；胡赵征基于航空大都市模型分析了各功能区空间发展过程⑦。航空城市是临空经济区发展的最高阶段，刘波探讨了航空城的功能组织和发展成长规律，提出航空城与依附城市在空间结构上常表现出尽端式、组团式和平行式三种类型，在内部结构上常呈现圈层放射的空间特征⑧。在信息化发展的推动下，一些学者开始尝试运用 GIS 技术等工具构建空间分析模型，量化探究临空经济区理论空间范围、产业布局区位、动态空间扩张机制等问题。如

① 姚士谋等：《国际空港的大区位及其规划布局问题——以广州新白云机场为例》，《人文地理》2006 年第 1 期。

② 刘国宏：《深圳大空港地区开发策略》，《开放导报》2014 年第 5 期。

③ 徐鑫等：《沈阳空港经济区产业布局规划研究》，《城市规划》2016 年第 S1 期。

④ 王旭升等：《郑州航空都市区空间发展战略研究》，《地域研究与开发》2013 年第 6 期。

⑤ 曹允春：《临空经济——速度经济时代的增长空间》，经济科学出版社 2009 年版。

⑥ 阮菊明：《临空经济：理论解析与上海航空城战略行动》，上海三联书店 2017 年版，第 41—43 页。

⑦ 胡赵征：《临空产业与空间协同规划研究》，博士学位论文，清华大学，2014 年。

⑧ 刘波：《航空城的空间结构、要素与规划策略研究》，《城市规划学刊》2015 年第 4 期。

张蕾等利用微观企业数据及GIS技术，从空间识别和产业识别两个视角提出了空港经济区空间范围界定方法①，量化界定了长三角主要空港经济区空间范围，比较研究其综合发育程度②，分析产业结构与空间分异③，并采用圈层分析、热点分析等方法实证研究了上海虹桥机场临空经济区空间结构演变及其驱动机制④。柳坤等采用GIS多距离空间聚类分析（Ripley's K函数），探讨了临空经济区生产性服务业和制造业的空间分布特征，研究发现，生产性服务业和制造业的空间分布均呈显著的向心性，集聚强度呈倒“U”形形态，且生产性服务业集聚强度明显高于制造业⑤。

（三）临空经济的发展阶段

临空经济具有完整的生命周期，其发展过程是一个随时间变化而持续演进的客观存在过程，如同自然界生物，“岁月或迟或早都要对它们发生影响……它们逐渐地失去活力”⑥。临空经济的生命周期会受到交通设施建设周期、企业与产业生命周期、政策与管理周期、土地开发周期、人的生命周期等一系列因素的影响，从而呈现出显著的阶段性特征。因研究视角的差异，学术界对临空经济发展阶段的划分标准、结构及特征尚未形成统一意见。例如，基于国际成熟航空港及其周边临空经济发展模式的经验总结，可将临空经济划分为准备、成长、成熟、瓶颈、航空城开发五个阶段⑦⑧；基于机场极化作用以及

① 张蕾等：《空港经济区范围界定——以长三角枢纽机场为例》，《地理科学进展》2011年第10期。

② 张蕾、周瑞琴：《长三角主要空港经济区产业结构演变与优化》，《地域研究与开发》2016年第5期。

③ 张蕾：《1999—2013年长三角主要空港经济区产业结构与空间分异特征研究》，《地理科学》2018年第5期。

④ 张蕾、史威：《空港经济区空间结构演变及驱动机制——以上海虹桥国际机场为例》，《地理研究》2014年第1期。

⑤ 柳坤等：《机场周边地区生产性服务业与制造业空间布局特征——以首都机场为例》，《地域研究与开发》2015年第4期。

⑥ ［英］马歇尔：《经济学原理》（上册），朱志泰译，商务印书馆1981年版。

⑦ 杨友孝、程程：《临空经济发展阶段划分与政府职能探讨——以国际成功空港为例》，《国际经贸探索》2008年第10期。

⑧ 练振中：《临空经济论》，博士学位论文，中共中央党校，2011年。

区域经济支撑作用的差异性影响，可将临空经济划分为形成期、成长期、成熟期三个阶段，分别对应航空运输业的前向关联效应、后向关联效应、旁向关联效应三个过程[①]；基于对临空经济演进序列的特征剖析与形态识别，可将其划分为形成期（机场极化空间阶段）、成长期（临空产业综合体空间阶段）、成熟期（知识创新空间阶段）[②③④]；从临空经济区产业选择和空间布局模式的视角，可将临空经济划分为初级（集核式布局）、快速成长（点轴式布局）、发展成熟（网络式布局）三个阶段[⑤]；根据临空经济区内临空产业集群的发展水平及临空经济对区域经济的影响方式，可将临空经济划分为运输经济、临空产业集聚、城市经济三个阶段[⑥⑦]；基于临空经济区与城市的关系，可将空港城市发展划分以客运为主的单纯机场阶段、以客运+货运为主的第二阶段、以"机场+临空经济区"为主的第三阶段、航空大都市阶段[⑧]。

（四）临空经济的影响因素

机场是临空经济产生与发展的核心影响要素，缺少机场作用的经济模式不能界定为临空经济；企业区位需求偏好向时间价值取向转移，能推动各类生产要素向机场周边集聚；腹地经济发展能为临空经济提供总量支撑、空间支撑和制度供给；除此之外，鸟患、烟雾、噪声、飞机事故、电磁干扰等因素会通过影响临空产业布局，进而影响

---

① 刘莉雪、徐寿波：《临空经济发展的阶段性特征与产业布局：以郑州为例》，《河南师范大学学报》（哲学社会科学版）2015 年第 4 期。

② 曹允春：《临空经济——速度经济时代的增长空间》，经济科学出版社 2009 年版。

③ 高友才、汤凯：《临空经济与区域经济阶段性耦合发展研究》，《经济体制改革》2017 年第 6 期。

④ 马晓科：《临空经济与区域经济发展的耦合作用机理——以郑州航空港为例》，《技术经济与管理研究》2017 年第 7 期。

⑤ 魏晓芳等：《现代空港经济区的产业选择与空间布局模式》，《经济地理》2010 年第 8 期。

⑥ 刘雪妮：《我国临空经济的发展机理及其经济影响研究》，博士学位论文，南京航空航天大学，2008 年。

⑦ 刘雪妮等：《首都机场临空产业集群的评估分析》，《软科学》2008 年第 3 期。

⑧ 王学东：《国际空港城市：在大空间中构建未来》，社会科学文献出版社 2014 年版。

临空经济区的发展[①][②]。供应链会通过响应市场快捷性需求、供应链延伸等方式促进临空经济发展[③]；价值链转移方式由整体型转移向分离型转移的转变，既会通过扩大中间品在全球范围内流动和贸易，进而促进航空运输网络和航空货运量的增长，也会通过强化嵌入全球价值链的竞争压力，推动临空产业集群的构建和临空经济区产业环境的改善[④]；航空客流量和货流量对临空经济区的流量经济均有显著促进作用，而机场与腹地城市中心的空间距离是流量经济发展的负面因素，但其影响程度较小[⑤]。袁堃认为，国民经济快速发展、航空事业的进步、提高国际化和市场化程度以及促进区域经济增长等方面的需求是推动临空经济发展的主要驱动力[⑥]。江崇莲提出，机场自身条件、交通运输体系、临空产业聚集、政府政策支撑是影响临空经济发展的主要因素[⑦]。李国政认为，临空经济的形成与演进的内因是临空产业的集聚与扩散，外因是腹地城市的推动，支撑条件有政策支持、发展战略、产业布局、生产要素、市场条件等[⑧]。孙建国和高岩发现金融集聚对临空经济区全要素生产率的影响不显著，而政府支持显著[⑨]。马同光和齐兰实证研究表明，航空客运、技术创新、基础设施建设、人力资本能促进临空经济发展，而航空物流与临空经济则负相关，经济政策和生产性服务业对临空经济的影响不显著[⑩]。

---

① 李健：《临空经济发展的若干问题探讨与对策建议》，《科技进步与对策》2005 年第 9 期。

② 孙等：《临空经济产生的机理研究——以首都国际机场为例》，《理论探讨》2006 年第 6 期。

③ 刘雪妮等：《临空经济与供应链的相互作用研究》，《科技进步与对策》2007 年第 12 期。

④ 刘雪妮等：《价值链转移对我国临空经济发展的影响》，《企业经济》2008 年第 3 期。

⑤ 刘雪妮：《基于引力模型的临空经济区流量经济研究》，《管理评论》2009 年第 6 期。

⑥ 袁堃：《我国发展临空经济的重要性及需要重点把握的问题》，《理论前沿》2009 年第 23 期。

⑦ 江崇莲：《中国临空经济发展的影响因素及策略选择》，《学术交流》2010 年第 11 期。

⑧ 李国政：《从城市的边缘到经济的中心：临空经济演进的动力机制与圈层结构》，《现代城市研究》2013 年第 4 期。

⑨ 孙建国、高岩：《金融集聚对技术进步的影响机制研究——基于城市与空港经济区比较视角》，《经济经纬》2019 年第 5 期。

⑩ 马同光、齐兰：《中国临空经济发展影响因素研究——基于地区面板数据的实证分析》，《宏观经济研究》2018 年第 4 期。

（五）临空经济的发展机理

孙波等以首都国际机场为例探讨了临空经济的产生机理，提出机场、空港区和腹地经济三者双向互动的自组织机制催生出了临空经济①。吕斌和彭立维从技术进步、机场与航空业发展、产业结构升级、全球竞争方式变革、城市发展多中心化趋势、政府作用等方面分析了临空经济区的形成机制②。朱前鸿研究了临空经济发展的基本要素，提出机场本身的条件、腹地经济发展水平、通关条件、交通状况、政府政策支撑、生态环境和配套设施等是临空经济发展的重要条件③。曹允春等从研究对象、空间初始状态、市场结构、贸易自由度等方面探讨了新经济地理理论在临空经济形成机理分析中的适用性，借助FE 模型研究了临空经济的形成机理，认为机场引起的大区域空间收敛性以及机场周边区域交通便利所引起的小区域空间收敛性降低了时空成本，促进了生产要素和产品的流动，从而提升区域经济开放度、吸引产业向机场周边区域聚集，并在正反馈自我强化机制下使机场区域逐渐成为核心，形成“中心—外围”结构④。曹允春还从动态角度研究了临空经济的演进机理，指出基础性动力、内生性动力和外源性动力是推动临空经济演进的三种动力，三种动力在临空经济不同阶段的作用强度存在显著差异⑤。胡剑芬等分析了自组织和他组织在临空经济系统发展中的作用，提出由自组织引起的临空经济区内部产业间竞争行为会导致临空经济运转的低效率，故临空经济有序发展需发挥自组织和他组织的双重作用⑥。赵冰等认为，临空经济的发展是“空港、产业、空港新城”三个要素所形成的“三位一体”系统演化过

① 孙波、金丽国：《临空经济产生的机理研究——以首都国际机场为例》，《理论探讨》2006 年第 6 期。

② 吕斌、彭立维：《我国空港都市区的形成条件与趋势研究》，《地域研究与开发》2007 年第 2 期。

③ 朱前鸿：《国际空港经济的演进历程及对我国的启示》，《学术研究》2008 年第 10 期。

④ 曹允春等：《新经济地理学视角下的临空经济形成分析》，《经济问题探索》2009 年第 2 期。

⑤ 曹允春：《临空经济演进的动力机制分析》，《经济问题探索》2009 年第 5 期。

⑥ 胡剑芬等：《基于自组织与他组织理论的临空经济系统协同发展研究》，《系统科学学报》2016 年第 3 期。

程，经过“独立驱动—两两融合—三位一体”阶段性演进，推动临空经济区向更高层次发展①。

（六）临空经济对区域发展的影响

因机场与航空运输是临空经济的核心，一些学者从“机场”或“航空运输”的视角分析临空经济对区域经济发展、就业、税收等方面的影响②③。曹允春认为，中枢机场有利于促进区域产业结构升级、优化区域投资环境、塑造城市窗口形象、扩大信息交流、推动旅游项目完善④。宋伟和杨卡探讨了大型航空枢纽对所在区域发展所产生的原生效益（primary effects）、次生效益（secondary effects）、衍生效益（tertiary effects）和永久性效益（perpetuity effects），分析了航空枢纽对其周边区域人口、产业以及现代“新经济”活动所带来的经济利益和区位优势⑤。李栋梁和曹允春认为，航空运输能满足新经济时代企业生产、销售和布局的要求，引领区域产业融入全球产业体系，并能通过原发影响和诱发影响拉动区域经济增长、就业增加⑥。王勇和刘毅实证研究发现，航空港对区域经济增长有显著正效应，航空活动指标每增加1个单位，能带动经济增长0.074个单位⑦。蒋荷新和任敏媛提出，航空运输会通过与所在地企业之间的直接互动机制、临空经济区内企业活动与所在区域产业结构的间接互动机制两个层面影响区域产业结构⑧。

---

① 赵冰等：《港—产—城视角下临空经济的新模式》，《开放导报》2016年第2期。

② 张凡、宁越敏：《全球生产网络、航空网络与地方复合镶嵌的战略耦合机理》，《南京社会科学》2019年第6期。

③ 王海杰、孔晨璐：《临空经济示范区与腹地中心城市的耦合发展》，《郑州大学学报》（哲学社会科学版）2020年第6期。

④ 曹允春：《中枢机场在区域经济发展中的作用》，《经济地理》2001年第2期。

⑤ 宋伟、杨卡：《民用航空机场对城市和区域经济发展的影响》，《地理科学》2006年第6期。

⑥ 李栋梁、曹允春：《行业发展与区域经济振兴——基于航空运输业效应的分析》，《求是学刊》2010年第3期。

⑦ 王勇、刘毅：《都市航空港区域经济效应分析——基于中国10城市空港面板模型实证》，《经济问题》2011年第6期。

⑧ 蒋荷新、任敏媛：《航空运输对地区产业结构影响的研究——以上海浦东机场为例》，《城市发展研究》2018年第3期。

一些学者从临空经济独特的经济特性出发，分析其对区域经济发展的影响，提出：临空经济是适应贸易运输方式转型的新经济业态，能通过提升贸易优势、改善出口结构、降低贸易成本等渠道促进贸易新增长[①]；能带动区域产值和财富增长、增加就业、推动区域产业结构升级和临空产业链条形成，增强区域整体竞争力[②]；能改变城市空间结构，以机场为中心的临空经济区正从城市的地理边缘演化为城市经济的中心之一[③]；能通过降低时空摩擦而产生“速度经济”[④]；对供应链特别是高科技、短周期产品供应链的影响深刻，能通过扩大分工网络促进供应链的全球化，增强供应链的反应速度、弱化牛鞭效应[⑤]；能通过推动城市经济形态向高端化演进、优化城市空间布局、为城市搭建外向型经济发展平台等路径，影响现代城市转型发展[⑥]；能在微观上改变区域发展要素禀赋、中观上实现与区域产业耦合、宏观上促进区域税收和就业增长，改变自工业革命以来区域发展重点一直在沿海或沿江地区的发展模式，开辟出区域发展热点重返内陆地区的新时代[⑦]；能推动欠发达区域实现跨越式发展，以开放倒逼改革，推动经济社会的现代化转型[⑧]；能影响区域供给侧结构性改革[⑨]、区域金融集聚[⑩]，

① 李秀香：《建设临空经济区，促进贸易新增长》，《国际贸易》2012 年第 3 期。

② 赵文：《临空经济与区域经济发展的耦合作用机理——以首都第二国际机场兴建为例》，《经济社会体制比较》2011 年第 6 期。

③ 李国政：《从城市的边缘到经济的中心：临空经济演进的动力机制与圈层结构》，《现代城市研究》2013 年第 4 期。

④ ［美］约翰·卡萨达、史蒂芬·阿波德、陈萍：《规划有竞争力的航空大都市》，《区域经济评论》2014 年第 3 期。

⑤ 刘雪妮等：《临空经济与供应链的相互作用研究》，《科技进步与对策》2007 年第 12 期。

⑥ 吴海瑾：《空港经济发展与南京城市转型》，《南京社会科学》2013 年第 1 期。

⑦ 张占仓等：《郑州航空港临空经济发展对区域发展模式的创新》，《中州学刊》2016 年第 3 期。

⑧ 耿明斋、张大卫：《论航空经济》，《河南大学学报》（社会科学版）2017 年第 3 期。

⑨ 高友才、汤凯：《临空经济与供给侧结构性改革——作用机理和改革指向》，《经济管理》2017 年第 10 期。

⑩ 刘霞、孟雪珂：《临空经济对区域金融影响的差异分析》，《华东经济管理》2018 年第 8 期。

能通过重构效应[①]、市场效应[②]、空间溢出效应[③④]、创新效应[⑤]等促进区域经济增长。

（七）临空经济对区域开放和协调发展的影响

临空经济对区域开放有重要影响。早在2001年，《首都空港自由贸易区发展战略研究》课题组就分析了临空型自由贸易区建设的国际经验，提出自由贸易区正由海港型、内陆型向空港型演进，临空自由贸易区能通过产业、就业、税收、技术、信息五大溢出效应促进区域经济发展[⑥]。随着中国进入新发展阶段，构建对外开放新格局需更加重视临空经济的作用。有学者认为，临空经济区能有效弥补内陆区域不沿海、不沿边所造成的对外开放的不足，推动内陆城市走向国际，是内陆区域对外开放、发展经济的利器[⑦]。临空经济在"一带一路"建设中也发挥了重要作用，正成为"一带一路"节点城市联外带内、提升竞争力的重要手段[⑧⑨]。首都作为国内外对外交往中心，必然要使用航空运输手段，因此临空经济对构建首都经济圈具有重要意义[⑩⑪]。对中西部内陆地区

---

① 汤凯：《临空经济对区域发展的重构效应研究》，《云南财经大学学报》2019年第7期。

② 汤凯：《临空经济促进区域经济发展的市场效应研究》，《华东经济管理》2019年第11期。

③ 汤凯：《我国临空经济区对地区经济增长的影响——基于离散型空间溢出效应》，《中国流通经济》2020年第8期。

④ 王海杰、孔晨璐：《"双循环"视角下临空经济对区域经济增长的空间溢出效应研究》，《管理学刊》2021年第3期。

⑤ 吴建军、高燕菲：《临空经济、区域创新与经济增长——基于中国37个大型空港城市的经验研究》，《湖南科技大学学报》（社会科学版）2020年第6期。

⑥ 《首都空港自由贸易区发展战略研究》课题组：《空港自由贸易区理论与实践探索》，中国经济出版社2000年版。

⑦ 彭聚珍等：《内陆临空经济区建设与政策探究——主导航空公司的作用机制分析》，《西南大学学报》（社会科学版）2015年第1期。

⑧ 付超奇：《推进"一带一路"战略　发展现代航空运输》，《宏观经济管理》2015年第4期。

⑨ 何枭吟：《"一带一路"建设中内陆节点城市临空经济发展建议》，《经济纵横》2015年第9期。

⑩ 刘瑞、伍琴：《首都经济圈八大经济形态的比较与启示：伦敦、巴黎、东京、首尔与北京》，《经济理论与经济管理》2015年第1期。

⑪ 于德泉、白旭飞：《北京高端产业功能区管理体制研究》，《现代管理科学》2016年第9期。

而言，临空经济区以其对外开放的窗口优势、地理区位的通达优势、运输通道的便捷优势将成为内陆地区对外开放的重要门户[①]。开放性是自贸区和临空经济区的共同基因，“自贸区+空港”融合发展形成的临空型自贸区逐渐成为中国对外开放的新空间载体[②③④]。

临空经济在推动区域协调发展中也具有重要作用，提出：临空经济在一些沿海区域可与临海经济共同成为驱动其发展的双引擎[⑤]；发展临空经济是东北振兴的新机遇[⑥]；应根据不同阶段特征，促进京津冀区域产业结构升级和协同发展[⑦]；加快河北省临空产业布局、深化跨区域临空产业合作，对推动京津冀区域产业协同发展和深度融合具有重要意义[⑧⑨]；临空经济能显著促进中部和西部贫困地区的经济发展[⑩]；郑州航空港实验区能强化郑汴许区域的区位优势、促进区域产业结构升级和交通网络建设，是构建郑汴许成长三角的重要聚合中心[⑪]。随着研究的深入，学者尝试探索运用案例分析与计量模型的方法来实证探讨临空经济区对区域协调发展的影响。谭淑霞和逯宇铎基于熵权模糊评价构建了区域经济中机场拉动效率的评价指标体系和评

---

① 申振东：《西部内陆地区对外开放大通道建设：机遇、挑战与路径——以贵州省机场业为例》，《贵州大学学报》（社会科学版）2017 年第 6 期。

② 张蕾：《世界临空型自由贸易区发展模式研究》，《世界地理研究》2018 年第 6 期。

③ 何枭吟、吕荣艳：《空港型自贸区发展趋势与我国内陆空港自贸区战略抉择》，《国际经济合作》2018 年第 8 期。

④ 班奕：《临空经济区—自贸区耦合关系的实证分析》，《统计与决策》2018 年第 16 期。

⑤ 王为人：《临海与临空经济区发展的国际经验与上海南汇东滩开发的产业定位》，《世界地理研究》2001 年第 4 期。

⑥ 张晓平：《发展临空经济：东北振兴的新机遇》，《宏观经济管理》2013 年第 8 期。

⑦ 李义鹏：《京津冀协同发展背景下临空经济区对产业结构升级的对策与路径研究》，《宏观经济管理》2017 年第 S1 期。

⑧ 魏丽华、李书锋：《京津冀协同发展战略下河北省产业布局分析——以临空产业为例》，《中国流通经济》2014 年第 12 期。

⑨ 艾美芳、魏丽华：《临空经济：发达地区经验与河北发展路径选择》，《河北学刊》2015 年第 5 期。

⑩ 周文：《要想富，先修路？——不同交通运输发展在贫困地区经济发展效应的差异》，《首都经济贸易大学学报》2019 年第 5 期。

⑪ 汪雪峰等：《郑州航空港经济综合实验区建设与郑汴许成长三角空间组织研究》，《地域研究与开发》2013 年第 6 期。

价模型[①]。刘雪妮等借鉴国际机场协会欧洲部（ACI Europe）的分析方法，将临空经济对区域经济、就业的影响划分为直接、间接、引致、催化四类，通过构建投入产出模型、分析相关公司报表及调查问卷数据，对首都机场临空经济的经济社会影响作了量化研究；运用格兰杰因果关系检验分析发现，国家层面上民航运输业发展对国民经济发展不存在因果关系，但区域层面上珠三角、长三角区域航空运输业发展是区域经济增长的重要原因[②]。申振东和戴添华运用灰色关联度模型，实证探讨了贵州机场群对民族地区经济社会的影响[③]。

（八）临空经济区管理研究

基于实践，有学者将我国临空经济区的管理模式可划分为以北京顺义临空经济区为代表的“一区多园+开发公司”模式、以昆明新机场为代表的“管理委员会+行政辖区”模式、以重庆机场为代表的“政府+机场集团”模式[④]。强化临空经济区管理的主要目标是提升其竞争力，机场、企业、产业、政府是影响临空经济区核心竞争力的重要因素，政府应从规划制定、产业遴选、环境优化、改革创新、协调好各方关系等途径提升临空经济区核心竞争力[⑤]。有些学者对临空经济区管理中存在的具体问题进行了分析，如汤宇卿等指出，我国临空经济区建设主要面临功能定位模糊、产业临空指向性不强等问题[⑥]；尹建华和王兆华发现，北京市临空经济发展存在航空运输利用率低、临空产业间关联性弱且指向性不显著、产业链协作水平低、企业自主创新能力不足、吸纳高端产业转移能力偏弱等问题[⑦]；彭聚珍等认为，内陆地区临空经济发展中航空资源缺乏，常存在“无空可临”

---

① 谭淑霞、逯宇铎：《区域经济中机场拉动效率的评价指标体系研究》，《科技管理研究》2013 年第 13 期。

② 刘雪妮等：《区域间民航发展与经济增长关系的比较分析》，《管理评论》2007 年第 7 期。

③ 申振东、戴添华：《贵州机场群对民族地区经济发展的影响研究——基于灰色关联度理论》，《贵州民族研究》2017 年第 9 期。

④ 杨深、陆超：《我国临空经济区管理体制研究——兼论揭阳空港经济区的管理体制》，《城市发展研究》2014 年第 10 期。

⑤ 曹允春等：《提高临空经济区核心竞争力研究》，《经济纵横》2006 年第 15 期。

⑥ 汤宇卿等：《临空经济区的发展及其功能定位》，《城市规划学刊》2009 年第 4 期。

⑦ 尹建华、王兆华：《北京市临空经济发展战略研究》，《生产力研究》2009 年第 11 期。

等问题[1]；蔡云楠等提出，临空经济发展面临空港、产业和城市相互脱离的问题[2]。有些学者采用案例研究的方法，探讨了临空经济区在管理中具体涉及的园区规划[3][4]、循环经济发展[5]、战略定位和战略重点[6][7]、核心竞争力提升[8][9]、资源整合[10]、多方利益协调[11]、管理体制机制改革[12][13][14]、效率评价[15]、配套设施与环境建设[16]、多机场管理[17]、差异化发展[18]、税收增加[19]、开放发展[20]等问题。

① 彭聚珍等:《内陆临空经济区建设与政策探究——主导航空公司的作用机制分析》,《西南大学学报》(社会科学版) 2015 年第 1 期。

② 蔡云楠等:《空港经济区“港—产—城”协同发展的策略研究》,《城市发展研究》2017 年第 7 期。

③ 顾哲、夏南凯:《空港物流园功能区块布局》,《经济地理》2008 年第 2 期。

④ 孙娟、蔡震:《面向政府与市场的控制性详细规划探索——以上海虹桥临空经济园区为例》,《城市规划》2009 年第 4 期。

⑤ 褚衍昌、吴育华:《机场循环经济研究》,《北京理工大学学报》(社会科学版) 2009 年第 3 期。

⑥ 李晖:《湖南临空经济科学跨越的战略思考》,《湖南社会科学》2010 年第 4 期。

⑦ 朱有志、张胜军:《湖南临空经济区的战略定位与产业发展——以长沙黄花国际机场为例》,《湘潭大学学报》(哲学社会科学版) 2010 年第 3 期。

⑧ 傅毓维、李栋梁:《基于国际竞争力理论的临空经济研究》,《学习与探索》2010 年第 3 期。

⑨ 吴海瑾:《空港经济发展与南京城市转型》,《南京社会科学》2013 年第 1 期。

⑩ 史普润等:《区域资源整合视角下临空经济的效率——基于 DEA 窗口分析法和灰色预测的江苏临空经济区的实证研究》,《系统工程》2012 年第 4 期。

⑪ 刘千瑜:《山西临空经济发展: 问题与对策》,《理论探索》2012 年第 5 期。

⑫ 方颖:《郑州航空港区建设与推进》,《经济研究参考》2013 年第 41 期。

⑬ 王旭升等:《郑州航空都市区空间发展战略研究》,《地域研究与开发》2013 年第 6 期。

⑭ 肖若晨:《内陆城市空港经济发展的瓶颈与策略: 以洛阳空港区为例》,《区域经济评论》2020 年第 1 期。

⑮ 沈丹阳、曹允春:《临空经济区经济效率评价与提高策略研究》,《技术经济与管理研究》2014 年第 2 期。

⑯ 魏丽华、李书锋:《京津冀协同发展战略下河北省产业布局分析——以临空产业为例》,《中国流通经济》2014 年第 12 期。

⑰ 吴国飞、陈功玉:《广州临空经济发展模式和具体思路研究》,《国际经贸探索》2014 年第 12 期。

⑱ 赵冰、曹允春:《多机场临空经济区差异化发展经验及对北京临空经济区的启示》,《企业经济》2018 年第 2 期。

⑲ 李旭红等:《临空经济税收问题研究——以北京临空经济核心区为例》,《税务研究》2018 年第 1 期。

⑳ 曹允春等:《临空经济区开放发展的路径研究》,《区域经济评论》2020 年第 1 期。

（九）临空经济发展模式

按照临空经济区产业组合和产业特色差异，可将临空经济发展模式划分为“航空物流为特色的孟菲斯模式、航空物流与高端商务并重的法兰克福模式、休闲产业为特色的仁川模式、多元化综合性发展的史基浦模式”[①]，或是“多种产业集群化发展模式、现代服务业（物流型、枢纽型、商务贸易型、居住型）主导发展模式、航空业（航空运输与制造）主导发展模式、高轻产品制造业主导发展模式”[②]。除此之外，从土地开发的角度划分为同轴模式、点轴模式、形状模式，从发展路径角度划分为渐进式模式、跨越式模式，从资源角度划分为优势主导、要素导入、综合联动三种模式，从规划角度划分为航空城、机场自由区、机场商务区三种模式[③]。依据“港—产—城”三要素在临空经济发展中所起的作用差异，可将临空经济发展模式划分为“单一要素驱动模式、两两融合驱动模式、三位一体化驱动模式”[④]。虽然在发展模式上各有差异，但也存在诸多共性，如均依托世界级航空枢纽、设立有自由贸易区、多采用“政府主导推进+公司化运作”、享有税收等优惠政策、制定有科学的发展规划等[⑤]。

二　文献统计分析

（一）资料来源

中文文献来源主要基于中国知识基础设施工程（CNKI）数据库，以学术影响力较高及引用结构较优的“核心期刊”“中文社会科学引文索引（CSSCI）”来源期刊（含扩展版）及“博士”学位论文为数据源[⑥]。因 CSSCI 数据库正式使用时间为 1998 年，为更全面呈现临空经济发展历程，选择以 CNKI“核心期刊”数据库为来源分析 1998 年

① 沈露莹：《世界空港经济发展模式研究》，《世界地理研究》2008 年第 3 期。

② 周少华、韦辉朕：《临空经济的主要发展模式》，《中国国情国力》2009 年第 11 期。

③ 袁堃：《我国临空经济区发展策略及对武汉临空经济区发展的启示》，《理论月刊》2010 年第 4 期。

④ 赵冰等：《港—产—城视角下临空经济的新模式》，《开放导报》2016 年第 2 期。

⑤ 朱前鸿：《国际空港经济的演进历程及对我国的启示》，《学术研究》2008 年第 10 期。

⑥ 选择这几个数据库作为数据源主要因为：一是它们在国内经济管理研究领域具有较高的代表性和权威性；二是其库中文献在相应分支领域被引频次位居前列。对这些数据库中所发表的关于临空经济文献进行研究，能够较科学地构建我国临空经济研究成果的知识图谱。

之前的相关文献，以 CSSCI 期刊为数据源分析 1998 年之后的相关文献。关于临空经济的研究内容涉及较广，为尽量减少文献遗漏，选择以"主题=临空经济"、或含"空港经济"、或含"航空经济"、或含"机场经济"、或含"航空城"、或含"航空大都市"进行精准检索，并在"文献分类目录"中选取"经济与管理科学"加以约束，然后对数据进行预处理，剔除观点综述、会议致辞、学者对话记录、通知、征稿、卷首语、纪要、书评等相关度较低的非学术论文后，共筛选出 158 篇文献作为分析样本，包括 344 位作者，文献发表年度横跨 1992—2022 年（检索时间为 2022 年 8 月 5 日）。

英文文献主要基于 Web of Science™ 核心合集数据库并限定引文数据库为 SSCI。该数据库共收录有 12000 余种高影响力的学术刊物，其权威性与重要性受到国际学术界的广泛认可，故可以认为它基本涵盖了发表临空经济研究相关文献的国际权威学术刊物。检索策略为设定"主题='aviation economy'或者主题='airport economy'"，并且"文献类型=论文，检索类别=经济学"，剔除了研究报告、书评、会议论文和专著（或论文集）等文献以及非经济学类文献，时间跨度为所有年份，共检索出临空经济研究相关 139 篇样本文献。

（二）发文量趋势

论文年度发表数量能有效反映某研究领域受关注的程度及其在不同时间节点的研究状态。从时间脉络上看，中国临空经济相关理论研究较其建设实践而言较为滞后。早在 1992 年，中国第一个临空经济区——以成都双流机场为核心的"西南航空港经济开发区"就已正式成立，而直到 1996 年才出现从规划实践角度介绍航空城或临空经济区建设相关问题的文献[①]，1997 年 12 月 17 日《人民日报》刊登学者张雄《临空经济的思考》一文，这是中国出现的第一篇对临空经济进行详细介绍的理论文献，正式开启了国内临空经济理论研究的序幕。1998 年 CSSCI 数据库正式使用，蒋伶发表的《南京市建设航空城的可能性和必要性》是第一篇刊登于 CSSCI 期刊上的临空经济相关研究论文。2004 年中国

① 周安伟：《对我国中心城市航空城规划建设的思考》，《城市规划汇刊》1996 年第 4 期。

机场属地化改革全面完成后，机场在区域发展中的作用日益得到重视，推动临空经济相关研究论文发表量不断上升；2013 年 3 月 7 日，第一个国家级临空经济区——郑州航空港经济综合实验区正式获国务院批复设立，推动临空经济相关研究论文出现“井喷式”增长（见图 1-2）。

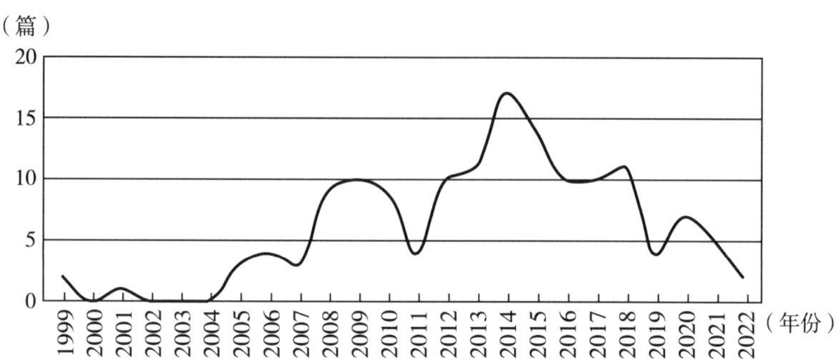

图 1-2　临空经济相关研究 CCSI 刊文量年度分布情况

资料来源：笔者绘制。

最早发表在 SSCI 期刊上的临空经济相关论文是来自斯洛伐克的 Hansenova 于 2001 年发表在 *Ekonomichy Casopis* 上的“Globalization and its Influence on the Development of the International Transport”一文，主要探讨的是经济社会全球化对航空运输等国际交通发展的影响。从图 1-3 中可以看出，临空经济在 SSCI 期刊上的发文量在 2014 年之前缓慢增长，在 2014 年达到顶峰后趋于下降。此外，对论文的国家来源进行统计，来自中国和美国的作者最多，分别都为 31 篇。

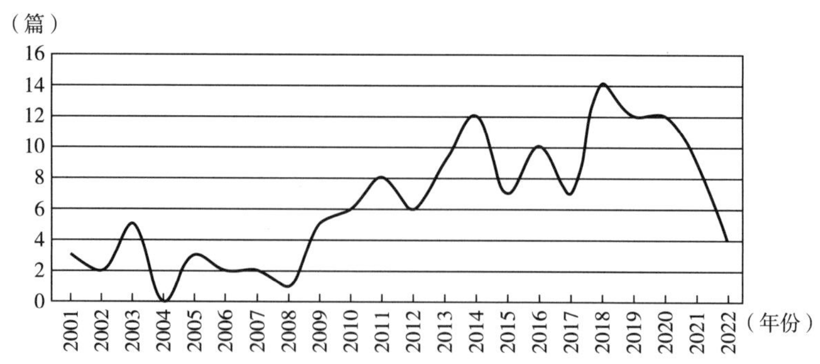

图 1-3　临空经济相关研究 SSCI 刊文量年度分布情况

资料来源：笔者绘制。

（三）载文分布

期刊的种类及学术影响力能反映某领域研究的关注重点及研究深度。从载文期刊种类看，临空经济研究的中文相关文献主要分布于《地域研究与开发》（10 篇）、《现代城市研究》（7 篇）、《城市发展研究》（6 篇）、《经济地理》（5 篇）、《科技进步与对策》（5 篇）等期刊上，但高被引和高下载文献来源较为多样化，并非主要集中于以上期刊上（见表 1-2）。总体上看，发表在地理类、经济类期刊上的文献最多，这既能说明临空经济研究的多视角和学科交叉性特征，也能说明临空经济发展的复杂性和系统性。其次，从期刊学术影响来看，影响因子较高的期刊主要是来源于地理学类，影响因子超过 4 的期刊共 4 种，《地理研究进展》的影响因子最高（5.201），其次是《地理科学》（4.803）、《经济地理》（4.537）、《经济管理》（4.264），其中 3 种为地理学类，这说明临空经济的研究在国内学术界特别是地理学界已具有了一定影响力。

表 1-2　临空经济相关研究的 CSSCI 高被引和高下载文献（前十）

前 10 位	文献作者	文献题名	发表刊名	发表年份（年）	被引频次/下载频次（次）
被引频次前 10 位文献	曹允春等	《新经济地理学视角下的临空经济形成分析》	《经济问题探索》	2009	121
	曹允春等	《中国临空经济发展现状与趋势》	《经济问题探索》	2006	120
	曹允春	《中枢机场在区域经济发展中的作用》	《经济地理》	2001	110
	宋伟等	《民用航空机场对城市和区域经济发展的影响》	《地理科学》	2006	112
	吕斌等	《我国空港都市区的形成条件与趋势研究》	《地域研究与开发》	2007	97
	沈露莹	《世界空港经济发展模式研究》	《世界地理研究》	2008	91

续表

前10位	文献作者	文献题名	发表刊名	发表年份（年）	被引频次/下载频次（次）
被引频次前10位文献	王旭	《空港都市区：美国城市化的新模式》	《浙江学刊》	2005	88
	李健	《临空经济发展的若干问题探讨与对策建议》	《科技进步与对策》	2005	88
	孙波等	《临空经济产生的机理研究——以首都国际机场为例》	《理论探讨》	2006	88
	杨友孝等	《临空经济发展阶段划分与政府职能探讨——以国际成功空港为例》	《国际经贸探索》	2008	75
	刘雪妮	《临空经济发展阶段划分与政府职能探讨》	《经济经纬》	2009	75
下载频次前10位文献	曹允春等	《中国临空经济发展现状与趋势》	《经济问题探索》	2006	3631
	宋伟等	《民用航空机场对城市和区域经济发展的影响》	《地理科学》	2006	3070
	沈露莹	《世界空港经济发展模式研究》	《世界地理研究》	2008	3059
	刘瑞等	《首都经济圈八大经济形态的比较与启示：伦敦、巴黎、东京、首尔与北京》	《经济理论与经济管理》	2015	2868
	张蕾	《国内外空港经济研究进展及其启示》	《人文地理》	2012	2744
	张占仓等	《郑州航空港经济综合实验区建设与发展研究》	《郑州大学学报》（哲学社会科学版）	2013	2708
	魏晓芳等	《现代空港经济区的产业选择与空间布局模式》	《经济地理》	2010	2663
	包世泰等	《空港经济产业布局模式及规划引导研究——以广州白云国际机场为例》	《人文地理》	2008	2650

续表

前 10 位	文献作者	文献题名	发表刊名	发表年份（年）	被引频次/下载频次（次）
下载频次前 10 位文献	杨友孝等	《临空经济发展阶段划分与政府职能探讨——以国际成功空港为例》	《国际经贸探索》	2008	2519
	汤宇卿等	《临空经济区的发展及其功能定位》	《城市规划学刊》	2009	2366

注：数据统计截至 2022 年 8 月 5 日。

资料来源：笔者综合整理。

文献被引频次能反映该论文的学术影响力及在学术交流中的作用、地位，下载频次能反映该论文的被关注度。从统计结果看，被引频次较高的文献均发表于 2010 年以前（见表 1-2），其中被引频次最高的文献为曹允春等 2009 年发表的《新经济地理学视角下的临空经济形成分析》。这主要是因为早期相关研究较少，发表时间越早、越可能成为后续研究参考、被引频次也就越可能高，文献影响力则可能越大。而下载频次较高的文献中有 4 篇是在 2010 年以后，说明近年来随着临空经济区建设和相关理论研究的持续推进，国内学者对于临空经济的关注度显著提升，尤其是高水平论文的高下载频次明显，如在下载频次前 10 位的文献中，地理学权威核心期刊《地理科学》《经济地理》就各有 1 篇。

英文文献中，发表的临空经济相关 SSCI 论文主要是在交通经济类的期刊上，排在前五位的分别是 *Transport Policy*（22 篇）、*Transportation Research Part A - Policy and Practice*（21 篇）、*Transportation Research Part E - Logistics and Transportation Review*（12 篇）、*Journal of Transport Geography*（10 篇）、*Economics of Transportation*（6 篇），全部为交通经济类期刊。被引量最高的 5 篇临空经济相关 SSCI 论文概况如表 1-3 所示，可以看出，有 4 篇是发表在交通经济类刊物上。

表 1-3　　临空经济相关 SSCI 被引次数较高论文（前五）

文献作者	文献题名	发表刊名	发表时间（年）	被引频次（次）
Pels, E.; Nijkamp, P. and Rietveld, P.	"Inefficiencies and Scale Economies of European Airport Operations"	*Transportation Research Part E - Logistics and Transportation Review*	2003	168
Baker, D.; Merkert, R. and Kamruzzaman, M.	"Regional Aviation and Economic Growth: Cointegration and Causality Analysis in Australia"	*Journal of Transport Geography*	2015	117
Jiang, C. M. and Zhang, A. M.	"Effects of High-speed Rail and Airline Cooperation under Hub Airport Capacity Constraint"	*Transportation Research Part B - Methodological*	2014	113
Zhang, A. M.; Wan, Y. L. and Yang, H. J.	"Impacts of High-speed Rail on Airlines, Airports and Regional Economies: A Survey of Recent Research"	*Transport Policy*	2019	105
Castells, A. and Sole-Olle, A.	"The Regional Allocation of Infrastructure Investment: The Role of Equity, Efficiency and Political Factors"	*European Economic Review*	2005	98

注：数据统计截至 2022 年 8 月 5 日。

资料来源：笔者综合整理。

（四）核心作者群

核心作者群（活跃作者群）主要是指在某领域发表论文较多、学术上影响力较大的作者集合。常根据如下方式计算核心作者群体：$M=0.749\ (N_{max})^{1/2}$，其中：M 代表成为某领域研究核心作者的论文发表数量最小值，N_{max} 代表统计期间某领域论文发表数量最多的作者论文篇数，判断原理为超过论文发表最小值（M），即可被纳入核心作者统计范围。据统计，国内在 CSSCI 期刊上发表关于临空经济相关研究论文最多的作者为曹允春，共计 10 篇，故 $N_{max}=10$，据式可计算出 $M=2.37$，取整数 3，即在 CSSCI 期刊发表临空经济相关论文 3 篇及以上者为该领域的核心作者。统计发现，临空经济研究领域共有 5

位核心作者在CSSCI期刊发表论文24篇，占论文总数的15%，远低于普赖斯定律50%的标准①，说明中国对临空经济的研究虽然已经历了20余年的发展，但尚未形成稳定的核心作者群，仍需该领域学者继续挖掘，发表更多有影响力的研究成果，丰富临空经济的理论体系。

（五）主要研究机构与团队

研究者所属机构及社会网络关系是一个研究领域的核心要素。通过对国内临空经济研究发文作者的所属机构、共现网络等分析，能有效发现该领域研究优势机构分布情况及合作密切的学者，探索其学术研究的团队效应。以论文第一作者所在单位（多单位时选择第一单位）进行统计，在SSCI期刊发表临空经济相关研究论文数量排前五的机构分别为：University of British Columbia（不列颠哥伦比亚大学，12篇）、Barcelona University（巴塞罗那大学，7篇）、Hong Kong Polytechnic University（香港理工大学，6篇）、University of California System（加州大学，6篇）、Vrije University Amsterdam（阿姆斯特丹自由大学，6篇）；在CSSCI期刊发表临空经济相关研究论文数量排前五的机构分别为：中国民航大学（15篇）、郑州大学（13篇）、南京航空航天大学（8篇）、江苏第二师范学院②（7篇）、南开大学（6篇）。结合对发文数量和合作网络的分析，能够发现中国临空经济研究领域已初步形成了3个以师徒或同事关系建立起来的团队效应较为明显、研究成果较为突出的研究团队：

一是以中国民航大学曹允春为核心的研究团队。该团队较早地在国内开展临空经济研究，主要致力于探究临空经济自身的发展规律、构建和完善临空经济理论体系，取得了诸多广受学界认可的研究成果，如表1-2所示，引用率排前三的文献全部来源于该团队。出版的《临空经济——速度经济时代的增长空间》《航空大都市：我们未来的生活城市》《中国临空经济发展报告》《临空经济区：空中丝绸之路

① 普莱斯（Price）提出“在同一主题中，半数的论文为一群高生产能力作者所撰，这一作者集合的数量约等于全部作者总数的平方根”。

② 江苏第二师范学院前身为江苏教育学院，故统计时也列入了以江苏教育学院为第一单位的文献。

的战略支点》产生了极大的影响。该团队依托中国民航大学成立了“临空经济研究所”，是中国第一个以临空经济作为对象的科研机构，也是天津市首批高校智库、中国智库索引来源智库，编制了中国 40 余个城市的临空经济区规划，参与了我国第一个指导临空经济发展的文件《关于临空经济示范区建设发展的指导意见》（发改地区〔2015〕1473 号）的制定工作。

二是以郑州大学高友才为核心的研究团队。该团队形成于 2013 年郑州航空港经济综合实验区（以下简称郑州航空港实验区）获国务院批复设立之后，主要致力于探究临空经济对区域发展的影响。统计显示，在 CSSCI 期刊发表的以郑州大学为第一单位的 13 篇临空经济研究论文，全部来自该团队，内容涉及临空经济对区域的市场结构、空间形态、城市群、产业升级、金融与物流发展、辐射带动等多方面影响。郑州大学以该团队为核心设立了“临空经济管理”为基础与新兴学科并招收博士研究生，成为中国第一个将“临空经济学”作为学科建设的高校。基于地缘优势，该团队围绕郑州航空港实验区发展，出版了《郑州航空港经济综合实验区发展报告》《航空港经济区（郑州）重点产业培育研究》《航空港经济区（郑州）产业选择与人才战略研究》《临空经济促进区域协调发展的机制研究》《自贸区临空经济创新发展研究》等著作，承担了《郑州航空港实验区条例》的编制工作，该《条例》是中国第一部临空经济区地方立法。该团队主持临空经济相关省部级科研项目 30 余项。

三是以江苏第二师范学院张蕾为核心的研究团队。该团队研究论文多是发表在地理类刊物上，主要致力于从地理的视角探究临空经济区的空间范围问题，分析临空经济区内产业结构的演变等。围绕国家自然科学基金项目“空港经济区产业结构与空间格局演变及优化路径研究：以长三角为例”（41201112），该团队在《地理研究》《地理科学进展》等权威期刊发表了系列论文，为揭示临空经济区空间发育规律做出了重要贡献。

（六）国家级项目和博士学位论文

截至 2022 年 8 月，与临空经济直接相关的国家级科研项目主要有 3 项（见表 1-4），在此 3 项国家级科研项目依托下，共发表临空经济相关学术论文 14 篇。

表 1-4　　　　临空经济直接相关的国家级科研项目统计

项目类别（项目号）	负责人	项目名称	发表论文	机构	立项时间（年份）
国家自然科学基金青年项目（70903011）	何艳	"临空经济区形成与发展的动力机制研究"	8 篇	湖北工业大学	2010
国家自然科学基金青年项目（41201112）	张蕾	"空港经济区产业结构与空间格局演变及优化路径研究：以长三角为例"	2 篇	江苏教育学院	2013
教育部人文社会科学研究青年基金项目（20YJC790124）	汤凯	"临空经济区重塑区域空间结构的机理与优化路径研究"	4 篇	郑州大学	2020

资料来源：笔者统计整理。

与临空经济直接相关的博士学位论文主要有 9 篇（见表 1-5）。

表 1-5　　　　以临空经济为主题的博士学位论文统计

作者	论文题名	单位	时间（年份）
刘雪妮	《我国临空经济的发展机理及其经济影响研究》	南京航空航天大学	2008
练振中	《临空经济论——基于对区域统筹发展问题的思考》	中共中央党校	2011
张明莉	《系统视角下的临空产业集群研究》	燕山大学	2012
阎欣	《基于临空经济的区域航空物流园区的构建与组织运营管理模式研究》	武汉大学	2013
吕小勇	《空港都市区间成长机制与调控策略构建研究》	哈尔滨工业大学	2015
刘莉雪	《我国临空产业布局安全形成机理与评价研究》	北京交通大学	2017
马同光	《中国临空经济发展及影响因素研究》	中央财经大学	2018
汤凯	《临空经济促进中国区域协调发展的效应研究》	郑州大学	2018
靳琳琳	《中国临空经济区发展质量评价与提升路径研究》	郑州大学	2019

资料来源：笔者统计整理。

从表 1-4 和表 1-5 可以看出，已获立项的国家级科研项目和博士学位论文数量仍偏少，且从名称就很容易发现，这些研究工作多是聚焦探讨临空经济自身发展的某一方面问题，如空间结构、影响因素、形成机制等，对临空经济全系统分析以及其在区域发展中的影响研究仍较为薄弱。

三　文献评析

中国临空经济区因其发展速度快、数量多、规模大而引起国内外学界高度关注，相关研究文献大量涌现，但观点各异，研究结论偏差较大甚至形成对立。这主要是因为在经济社会新的发展阶段，临空经济与国民经济、区域经济的关系以及临空经济自身运行等都呈现出新的规律，学界关于临空经济与国民经济的关系尚存有不同的认识，关于临空经济与区域经济间关系的内在机理也未能给出系统的理论解释。因此，有必要从制度、技术、产业、贸易、创新、空间、时间等多个维度对现有临空经济研究成果予以梳理总结，以明确未来临空经济基础理论的基本走向。这对于科学决策临空经济区建设规模、结构、时机以及模式、策略、制度，更好实现新时代临空经济引领构建区域发展新格局的重大使命，具有重要的学术价值和现实意义。整体而言：

（1）现有研究多对国外临空经济发展理论的引进与应用，鲜有基于中国区域发展实际层面的系统性分析。各国历史轨迹、客观背景相差悬殊，那些临空经济发展先行国家的经验并非能够用于一般性的理论支撑。中国临空经济发展具有鲜明的中国特色，其理论体系的构建是新发展阶段国民经济学、区域经济学、交通运输经济学等学科建设的重要内容，不仅能丰富完善中国的经济学理论体系，而且可以为将来更高水平的研究成果搭建标准平台。未来研究需更加强化基于中国临空经济发展实践的理论研究，应将不同地区、不同发展阶段下的临空经济全部纳入理论研究中，探索不同资源禀赋下临空经济独特的发展规律，构建更加完善的临空经济理论体系。

（2）现有研究对临空经济与区域经济关系的局部均衡分析有可能导致严重偏误，亟须考虑因临空经济的网络性、外部性而产生的溢出效应。因临空经济区不仅能影响其所在区域，而且还可能会辐射到周边省市甚至全国，故现有大部分研究所进行的局部均衡分析极有可能严重高估或低估了临空经济区对区域经济的影响。为解决这一问题，未来研究可从以下两个方面着手：一是扩大区域研究范围，从现有主要探讨临空经济对其所在社区、城市的经济贡献扩大到临空经济对区域或整个国家经济的影响，甚至是从全球视角分析临空经济的作用；二是严格界定“局部”，从航空运输系统网络中分离出某个局部、从临空经济系统中选取代理指标、从区域经济系统中析出临空经济的影响领域、地域等。

（3）现有研究主要集中于探究临空经济自身的发展问题，缺乏临空经济对区域发展的影响机理的分析。临空经济区本身作为城市等级体系和区域的一种新型功能区，率先出现在发达国家，其研究大部分集中于应用决策领域，通过模型分析和案例研究等方法考察临空经济区与城市的互动关系，理论研究相对薄弱。需要从经济理论研究视角出发，强化临空经济对其相邻区域的直接与间接的经济关联和经验归纳。

（4）现有研究多是从“机场或航空运输作用”出发分析临空经济对区域发展的影响。但是，临空经济是由多种要素、多元主体、多种功能相互作用形成的复杂经济社会系统，其内涵远比“机场或航空运输”要丰富，对区域发展的作用机制也更为复杂多样，需跳出“就机场言机场”的封闭系统，强化临空经济的系统性、多元性，从宏、微观多个层面、促进区域协调与高质量发展等更高层次来探讨临空经济对区域发展新格局的影响要素与作用机制，并进行系统的理论与实证检验。

（5）现有研究多是用航空运输表征临空经济、构建传统线性回归模型量化研究其对区域发展的影响，很少有以临空经济区为政策冲击、研究其对宏观经济多领域影响的文献。传统回归模型在估计过程中难以解决由于遗漏变量等原因所导致的内生性问题，特别是临空经济区是以经济政策为表现形式的制度空间，是嵌入在地方的新型经济功能区，作为一种具有鲜明地方化特征的制度设计和安排，需探索构建更合理的数量模型，对这项制度安排进行更科学全面的评价。

（6）现有研究多集中于临空经济区对区域发展影响的关系式检验、影响方向判断等方面，缺乏相关区域、相关主体响应机制的研究，尤其是缺乏基于中国临空经济区实践经验的响应机制研究。而目前中国所有的超大城市、几乎所有的特大城市以及多半的大城市都是空港城市，临空经济区对区域发展的影响也越加深化，亟须从不同角度构建科学的响应机制，优化临空经济影响区域发展的各种效应，推动临空经济与区域发展向更好的关系层次跃进。

综合来说，中国临空经济实践因其推进力度大、发展速度快而引起国内外学术界的高度关注，相关文献大批涌现，但研究结论差异较大，学术成果服务于政策的作用还有欠缺，科学决策所要求的合理机理阐述也尚有不足。这主要源于在新的历史时期中国临空经济发展呈现出新的规律，学术上关于这些规律还存在不同的认识。因此，有必要对现有临空经济研究成果予以梳理总结，构建具有中国特色的临空经济理论体系，系统探索临空经济对区域发展新格局的影响，使其更好地服务于区域发展的实践。

第三节　研究思路和研究方法

一　研究内容与研究思路

本书研究将立足于我国构建区域发展新格局的发展目标，结合我国临空经济发展实践，以临空经济对区域发展新格局的影响为研究对象，基于新结构经济学、区域经济学、空间经济学、产业经济学、交通经济学等研究理论，利用定性研究和定量分析等研究方法，力图从历史的、发展的角度探讨临空经济对区域发展新格局的作用机制、影响后果及优化路径，提炼临空经济对区域发展新格局影响的一般性规律，以期进一步补充完善国内关于临空经济问题的理论与实证研究。整体而言，研究将按照“文献分析—理论分析—实证分析—对策分析”的逻辑思路、“总—分—总”的行文模式来进行探讨：首先，以文献分析为前提，通过对国内外文献的梳理与比较，明确所涉及的关键概念、理论以及现有研究所存在的问题和研究趋势。其次，在理论与实践的基础上，探讨临空经济的演生与内涵，分析临空经济独特的动力体系以及空间属性和产业属性。再次，分析临空经济对区域创新、对外开放、区域经济高质量发展等方面的作用机制。在对区域经济高质量发展影响研究部分，特别构建相应的指标体系，建立针对性的实证研究模型，选择恰当的研究方法、采集大样本数据，通过具体实证模型来进行检验、测度和评估临空经济的影响，辅助以跟踪调查数据验证相关科学问题。最后，基于理论研究与实证分析的结果，提出相应的响应机制和对策建议，为提升我国临空经济发展水平、构建区域发展新格局提供决策参考。本书研究主要内容力图回答以下三个问题。

（一）临空经济为什么能够影响区域发展新格局？——临空经济影响区域发展新格局的理论解析框架

对临空经济的演生、内涵、影响因素、动力体系、产业和空间特征等的分析是研究的逻辑起点，力求回答临空经济为什么能够影响区域发展新格局这一问题。中国各区域需要不断探索发展新模式，构建新发展格局，而临空经济正能因其自身独有的经济特性和发展规律影响着区域发展新格局的构建。本书研究将系统梳理现有关于临空经济和区域发展新格局的研究文献，分析临空经济影响区域发展新格局的理论与实践基础，并因循临空经济的基本含义和战略定位，在以详细的统计资料和数据列示清楚全球范围内临空经济的发展历史、现状、前景的基础上，从交通运输方式变革、企业生产方式变革、大众生活方式变革等角度系统分析临空经济的演生轨迹，从交通、贸易、产业、技术、制度、文化、区位等方面分析临空经济的影响要素，进而探讨临空经济显著偏好、阶段划分、动力体系、产业特征和空间特征。

（二）临空经济如何影响区域发展新格局？——临空经济对区域发展新格局的作用机理与效果考察

临空经济对区域发展新格局的影响机理分析是本成果研究的重中之重。力求从区域发展的视角阐述临空经济在其中的角色，不单纯强调临空经济的意义，而是将其意义的实现落实到区域发展中。本部分从以下三个方面进行分析。

1. 临空经济区对区域创新发展新格局的影响

优化区域创新资源和结构、提升区域创新能力是构建区域发展新格局的关键。本书研究将从“技术—制度—产业”系统、交通网络、空间三大角度分析临空经济影响区域创新的要素基础，从竞争效应、溢出效应、国际投资效应、集聚效应四个方面探讨临空经济影响区域创新的效应体系，从城市创新层级、城市群创新空间结构和动力结构三个方面剖解临空经济对区域创新结构的影响。

2. 临空经济对区域对外开放新格局的影响

促进形成对外开放新格局是构建区域发展新格局的前提。自贸区在区域对外开放中发挥着极为重要的作用，而从临空经济区与自贸区的关系看，开放性是两者共同的基因。本书研究将从临空经济区与自贸区融合发展的角度，分析“自贸区+空港”的临空型自贸区的功能、产业发展模式和空间发展模式；从临空经济与自贸区联动发展的角度，分析两者联动发展的理论与现实逻辑、联动发展的四大内容，并选取郑州航空港实验区与中国（河南）自由贸易试验区（以下简称河南自贸区）联动发展为研究案例，详细探讨两者联动发展的基础、模式与实现路径。

3. 临空经济对区域经济高质量发展新格局的影响

推动区域经济高质量发展是构建区域发展新格局的重要内容和落脚点。从全球临空经济与区域经济发展的历史脉络与现实情况分析，二者并非顺沿各自轨道而孤立发展，在特定范围内二者常在时间上相伴而生、空间上高度融合、速度上相互推拽，呈现出三维耦合现象。本书研究将从中国临空经济与区域经济高质量发展耦合关系的角度，构建区域经济高质量发展和临空经济发展评价体系，对两者发展水平进行测度，评价两者耦合状态、探讨空间异质性，运用适宜性理论分析临空经济与区域经济高质量发展耦合关系的跃升路径；将从中国临空经济与区域高质量发展因果关系的角度，运用普通面板回归模型，分析临空经济促进区域经济高质量发展的效果以及空间异质性等问题，探讨航空客运、航空货运、飞机起降架次等对区域经济高质量发展的作用强弱，运用分位数回归模型，研究各个分位数下临空经济对区域经济高质量发展的影响形态，分析临空经济影响区域经济高质量发展的“边际效应递减”等特征。

（三）如何最大化发挥临空经济在构建区域发展新格局中的作用？——响应机制构建与相关对策建议

构建相应的响应机制、提出相关对策建议是本书研究的逻辑归宿。本书研究针对不同区域、相关主体（特别是政府），构建多元化的响应机制；从顶层设计、空间布局、政策工具、制度改革、区域创新带动功能、临空经济区与自贸区融合或联动发展、现代综合交通运输体系建设、“港—产—城—域”一体化等方面，提出针对性建议，以促进临空经济的优化发展，推动区域发展新格局的构建。

本书研究的技术路线如图 1-4 所示。

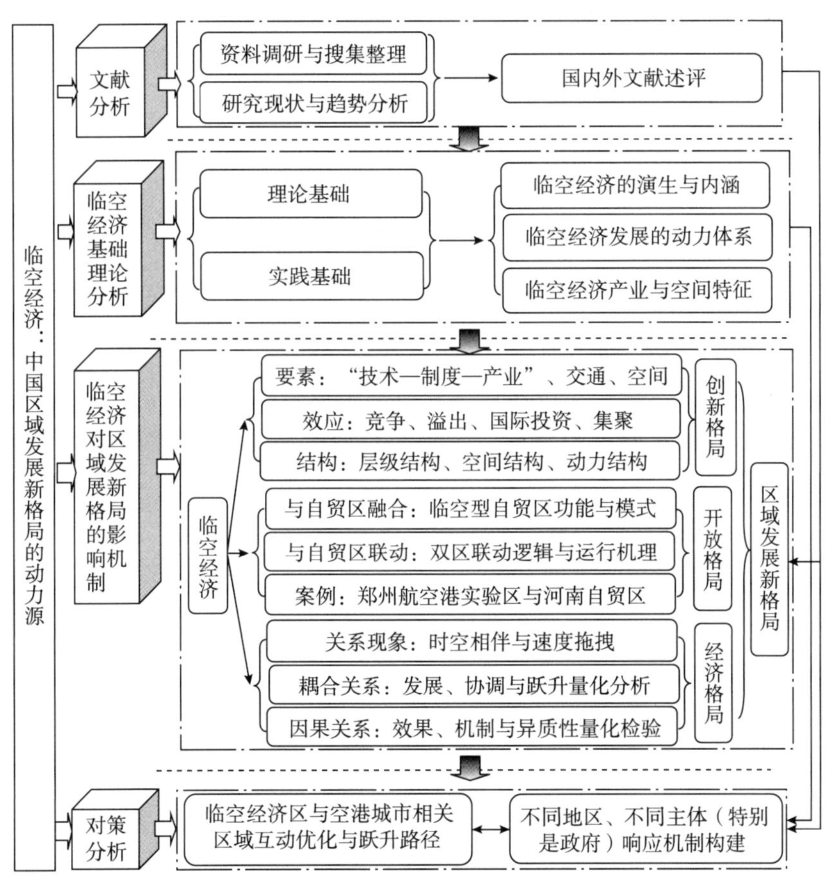

图 1-4 本书研究的技术路线

资料来源：笔者绘制。

二　研究方法

（一）文献查阅与实际调查相结合

在确定基本内容和逻辑框架后，运用常规研究手段通过图书文献资料、互联网等途径收集整理国内外相关研究成果、规划与数据资料等。同时对中国主要临空经济区、空港城市等典型区域进行实地调研，考察临空经济区影响区域发展新格局的具体表现，掌握第一手资料，从中解剖或抽象出一般性结论，丰富、提高本项目研究的科学性。

（二）定性分析与定量分析相结合

系统梳理国内外临空经济与区域发展新格局等相关内容的研究现状，构建理论体系，探讨临空经济对区域发展新格局的作用机理，分析主要内容涉及的理论、假说、观点和证据，凝练可复制推广的响应机制经验与质效提升路径；借助于 GIS、Stata 等数据处理软件，量化分析临空经济对区域发展新格局的影响方向和程度；通过定性、定量及经验性判断进行时空对比分析，对研究内容和计量结果进行归纳总结。

（三）理论研究与实证研究相结合

基于新结构经济学、区域经济学、产业经济学、空间经济学、交通经济学等理论，探寻临空经济影响区域发展新格局的理论基础；通过调研和资料搜集，丰富完善现有的数据资料库；结合中国现有临空经济区，运用空间面板数据，构建面板回归模型、分位数回归模型、耦合模型等数量模型进行实证研究。

（四）时间演替与空间变化相结合

交叉融合经济学与地理学、管理学等学科，对多年的时间序列数据进行分析，以空间变化为载体，研究临空经济区与空港城市等相关地区的时空协调发展演进趋势。

第四节　研究创新与特色

本书研究创新主要体现在以下几个方面：一是构建了临空经济影响区域发展新格局的理论体系。本书研究从交通经济、区域经济、产业经济、空间经济等理论中把临空经济剥离出来，再以单独的视角将临空经济内容重建在区域发展新格局的理论体系中，完成基础理论及应用模型解析框架的构建。而综观近年来临空经济与区域发展领域取得的研究成果，尚未发现把临空经济植入区域发展新格局动态演变的框架范围内进行多维度、综合性、重时空关系的研究。二是从区域创新、对外开放、经济高质量发展三大模块，论证了临空经济对区域发展新格局的影响。本书研究把区域发展新格局剖解为区域创新发展新格局、对外开放新格局、经济高质量发展新格局三大关键维度，基于临空经济属性，从理论与实证相结合的视角分析了临空经济对区域发展新格局的影响。尤其是在临空经济对区域经济高质量发展的论证中，在构建理论模型与机理分析的基础上，采集了大量的面板数据，构建了计量经济学模型，量化分析临空经济的影响效果，检验其中的空间机制、中介机制、溢出机制等。整体而言，本书研究通过系统的理论与实证分析，有效验证了“临空经济能推动形成区域发展新格局”的理论预判。三是提出了临空经济与区域发展双向互馈的关系跃升路径，以及最大化发挥临空经济效应以促进形成区域发展新格局的对策建议。在新阶段中国大力构建区域发展新格局的背景下，本书研究针对我国临空经济与区域发展的现状，探究了临空经济与区域发展间的深层次关系，特别是从时空分异角度审视二者之间的相互影响，在此基础上，通过引入适宜性理论探讨二者关系跃升的路径，提出相应的响应机制和对策建议，为提升我国临空经济发展水平、促进区域发展新格局的构建提供决策参考。

本书研究的特色主要体现在以下几个方面：一是不同的理论基点。基于区域经济学、公共管理学、交通经济学、发展经济学等理论基础，从区域创新、对外开放和经济高质量发展三大视角切入，系统地探讨临空经济和区域发展新格局关系方面的微观和宏观问题。二是不同的目标高度。将临空经济视为国家和区域发展战略落实的重要模式加以考察，理论和方法分析不拘泥于某一具体项目。三是不同的整体观念。既将临空经济看作一个包含多种要素的、完整的相对独立的经济系统，又将其融入区域发展的宏观系统中，全面探讨临空经济和区域发展新格局，辨析临空经济系统对区域发展新格局系统的影响。四是机理分析重于数量检验。特别强调机理分析，力求从理论上阐释清楚临空经济在区域发展新格局的作用，辅之以一定的案例分析与实证验证。

第二章

临空经济影响区域发展新格局的理论与实践基础

从现有学术成果看，有众多理论能够为本书研究提供支撑，如经济增长理论、国际贸易理论、系统论、可持续发展理论等，本章将甄别性地选择与本书研究关联性最强的区域协调发展理论、公共选择理论、空间经济理论、新结构经济理论作为理论基础进行系统论述，与此同时，深入探讨国内外较为典型的临空经济区建设实践，以期为后续分析提供现实支撑①。

第一节　临空经济影响区域发展新格局的理论基础

一　区域发展理论

因存在资源的稀缺性与不平衡性，一个国家或地区在发展过程中，针对内部不同区域往往可以采用多样化的发展顺序，如有的采用先后顺序发展模式，选择让某些区域优先发展，然后再带动其他区域发展；有的采用同时发展模式推动众多区域齐头并进。依据这种不同区域发展先后顺序关系的差异，从理论上可以把区域协调发展的相关

① 汤凯：《临空经济促进区域协调发展的机制研究》，中国社会科学出版社 2020 年版，第 45—79 页。

理论分为两类：区域均衡发展理论与区域非均衡发展理论。

（一）区域均衡发展理论

该理论强调保持对国民经济各个部门与区域同时进行相同或相似的投资力度，以实现其基本同步发展或达到同一水平，推动落后区域高度工业化和经济快速增长，实现国民经济各个部门和区域相互协调、全面发展的目的。区域均衡发展理论主要有罗森斯坦·罗丹（Paul Rosenstein-Rodan，1943）提出的“大推进理论”①、罗格纳·纳克斯（Ragnar Nurkse，1953）提出的“贫困恶性循环论”②。

“大推进理论”认为，由于生产函数、需求、储蓄供给的“不可分性”，小规模及个别部门的投资往往只会引起更为严重的经济失衡，因此应该在发展中国家或区域对国民经济各个部门按同一比率同时进行大规模投资推动这些部门的平均增长，实现整个国民经济的全面发展。

“贫困恶性循环论”认为，“一国贫穷是由于它贫穷”（A country is poor because it is poor），发展中国家或地区长时期的贫困并不是因为其国内资源不足，而是由于其在国民经济发展运行中存在供给与需求两个恶性循环：从供给看，发展中区域经济落后，人均收入水平较低导致储蓄能力偏低，进而导致资本形成不足，资本形成不足又使生产率难以快速提升，从而又造成较低的人均收入，从而完成了一个“低收入—低储蓄能力—低资本形成—低生产率—低产出—低收入”的恶性循环；从需求看，发展中区域经济落后，人均收入水平较低导致购买力和消费能力偏低，进而会导致投资引诱不足，投资引诱不足又会导致资本形成不足，从而使生产规模难以扩大、生产率难以快速提升，低生产率又会导致较低的人均收入，从而完成了一个“低收入—低购买力—投资引诱不足—低资本形成—低生产率—低产出—低收入”的恶性循环。两个恶性循环相互作用、相互联系，使落后区域国民经济

① Paul Rosenstein-Rodan，“Problems of Industrialisation of Eastern and South-Eastern Europe”，*Economic Journal*，1943，53（210/211）：202-211.

② Ragnar Nurkse，*Problems of Capital Formation in Underdeveloped Countries*，New York：Oxford University Press，1953.

运行难以实现根本好转。而要摆脱这种恶性循环，就必须同时对落后区域国民经济各部门实施全面的大规模投资，扩大市场和生产规模。同“大推进理论”不同的是，“贫困恶性循环论”尽管也认为应该同时对所有部门进行全面大规模投资，但是并不赞成各部门按相同比率投资和发展，而是应以各部门产品需求价格弹性与收入弹性大小为依据来决定其不同的投资比率。

需要注意的是，针对如何实现区域均衡发展，以上两大理论都认为，由于落后区域市场机制不完善，即使市场调节作用较大，要在短时间内汇聚如此大规模的资本并投资于国民经济各个部门，也是极为困难的，所以主张实施积极的国家干预，通过国家计划手段推动资本投入，实现区域平衡增长。

（二）区域非均衡发展理论

该理论强调区域经济发展过程的非均衡性质，认为发展是经济从一种类型向另一种类型渐进式的升级过程，大部分落后区域都存在生产力水平与人均收入水平偏低、同发达区域间差距不断扩大等区域经济发展不平衡问题，而要解决这些问题可以通过不平衡增长来实现。区域非均衡发展理论主要有以赫希曼（Albert Otto Hirschman，1958）为代表的“不平衡增长理论”①、以缪尔达尔（Gunnar Myrdal，1957）为代表的“循环累积因果理论”②、以佩鲁（Francois Perroux，1955）为代表的“增长极理论”③、以威廉姆森（Jeffrey G. Williamson，1965）为代表的“倒‘U’形理论”等④。

“不平衡增长理论”认为，落后区域在产业方面真正缺乏的是资源使用的方法与能力，受资源约束应依据发展阶段的差异最先投资于

① Albert O. Hirschman, *The Strategy of Economic Development*, New Haven: Yale University Press, 1958.

② Gunnar Myrdal, *Economic Theory and Underdeveloped Regions*, London: Gerald Duck worth and Co., 1957.

③ Francois Perroux, "Economic Space: Theory and Applications", *Quaterly Journal of Economics*, 1955, 64 (1): 89-104.

④ Jeffrey G. Williamson, "Regional Inequality and the Process of National Development: A Description of the Patterns", *Economic Development & Cultural Change*, 1965, 13 (4, Part 2): 1-84.

具有较强的“前向关联”与“后向关联”的主导产业部门；在空间方面，经济进步并不会同时出现在所有的地方，而一旦出现在某一处，巨大的动力将会使经济增长围绕最初的增长点集中①；在区域关系特别是发达区域与落后区域间的关系方面提出了著名的“极化效应”（Polarized Effect）和“涓滴效应”（Trickle-down Effect）概念，并认为在区域经济发展早期极化效应起主导作用并伴随区域差距不断扩大，而就长期而言涓滴效应会不断缩小区域差距。“不平衡增长理论”提出落后区域应重点投资能源、交通运输、水利电力、制度、教育等社会固定资本，政府直接或间接地带头扩张直接生产部门，通过以上两条路径来诱导、倒逼投资实现区域经济发展的目的。

“循环累积因果理论”认为，在社会经济动态演进中，社会、经济、政治、文化等因素间并非守恒或均衡的，而是存在相互联系、相互影响的循环累积因果关系，某一因素的变化会引起另一因素的变化，后一因素的变化反过来又会强化前一因素的变化，从而推动社会经济巡沿最初因素变化方向不断发展。由于社会经济演进过程并非同时产生并均匀分布，一旦某个区域获得先发优势超前发展，则会通过循环累积因果的作用持续超前发展，加剧区域间不平衡并导致先进区域与落后区域间发生回波效应（Backwash Effect）、扩散效应（Spread Effect）两种相反的空间效应。循环累积因果理论强调的是区域分化问题即区域发展中的“马太效应”②（Mathew Effect），基于此提出的主张是，政府应在经济发展初期阶段优先开发条件优越的区域，以实现较高的投资效率及其经济增长率，然后通过扩散效应拉动其他区域发展，要特别防止由于循环累积因果所可能导致的区域差距不断扩大，当区域经济发展到一定阶段时必须要有强有力的国家干预，政府要针对落后区域制定实施一系列特殊刺激政策来促进其加快发展，以缩小区域间差距。

---

① ［美］艾伯特·赫希曼：《经济发展战略》，曹征海、潘照东译，经济科学出版社1991年版。

② “马太效应”源自《圣经·马太福音》：“对已经富有的人，还要给予，使之锦上添花；而对一文未名的人，也要强行夺走。让富有的人更富有，让没有的人更没有。”

“增长极理论”认为，经济增长并不是同时产生于各个生产部门或区域，而是以差异化的方式和强度最先产生于一些条件较好的部门和区域，从而形成增长极，然后经由不同渠道向外扩散，对整个经济体系或更大空间区域产生差异化的影响。这里的增长极既包含经济意义上的推进型主导产业，也包含地理空间上条件优越的区域。作为增长极理论的延伸，“点—轴开发理论”提出区域经济发展中心一般最先出现于少数条件较好的区域并呈斑点状分布，然后随着区域经济的持续进步，经济中心点不断增加，点与点之间在交通通道、水电供应线等连接下逐渐形成发展轴线，吸引劳动力、资本、企业等要素向轴线周围聚集形成发展轴。所以也可以把点轴开发看作由先进区域的经济中心（点）沿交通通道向落后区域的纵深推移①。

“倒‘U’形理论”认为，随着经济增长及收入水平的提高，区域间差距大体上呈现先扩大后缩小的倒“U”形变化形态。该理论把时序问题引进到区域空间结构变化的研究中来，典型特征是强调了区域间均衡同经济增长间随时间推移而表现出非线性的替代关系。

区域均衡发展理论和非均衡发展理论对本书研究都有借鉴作用。需要注意的是，正如哈耶克所言，一种既定的手段可能只对一种或多种目的有用，一种既定的目的也许能通过多种不同的手段来实现；为了实现既定的目的，或者需要有选择地集中地使用不同的手段②。因此，发展中国家探寻区域发展的路径必须基于不同地域、不同阶段、不同目标而进行差异化的选择，中国理所当然也应如此。因此，区域均衡发展、区域非均衡发展以及二者的交替运用均可成为备选方案而并非水火不容，有的学者也已经提出将二者结合运用并把均衡发展作为区域发展最终目标、非均衡发展作为实现手段的观点，如赫希曼（1991）就曾明确提出，在经济发展的高级阶段，引起平衡增长的可能性正是过去不平衡增长的经历。所以本书研究并没有将非均衡与均衡完全割裂，而是综合运用这些理论的科学之处，力图对临空经济在

---

① 陆大道：《区位论及区域研究方法》，科学出版社1988年版。

② ［英］弗里德里希·哈耶克：《个人主义与经济秩序》，邓正来译，生活·读书·新知三联书店2003年版。

中国区域发展新格局中的各种效应进行全面的剖析。

二　公共选择理论

市场与政府的关系问题长期以来都是公共管理学界研究的重要内容，正如欧文·E. 休斯所言，政府应该做什么和政府不应该做什么，这是公共管理者所关注的基本问题[①]。在完全竞争条件下市场机制能够充分发挥起资源优化配置的作用，但完全竞争仅是理论上的理想状态，在现实经济生活中由于垄断、外部性、公共物品以及信息不对称等因素的存在，使完全竞争的条件无法得到全部满足从而会导致“市场失灵”，具体表现为公共物品与服务有效供给不足、难以有效调节收入分配不公、无法保证经济持续稳定增长等诸多方面，在此情况下就必须借助外力以非市场的方式来实现，即要发挥政府的作用。但是政府也并非万能的，市场条件下政府干预行为也有明显的局限性从而导致“政府失灵”。

以1986年诺贝尔经济学奖获得者布坎南（James M. Buchanan）为代表的公共选择学派对政府失灵问题进行了系统研究。公共选择理论（Public choice theory）是运用经济学的理论假设（特别是理性人假设）和分析工具来研究公共决策问题的一个新的经济学与政治学交叉研究领域。公共选择理论认为，虽然市场可能失败的教训广泛地被认为是为政治和政府干预做辩护的证据，但市场的缺陷并不是把问题交给政府去处理的充分条件，政府的缺陷至少和市场一样严重[②]，主要表现为：政府由于信息不足、缺乏市场激励、干预政策频繁变动、政策时滞等问题造成决策失误；政府由于缺乏竞争压力和降低成本的激励机制以及监督信息不完善等问题造成政府工作效率低下；由于官僚主义、公共行动费用的分散性、利益分配的集中性等问题造成政府部门和公共预算膨胀；由于行政权力对市场的干预和管制从而导致发生寻租行为等。所以，公共选择理论既承认政府的必要干预，又反对政

---

① ［澳］欧文·E. 休斯：《公共管理导论》（第四版），张成福、马子博等译，中国人民大学出版社2022年版。

② ［美］詹姆斯·M. 布坎南：《公共物品的需求与供给》，马珺译，上海人民出版社年2009年版。

府的过度干预，并从公共物品入手提出政府主要职能应集中于向社会提供公共物品与服务、调节收入分配、促进经济稳定增长等方面[①]。公共选择理论虽然存在一定的局限并引起较多争议，但是也为正确处理政府与市场的关系、完善政府干预行为、预防政府失灵提供了极有意义的参考，布坎南也因其把经济学工具与方法运用到政治决策领域中以及对政府失灵分析等开创性贡献而被称为“公共选择之父”。

市场机制与政府调控的有机结合是形成区域发展新格局的基本经验。推动中国区域形成新的发展格局，既需要发挥市场机制的决定性作用，不断打破行政壁垒、消除区域封锁，形成公平、公正、统一、开放的市场，推动要素自由流动；又需要发挥政府的独特作用，充分利用区域规划、区域政策、法律法规等调控工具，协调不同利益主体关系、推动各类市场培育、促进区域合作与对外开放、提供公共物品和服务、调节区域收入再分配等[②][③]。从政府在中国区域发展中的作用历程看，各级政府正逐渐从原先的“划桨者”向“掌舵者”转变，这并不意味着政府作用的削弱，而是在发挥市场资源配置决定性作用的前提下，解决政府越位、缺位、错位等问题，是政府职能的转变与优化，是为了更好地发挥政府作用。

临空经济在区域发展新格局中作用的发挥离不开市场“无形的手”与政府“有形的手”的共同作用。临空经济的产生是市场作用的结果，其微观经济主体的行为也必然受到市场的调节和引导；而中国大规模的临空经济区建设和发展在很大程度上是靠政府推动的、是一种政府行为，尤其是发展临空经济会涉及众多利益主体，各类体制机制问题较为复杂，机场等基础设施投资建设、航空运输安全与管制、机场周边区域土地开发等活动均离不开政府的协调，所以，“临空经济的发展必然需要中央政府、行业主管部门和地方政府的公共政

---

① 陈振明：《政治与经济的整合研究——公共选择理论的方法论及其启示》，《厦门大学学报》（哲学社会科学版）2003 年第 2 期。

② 曾刚、胡森林：《百年未有之大变局下中国区域发展格局演变》，《经济地理》2021 年第 10 期。

③ 张可云：《中国区域城市化管理水平比较研究》，《中国人民大学学报》2015 年第 5 期。

策和详细规划的支持和协调”[①]。因此，在本书研究对临空经济各种作用的分析中，将力图从公共经济管理的视角，结合市场失灵、政府失灵等公共经济管理理论，探讨市场与政府在临空经济作用发挥中的影响机制和路径，在要素自由流动、临空经济区规划、临空产业培育与遴选中的协调机制等问题，并提出相关政策启示。尤其是在临空经济对区域创新溢出效应的研究中，将运用市场失灵中的外部性理论对其进行深入探讨。

三　空间经济理论

“空间经济学”（Spatial Economics）或“新经济地理学”（New Economic Geography）发端于20世纪90年代，一般以诺贝尔经济学奖获得者克鲁格曼（Paul Krugman）于1991年发表的《规模报酬与经济地理》一文作为其起点[②]。空间经济学以规模经济、不完全竞争为主要理论基础，试图通过运输成本把空间因素纳入到一般均衡分析框架中，来探讨各类生产要素的运动规律、机制及其经济增长的规律与途径，其基本思想是“强调经济增长的非连续性和非单调性，并以这种非连续过程解释区际经济发展差异”[③]。

“空间经济学”的建模策略以“迪克西特—斯蒂格利茨模型”（Dixit-Stiglitz Model，简称“D-S模型”）框架为基础（Paul Krugman，1991），借鉴国际贸易理论并利用“冰山运输成本”（Iceberg Transport Cost）、动态演化（Ad hoc dynamics）等技术通过计算机数值模拟来构建，主要包括“中心—外围模式”的区域模型、研究城市层级体系演化的城市模型、探讨产业集聚与国际贸易的国际模型三大类，其中“中心—外围模型”（Core Periphery Model）被认为是奠定了空间经济学的基础[④]。空间经济学模型有很多，且理论含义各有差

① 张军扩等：《临空经济的内涵及发展中国临空经济的重要性》，《中国经济时报》2007年2月6日第4版。

② 梁琦、黄卓：《空间经济学在中国》，《经济学（季刊）》2012年第3期。

③ 安虎森：《空间经济学：新视角　新解读——空间经济学（新经济地理学）专栏点评》，《西南民族大学学报》（人文社会科学版）2008年第8期。

④ 殷广卫：《空间经济学对称核心—边缘模型解读》，《西南民族大学学报》（人文社会科学版）2008年第8期。

异，但一般性结论主要有：①经济系统内生的因果循环决定了经济活动的空间差异。经济活动空间模式的形成主要由聚集力和扩散力两种方向相反的力量所决定，而聚集力由市场接近效应（Market Access Effect）、价格指数效应（Price Index Effect）引起，扩散力由市场拥挤效应（Market Crowding Effect）引起，两种力量相互抵消后剩余的非均衡力决定了经济活动的空间布局。②即使没有外生因素的冲击，经济系统内生力量也能够引起经济活动的空间差异。聚集力、分散力均随着贸易自由度的提高而下降，但分散力的下降速度更快：当空间贸易成本较大、贸易自由度较低时，分散力大于聚集力占据主导地位，此时经济活动处于均衡分布状态；随着贸易成本的下降、贸易自由度的提升，聚集力与分散力均不断减弱且分散力的减弱速度更快，当突破某一临界点（突破点）时，聚集力超过分散力成为主导，均衡状态被打破，经济活动将向某一区域集中形成"中心—外围"结构。③在某一临界状态下经济系统常出现突发性集聚。在经济活动均匀分布、贸易自由度较小的情况下，贸易自由度的提升并不会改变经济的均衡状态；但是当贸易自由度提升到某一临界点时，只需微小的扰动使贸易自由度超过该临界点便可打破原有的均衡状态引起经济活动的突发性集聚；而且由于扰动经常发生，故突发性集聚具有必然性特征。这一特征也蕴含了从量变到质变的哲学思想：贸易自由度的提升使要素流动性不断增强，但前期较长时间内无法突破制约因素的限制，将仍保持均衡状态，这是量变过程；当贸易自由度提升至突破点，此时聚集力与分散力力量相当，只需稍微再提升贸易自由度哪怕再微小都会使要素迅速流向特定区域形成突发性聚集，这为质变过程。这一特征说明，"根据传统的线性思维预测政策变动的效应，有时会导致严重的失误"[①]。④经济系统存在"区位黏性"（Location Stickiness），也称为"路径依赖"（Path Dependence）。经济系统形成某种分布模式或发展路径后，若想改变这种模式则需付出较大成本，各种经济活动像是

① 安虎森、蒋涛：《块状世界的经济学——空间经济学点评》，《南开经济研究》2006年第5期。

被“粘”在这种模式上一样。当黏性较强时单靠内生力量难以改变现有状态，外生冲击如政策优惠、基础设施建设等将发挥重要作用，但是要求外生冲击力要足够大，否则也难以改变现有状态且会造成资源的浪费。⑤公众预期变化影响经济发展路径。空间经济学认为，当贸易自由度处于某一特定区间时（维持点与突破点之间重叠区），经济活动空间形态会存在多重稳定性均衡的可能，在这种情况下公众基于有效性原则所做出的预期选择将决定最终的经济路径，即每位个体预测其他大部分人所选择的某一经济模式有效，则每位个体将都会选择大部分人选择的经济模式。因此，对公众预期的变化也会引发固有的经济系统向另一经济系统转变，即存在“自我实现预期”的情况①。空间经济学众多新颖的观点使其政策含义也明显区别于传统经济理论，例如在区域发展问题上，空间经济学提出要实现区域更好发展，先进区域应该推行更为开放的政策，而落后区域则需发展具备比较优势的产业，并循序渐进地扩大开放，即先进区域与落后区域应该推行差异化的开放政策。

本书研究将尝试运用空间经济理论，从微观层面研究临空经济如何通过影响企业的区位决策作用于区域发展新格局，从宏观层面解释现实中已广泛存在的临空产业区域性空间集聚现象，从政策层面基于空间治理理论探讨如何充分发挥临空经济在区域发展新格局中的作用。中国众多区域临空产业集聚、临空经济区和航空大都市建设等经济现象都可以从空间经济学理论中探求到理论根源，正如克鲁格曼所言，“中国的经济地理，非常符合新经济地理学的框架”，因为“首先，出现了非常明显的中心—外围结构……，同时，区域差异也是 19 世纪美国‘制造业带’的真实写照……，然后关于产业区位问题……，中国存在着成千上万的产业集群”，所以，“在中国以及其他新兴经济体，新经济地理学模型对于我们所看到的现象有广泛的应用”②。此外，“中国经济活动

① Paul Krugman, “Increasing Returns and Economic Geography”, *Journal of Political Economy*, 1991, 99 (3): 483-499.

② Paul Krugman, “The New Economic Geography, Now Middle-aged”, *Regional Studies*, 2011, 45 (1): 1-7.

的空间组织，中国的经济地理正在发生着剧烈的、持久的、趋势性的变化。这样一种变化应该说既对空间经济研究提出了重大需求，同时也为空间经济研究提供了世界上最重要的一个素材，创造了世界上最优越的空间经济研究土壤”①，运用空间经济理论来研究临空经济在构建区域发展新格局中的作用，也能够为空间经济理论研究提供丰富的素材，并有可能推动其研究的进一步深化。

四　新结构经济学理论

“新结构经济学”（New Structural Economics）由北京大学林毅夫教授2011年于耶鲁大学库兹涅茨年度讲座上提出，在该讲座上林毅夫作了“新结构经济学：反思发展问题的一个理论框架”的演讲，并随后发表于《世界银行研究观察》上，标志着新结构经济学的正式诞生②。新结构经济学是基于中国和其他发展中国家经济发展和转型成败经验、在对发展经济学尤其是对其前两波思潮进行批判性反思的基础上逐渐形成的一个新的理论体系（见图2-1），是发展经济学的第三波思潮③。

第一波思潮：结构主义	第二波思潮：新自由主义	第三波思潮：新结构经济学
重点强调：市场失灵问题	重点强调：政府失灵问题	重点强调：要素禀赋问题
观点主张：进口替代	观点主张：“华盛顿共识”	观点主张：有效市场
政府直接配置资源	私有化、市场化、自由化	有为政府
重工业优先发展	“休克疗法”	基于要素禀赋发展产业
实施结果：危机不断	实施结果：经济增速更低	实施结果：正得到更多认同
经济增长停滞	危机更频繁	在非洲国家效果明显
与发达国家差距拉大	与发达国家差距更大	学界评价：重新思考发展问
学界评价：普遍失败	学界评价：遗失的二十年	题的一座里程碑

1950　1960　1970　1980　1990　2000　2010　2018　（年份）

图2-1　发展经济学三波思潮

资料来源：笔者综合整理绘制。

① 2011年7月时任中国区域经济协会会长杨开忠教授在中山大学举办的“首届空间经济学国际研讨会（2011）”上的致辞。

② 付才辉：《新结构经济学理论及其在转型升级中的应用》，《学习与探索》2017年第5期。

③ 林毅夫：《比较经济系统的现状与未来：新结构经济学的视角》，《江南大学学报》（人文社会科学版）2022年第4期。

发展经济学第一波思潮为“结构主义”（Structuralism）。主要流行于第二次世界大战结束后至20世纪80年代。第二次世界大战结束后为适应战后重建，尤其是新取得政治独立的发展中国家富国强兵的需要，而产生了发展经济学这一新的经济学子学科，并出现了“结构主义”第一波发展经济学思潮。当时经济学家普遍认为发展中国家之所以贫穷落后是因为其缺少像发达国家那样先进的现代化产业，要想赶上发达国家就必须具有同发达国家相同的劳动生产率和现代化资本、技术密集型产业。由于市场失灵无法依赖市场力量自发构建现代化产业，所以，结构主义建议发展中国家应以政府为主导直接配置资源来克服市场失灵的缺陷，实施进口替代战略、重工业优先发展的赶超战略，动员一切力量迅速构建与发达国家类似的资本与技术密集型现代化产业等。这一思想得到了当时众多发展中国家的认同，但是长期实行“赶超战略”“进口替代战略”的国家在前期投资拉动下出现短暂的快速增长后，大多数经济便陷入了停滞、危机不断，导致发展中国家同发达国家间的差距不断扩大，故经济学界对“结构主义”这一指导思想的评价为“普遍失败”①②。

发展经济学第二波思潮为“新自由主义”（Neo-liberalism）。从20世纪80年代开始，基于对失败的结构主义政策的反思催生了以新自由主义为特征的发展经济学第二波思潮。当时经济学界的主流看法是，发展中国家之所以落后、危机不断，其主要原因是发展中国家没有像发达国家那样建立起完善的市场经济制度，发展中国家政府过度干预市场造成资源配置不当，并大量滋生了寻租、腐败行为，政府失灵普遍存在。所以，新自由主义建议发展中国家应当遵循“华盛顿共识”，以“休克疗法”推行私有化、市场化、自由化等激进的改革措施，建立像发达国家那样完善的市场经济体制。但是，这一思想推行的结果是使大部分发展中国家出现了经济停滞、金融危机等问题，经济增长速度较推行结构主义的六七十年代还更为缓慢、危机发生也更为频繁甚至面临崩

---

① 林毅夫：《新结构经济学的理论基础和发展方向》，《经济评论》2017年第3期。

② 林毅夫：《从西天取经走向自主创新：中国经济学科发展方向探索》，《中国科学基金》2021年第3期。

溃，与发达国家的差距进一步扩大。故一些经济学家将实施华盛顿共识改革的20世纪八九十年代称为发展中国家“遗失的二十年”[①][②]。

发展经济学的第三波思潮为“新结构经济学”（New Structural Economics）。发展经济学的前两波思潮并未给大多数发展中国家带来预期中的发展，而现实却提供了另外的一些选择，有些未采取或少量运用“进口替代”战略的经济体却实现了快速稳定的发展：中国台湾、中国香港、韩国、新加坡、日本等少数几个经济体从20世纪60年代开始并未按照当时发展经济学主流思潮结构主义的建议实施进口替代政策，而是另辟蹊径在出口导向战略以及渐进式改革的推动下，通过先利用自身劳动力优势发展劳动密集型等小规模产业、快速积累了大量外汇资本、再逐步向大规模资本密集型产业发展过渡的路径，实现了经济的快速腾飞，成为少数几个赶上发达国家的经济体；“二战”以后全世界共有13个经济体通过利用同发达国家技术和产业差距所带来的后发优势实现年均超过7%、持续25年以上的经济增长[③]。特别是中国自1978—2021年保持了年均9.4%的增长速度，被誉为“中国奇迹”。而中国所启动的改革实行的是务实的渐进式双轨制改革，这在当时被发展经济学主流思潮新自由主义认为是最糟糕的转型方式，但是却取得了举世瞩目的发展成就。“任何理论都是为了帮助人们认识世界，改造世界”[④]，一方面是按照传统发展经济学思潮发展导致的失败，到目前为止尚未有任何一个发展中国家能遵循发展经济学主流思潮所推崇的政策而取得成功；另一方面却是“亚洲四小龙”、中国独辟蹊径，推行当时被主流发展经济学看来是错误的政策所获得的成就。因此，故有的发展经济学理论难以有效解释当今众多经济现

① 林毅夫：《新结构经济学——重构发展经济学的框架》，《经济学（季刊）》2011年第1期。

② 林毅夫：《新结构经济学》，北京大学出版社2012年版。

③ 这13个经济体为：博茨瓦纳、巴西、中国、中国香港、中国台湾、印度尼西亚、日本、韩国、马来西亚、马耳他、阿曼、新加坡、泰国，资料来源于世界银行2008年发布的《增长报告：持续增长和包容性发展战略》。

④ 周子勋：《新结构经济学何以引领第三波发展思潮》，《中国经济时报》2016年3月11日第9版。

象，也无法为发展中国家政府制定产业政策提供科学的建议，而正是通过对以往发展经济学理论的扬弃、在对前两次发展经济学思潮批判性反思的基础上产生了新结构经济学。

新结构经济学认为，“结构主义”“新自由主义”共同的缺陷是其提出的政策都违背了比较优势，“结构主义”所提出的优先发展资本密集型产业相对于当时的发展中国家而言太过超前，从而使大量企业缺乏自生能力，过度依赖政府的财政支持，造成资源错配并滋生寻租、腐败行为；而“新自由主义”所提出的政府短时间内彻底实现全部市场化的做法，使前期优先发展的尚缺乏自生能力的企业大量破产，从而导致经济的崩溃。新结构经济学主张“用新古典的方法来研究在经济发展过程当中，结构和结构演变的决定因素”，其理论框架主要由“要素禀赋”“有为政府”“有效市场”等部分构成，核心思想是认为现代经济增长本质上是持续的技术创新、产业升级和多样化的连续性结构变迁过程，而一个经济体在每个时点上的产业结构是由该时点上经济体的劳动力、资本、基础设施、土地资源、制度等要素禀赋结构决定的，要素禀赋结构并非一成不变而是会随着时间的推移发生变化，所以，产业结构的优化升级必须与变化了的禀赋结构相适应，协同发挥充分竞争的有效市场和因势利导的有为政府的共同作用①②。图 2-2 显示了新结构经济学的逻辑分析思路。

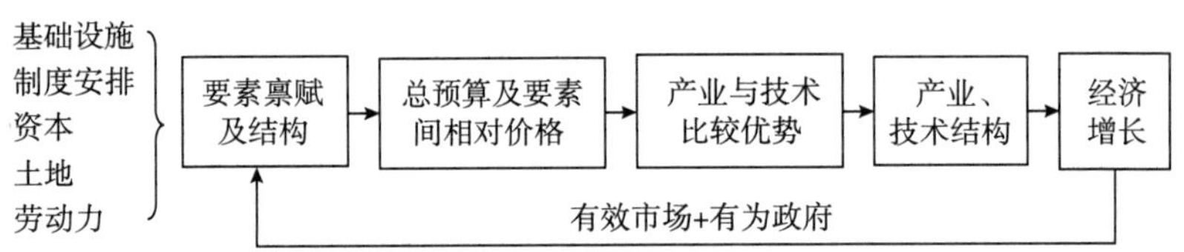

图 2-2　新结构经济学的逻辑分析思路

资料来源：笔者综合整理绘制。

新结构经济学认为，要素禀赋、比较优势、产业与技术结构升级都是一个连续性的动态变化过程，一个经济体基础设施、制度、土

① 林毅夫：《新结构经济学的理论基础和发展方向》，《经济评论》2017 年第 3 期。

② 林毅夫：《〈新结构经济学〉评论回应》，《经济学（季刊）》2013 年第 3 期。

地、资本、劳动力等构成了经济体的要素禀赋，并决定了其结构。而要素禀赋及其结构又决定了经济体在该时点的总预算及要素的相对价格，进而决定了产业和比较优势，只有发展符合自身比较优势的产业才能具有“自生能力”和市场竞争力。随着技术创新与产业升级所带来的经济增长，又会不断改变经济体的基础设施、制度环境、资本、劳动力等要素禀赋结构，从而再次推动产业结构的不断演进和经济的持续发展。同时，要确保经济体遵循比较优势发展，必须充分发挥“有效市场”和“有为政府”的协同作用：充分竞争的有效市场能够反映各种要素的稀缺程度从而为企业决策提供准确的价格信号，引导追寻最大化利润的企业进入符合比较优势的行业；而“有为政府”能够有效解决企业间外部性及协调问题，在克服外部性、改善软硬环境、甄别潜力产业等方面发挥因势利导的作用[①②]。

新结构经济学不但在理论上构建了一个完整的逻辑自洽系统，同时还在政策层面为发展中国家提供了一套名为“增长甄别和因势利导”两轨六步法的产业政策框架，为其产业政策制定提供具体的操作指导[③④]。新结构经济学将最优产业结构内生化并克服了“结构主义”“新自由主义”的种种缺陷，为发展经济学提供了更新颖的思路，不仅具有理论创新的重大价值，也在引导中国和其他发展中国家摆脱基于发达国家经验的主流发展理论束缚、探索出一条适合各发展中国家自身特点的现代化之路方面作出了重大贡献[⑤]。众多世界著名经济学家如达斯古普塔（Partha Dasgupta）、阿克洛夫（George Akerlof）、菲尔普斯（Edmund Phelps）等均给予新结构经济学以高度评价，2001

---

① 王勇、华秀萍：《详论新结构经济学中“有为政府”的内涵——兼对田国强教授批评的回复》，《经济评论》2017 年第 3 期。

② 林毅夫：《新结构经济学、自生能力与新的理论见解》，《武汉大学学报》（哲学社会科学版）2017 年第 6 期。

③ “增长甄别和因势利导”（Growth Identification and Facilitation）两轨六步法主要涵盖目标选择、消除约束、吸引投资、壮大规模、设立工业园、产业激励六大步骤。

④ 王勇等：《新结构经济学视角下产业结构的绿色转型：事实、逻辑与展望》，《经济评论》2022 年第 4 期。

⑤ 林毅夫：《关于中国经济学理论体系建设的思考与建议》，《社会科学文摘》2021 年第 12 期。

年诺奖获得者约瑟夫·斯蒂格利茨（Joseph Stiglitz）将其评价为是“将成为重新思考发展问题的一座里程碑”、迈克尔·斯宾塞（Michael Spencer）将其称为“真正重要且富有雄心的作品”[①]。当前“各国要根据自身禀赋特点，制定适合本国国情的发展战略”[②] 正不断成为共识，新结构经济学在实践中也正得到越来越多的认同，波兰将新结构经济学作为其制定国家发展战略的理论基础，埃塞俄比亚根据新结构经济“增长甄别和因势利导”框架推动经济结构转型使其迅速成为非洲最具有活力的轻加工业出口基地，中国吉林省运用新结构经济学指导产业政策制定[③]。随着中国经济由高速增长阶段转向高质量发展阶段，其要素禀赋结构也发生了重大改变，资本在中国已经从相对短缺变为相对丰富，推动中国区域发展形成新格局也必须依据基于中国和各区域要素禀赋结构的变化来推动产业、技术、基础设施、制度等全面升级；同时，运用“有望成为中国本土化自主理论创新的典型代表”“重构了发展经济学”的新结构经济学来研究中国问题[④][⑤]，对于“推进充分体现中国特色、中国风格、中国气派的经济学科建设”[⑥] 也将具有重要意义。

第二节　临空经济影响区域发展新格局的实践基础

临空经济具有显著的时代特征，探究临空经济的发展历史，要追

① 韦森：《探寻人类社会经济增长的内在机理与未来道路——评林毅夫教授的新结构经济学理论框架》，《经济学（季刊）》2013 年第 3 期。

② 2015 年 9 月 26 日习近平主席在联合国发展峰会上的讲话。

③ 林毅夫、付才辉：《基于新结构经济学视角的吉林振兴发展研究——〈吉林报告〉分析思路、工具方法与政策方案》，《社会科学辑刊》2017 年第 6 期。

④ 付才辉：《构建我国自主创新的新结构经济学学科体系——综述、架构与展望》，《制度经济学研究》2015 年第 4 期。

⑤ 余永定：《发展经济学的重构——评林毅夫〈新结构经济学〉》，《经济学（季刊）》2013 年第 3 期。

⑥ 2016 年 7 月 8 日习近平总书记在经济形势专家座谈会上的讲话。

溯到20世纪初飞机的发明以及民用航空事业的初步发展上。1903年12月17日，现代航空业先驱、美国人莱特兄弟驾驶着他们发明的人类历史上第一架带有发动机的飞机“飞行者一号”完成首次试飞，开启了航空飞行的伟大时代，飞机也因此被认为是20世纪最重要的发明之一。自飞机发明后，随着时间的推移，航空运输逐渐成为现代文明必不可少的交通运输方式，对经济社会发展产生越来越显著的影响，被喻为是继海运、河运、铁路、高速公路运输之后驱动经济社会发展的“第五冲击波”①。在航空运输的催生下，1959年爱尔兰成立了香农国际航空港自由贸易区，标志着世界上第一个临空经济区的诞生，也意味着临空经济这种新的经济形态的正式形成②。

一 国外临空经济发展历程

从1903年飞机出现到1959年爱尔兰香农国际航空港自由贸易区设立，是临空经济的萌芽期。这一阶段在机场周围仅是存在一些临空经济现象，还并不能称之为完全意义上的临空经济，其临空经济相关要素经历了以下转变过程：首先，从技术特点看，飞机的制造材料从最初的“木头+帆布”向“金属材料”转变，起降地从圆形草坪逐渐向“土质机场”和“水泥+混凝土”机场转变。其次，从规模看，受航线、机场、飞机等方面的限制，这一时期航空客、货运输量均极为有限。最后，从机场的用途看，服务社会经济发展的功能较弱，依次主要承担着“飞行人员的机场”“飞机的机场”“战场的机场”等功能。例如，1909年运营的美国马里兰州大学园区机场（College Park Airport）被普遍认为是世界上最老且持续经营的机场③，而当时的机场主要用于航空爱好者试验飞行或军事目的，主要承担的是“飞行人员的机场”功能；第一次世界大战结束后，欧洲开始大力发展民用航空，1919年2月5日德国德意志航空公司开通了欧洲第一条民航定期

① John D. Kasarda, “The Fifth Wave: The Air Cargo-industrial Complex”, *Portfolio: A Quarterly Review of Trade and Transportation*, 1991, 4 (1): 2-10.

② 柴晔：《爱尔兰：香农国际航空港自由贸易区》，《国际市场》2014年第6期。

③ 关于世界上第一座机场尚存在争议，也有人认为是美国亚利桑那州的比斯比—道格拉斯国际机场（Bisbee-Douglas International Airport）。

航线“柏林—魏玛”每日定期航班，1919 年 3 月 22 日法国法尔芒航空公司开通了世界上第一条国际民用航线“法国巴黎—比利时布鲁塞尔”每周定期航班，虽然民用航线不断开辟强化了殖民国家与殖民地间的经济社会联系，并推动机场在全球范围内大量出现，一定程度上满足了区域发展人员、货物流动的需要，但当时机场主要为飞机起降服务，主要承担着“飞机的机场”功能；第二次世界大战期间，飞机、航空运输的重要作用得到充分肯定，刺激全世界涌现出一大批机场，美国政府拨付专项资金建设改进了数百个机场，但主要是用于军事目的，承担着“战场的机场”功能；第二次世界大战以后，航空飞行技术日臻成熟，相关组织制度与法律、规范、标准逐渐完善，航空客、货运输量快速增长，机场的作用逐渐向服务城市经济社会发展的功能转化，真正成为“城市的机场”“区域的机场”，航空运输在促进要素跨区域远距离流动、服务区域经济社会发展中的作用日益强化，从而最终催生出临空经济这种经济形态。

1959 年爱尔兰政府以香农机场为核心建设的香农国际航空港自由贸易区是世界上第一个临空经济区。建立以后，临空经济在爱尔兰区域经济发展中显示出了强大的生命力，使香农地区逐渐从原先经济落后、工业基础薄弱的农业小镇转变为爱尔兰“二战”后唯一的新兴城市①、最大的商业园区和北美企业最密集的聚集地之一②，成为“世界上最早、最成功的经济开发区之一”，“不但为爱尔兰经济发展作出了重要贡献，为世界上不少国家的开放型经济发展提供了有益借鉴”③，推动临空经济这种新的经济形态迅速在世界各地涌现。

1988 年荷兰政府的“Mainport”战略（枢纽港战略）提出要围绕史基浦机场大力发展临空经济，将其周边区域建成一个“集枢纽机场、综合交通枢纽、国际贸易和物流中心、国家经济发动机、区域就

---

① 中华人民共和国驻爱尔兰大使馆经济商务参赞处：《浅析爱尔兰香农开发区今与昔》，中华人民共和国商务部网，http：//ie. mofcom. gov. cn/article/ztdy/200705/20070504698144. shtml.

② 王瑛：《国际外包服务基地的爱尔兰发展模式》，《管理观察》2008 年第 12 期。

③ 钱彤、熊思浩：《习近平参观考察爱尔兰香农开发区》，新华网，http：//www. xinhuanet. com//world/2012-02/19/c_ 111542251. htm.

业中心和财富中心的多元综合体"[①]，即世界级临空经济区或航空城；在其同年发布的《国家规划与发展报告（第4版）》中进一步明确把史基浦机场发展提升到了国家发展中心和经济驱动引擎的地位，将其与鹿特丹港共同定位为荷兰"海港+空港"双轮驱动模式的两大支撑；如今，史基浦机场是欧洲大陆第三大机场、荷兰皇家航空和国际物流巨头TNT公司基地，正努力打造成整个欧洲门户，史基浦机场区域（Amsterdam Airport Area）已成为荷兰领先的国际商业中心，"都市有什么，机场就有什么"，被誉为"欧洲商业界的神经中枢"（Nerve Center of the European Business World），并与知识经济等因素联系起来构成了荷兰新的"Brainport"战略（智慧港战略）重要基础。

2014年，英国推出旨在增强交通互联、提高科技创新投资、将英国的经济重心从伦敦和东南部向北部转移的"北方经济引擎计划"（The Northern Powerhouse），总投资超过240亿英镑，而其中曼彻斯特机场及空港城（Airport City）成为这一计划的重要实施平台，在英国政府平衡区域经济发展中发挥重要作用。曼彻斯特机场是英国北部最重要的国际门户机场，不仅是一个运输节点，更是英国北方的经济引擎[②]。表2-1显示了2013年曼彻斯特机场对区域经济发展的不同影响指标情况，并预测了机场旅客吞吐量达到3500万、4500万人次时的经济影响，从表中可以看出曼彻斯特机场为曼彻斯特区域发展带来了巨大的收益，这些收益将随着机场的发展而不断增加。此外，围绕曼彻斯特机场的空港城项目，是2012年伦敦奥运会后英国最大的城市改造项目，也是中国与英国签订关于加强基础设施合作谅解备忘录以后第一个落地实施的项目，未来有可能成为全球首屈一指的"智慧型商业目的地"（the world's intelligent business destination），2015年10月23日中国国家主席习近平和英国首相卡梅伦共同专程参观曼彻斯

① 曹允春：《机场发展临空产业的思考》，《中国民用航空》2013年第6期。

② 资料来源于《曼彻斯特机场总体规划2030年》（Manchester Airport Master Plan to 2030），曼彻斯特机场网站，https://www.manchesterairport.co.uk/about-us/manchester-airport-masterplan.

特机场时，将空港城誉为“中英合作共赢的示范工程”①。

表 2-1　　曼彻斯特机场经济影响

旅客吞吐量（万人次/年）	2040	3500	4500
对英国经济贡献（百万英镑）	918	1573	2022
直接就业人数（人）	26938	46936	59318
间接就业人数（人）	20600	32540	41838
员工年工资总量（百万英镑）	271	465	597
机场就业对区域经济年度贡献（十亿英镑）	1	1.7	2
国际旅客数量（人）	1222517	2093750	2691964
游客总支出（百万英镑）	469	804	1034

资料来源：《曼彻斯特机场总体规划（2030 年）》（“Manchester Airport Master Plan to 2030”），曼彻斯特机场网站，https：//www.manchesterairport.co.uk/about-us/manchester-airport-masterplan.

此外，世界上还有其他许多城市围绕大型枢纽机场发展临空经济、建设临空经济区，如瑞士苏黎世机场、韩国仁川机场、美国达拉斯—奥斯堡机场、法国夏尔·戴高乐机场、奥地利维也纳机场、日本成田机场、英国伯明翰机场、德国不莱梅机场、丹麦哥本哈根机场、德国慕尼黑机场、日本中部机场等大型机场周边，都逐渐成为机场所在城市内集航空运输与物流、国际贸易、会展、高端商务、高新技术产业、居住与休闲旅游等功能于一体的现代化空港新城，形成“港—产—城—域”良性发展城市新兴经济空间，也使机场所在城市成为世界著名的空港城市。

总之，机场及航空运输能有效吸引人流、物流、资金流等相关要素大规模集聚，使机场及周边逐渐发育成一个经济活动高度集中的特色区域。随着新经济崛起，产业层次高级化、产品形态精细化不断演进，企业区位选择日益向成本、时间双重指向转变，使临空经济逐渐成为一种世界主流经济形态，在区域发展中发挥起愈加重要的作用。

① 李斌：《习近平参观曼彻斯特空港城项目》，新华网，http：//www.xinhuanet.com/world/2015-10/23/c_ 1116924571.htm.

二　中国临空经济发展历程与区域定位

（一）中国民航业的起步与发展

中国自第一座机场建立到现在已近 110 年。1904 年，来自法国的两架小型飞机在北京南苑校阅场进行了飞行表演，这是中国上空第一次出现飞机；1910 年清政府于南苑修建简易跑道并进行飞机试制修造，诞生了中国历史上第一座机场——北京南苑机场；1913 年依托南苑机场创建了中国第一所正规航空学校——南苑航空学校；1920 年中国第一条国内航线“北京—天津”航线正式开通；1936 年中国第一条国际航线“广州—河内”航线正式开通。虽然机场建设及民航事业在中国起步较早，并且在改革开放以后得到迅速发展，但直到 20 世纪末，中国民用航空在机场数量、航线网络、线路里程、运营效率、技术水平、装备质量等方面都远落后于其他发达国家，与航空强国的目标相去甚远。而与此同时，改革开放 40 余年来中国国民经济持续高速发展对航空运输的需求与日俱增，供需矛盾越发紧张，对国民经济健康运行形成了严重制约。因此，进入 21 世纪以后，尤其是 2004 年机场属地化改造完成后，各级政府逐级认识到机场及航空运输在服务国民经济发展中的重要地位，开始大规模推动机场建设，中国开始由民航大国向民航强国快速迈进（见图 2-3 至图 2-6）。2021 年全年旅客吞吐量 9.07 亿人次，货邮吞吐量 1782.8 万吨，居世界第 2 位；预计未来 20 年，中国航空旅客周转量年均增长率为 6.8%，到 2034 年，航空旅客周转量将占世界的 16%，人均年乘机出行次数从 2014 年的 0.3 次增长至 2034 年的 1.09 次，达到 2016 年的欧洲水平，成为全球航空业增长最快的地区之一[1]；截至 2021 年底，中国境内民用航空（颁证）机场共有 248 个，其中定期航班通航机场和城市 244 个，定期航班航线 4864 条[2][3]，国际定期航班通航 41 个国家的 60 个

---

① 资料来源于空中客车公司（Airbus）发布的《全球市场预测（2015—2034）》，空中客车公司网，http：//www. airbus. com/.

② 统计不含香港、澳门和台湾地区。

③ 资料来源于中国民航局发布的《2021 年民航机场生产统计公报》，中国民航局网，http：//www. caac. gov. cn/XXGK/XXGK/TJSJ/201903/t20190305_ 194972. html.

城市。规划到 2025 年机场数量达到 370 个（规划建成约 320 个），并形成 3 大世界级机场群、10 个国际枢纽、29 个区域枢纽[①]。

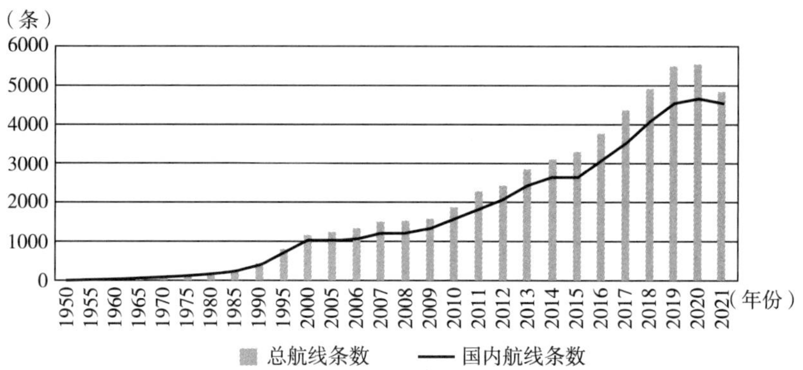

图 2-3　中国主要年份航线数量统计（总航线与国内航线）

资料来源：笔者综合整理绘制。

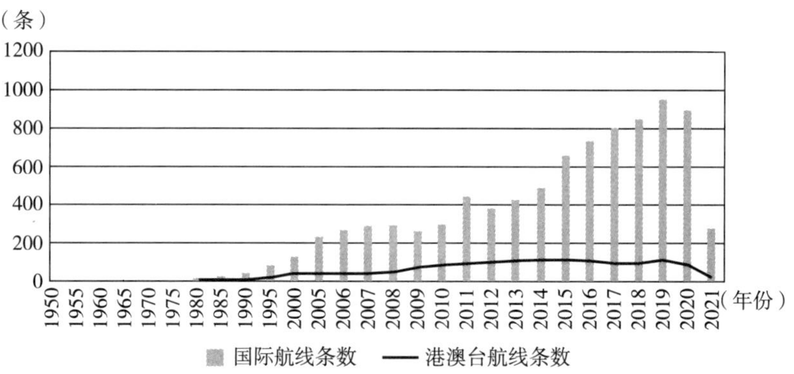

图 2-4　中国主要年份航线数量统计（国际航线与港澳台航线）

资料来源：笔者综合整理绘制。

① 资料来源于国家发展和改革委员会、中国民用航空局联合发布的《全国民用运输机场规划》（发改基础〔2017〕290 号），国家发展和改革委员会网，http：//www. ndrc. gov. cn/zcfb/zcfbghwb/201703/t20170315_ 841017. html.

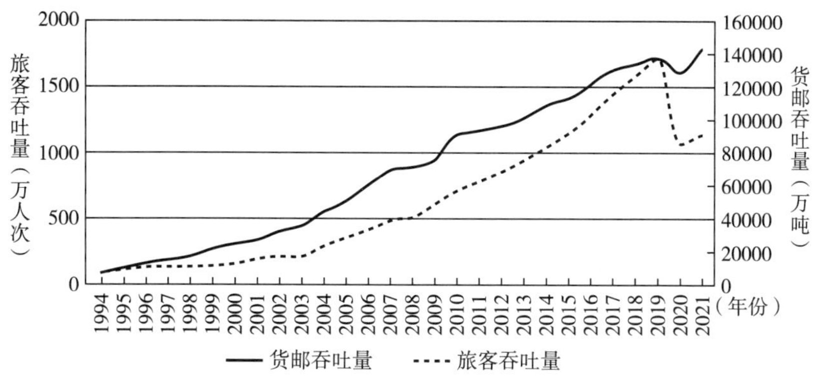

图 2-5　中国主要年份货邮与旅客吞吐量统计

资料来源：笔者综合整理绘制。

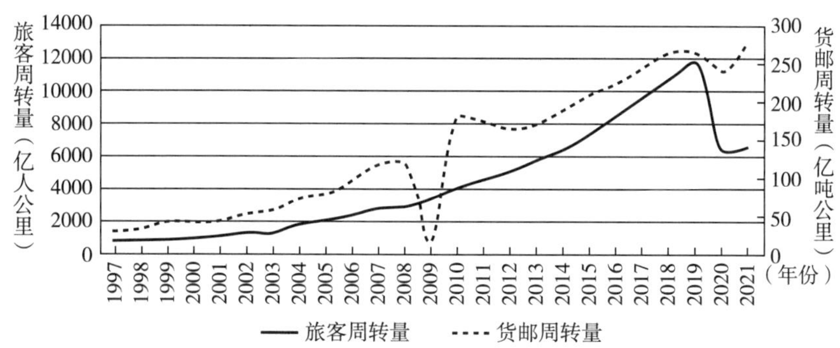

图 2-6　中国主要年份货邮与旅客周转量统计

资料来源：笔者综合整理绘制。

（二）临空经济在中国区域发展中的重要地位

伴随着民航业的快速发展，临空经济在中国主要枢纽机场周边逐渐形成。1992 年，中国第一个临空经济区——以成都双流机场为核心的“西南航空港经济开发区”正式成立；2013 年 3 月国务院通过了《郑州航空港经济综合实验区发展规划》（国函〔2013〕45 号），设立了中国第一个国家级临空经济实验区；截至 2022 年 8 月，中国已成立各类临空经济区 90 余个，其中，已运营临空经济区 42 个，已规划临空经济区 40 个（包括青岛新机场和玉林机场），有意向规划临空经济区 9 个；国家级临空经济示范区 17 个，分别为郑州、北京新机场、青岛、重庆、广州、上海虹桥、成都、长沙、贵阳、杭州、宁波、西安、首都机场、南京、长春、南宁、福州临空经济示范区，正在申请建设国家级临空经济示范区 22 家。

中国临空经济的发展引起了社会各界的高度重视。2004 年 5 月 27 日，中国第一次临空经济论坛在北京顺义区顺利召开；2006 年 3 月，中国民航大学临空经济研究所（现更名为临空经济研究中心）成立，是中国第一个以临空经济为主要研究对象的科研机构；2009 年，湖北工业大学何艳博士申报的“临空经济区形成与发展的动力机制研究”正式获国家自然科学基金青年项目立项（项目批准号：70903011），是第一个获批的以临空经济为主题的国家自然科学基金或国家社会科学基金立项项目；2013 年 9 月，航空经济发展河南省协同创新中心获批，成为全国第一个以临空经济为主要研究对象的省级协同创新中心；2014 年，郑州大学设立“临空经济管理”为基础与新兴学科并招收博士研究生，是中国第一个正式将“临空经济学”作为学科建设的高校，2018 年该学科培养的第一批博士生顺利毕业；2017 年 6 月 15 日，复旦大学国际空港城市研究中心发布了首个《中国空港经济区（空港城市）发展指数报告（2017）》，并于 2018 年 11 月 26 日发布了首部《中国空港经济区（空港城市）发展蓝皮书（2018）》；2018 年 4 月 27 日，中国临空经济示范区发展联盟正式成立。

国家层面关于区域发展的一系列重大战略部署中也高度重视临空经济的作用。2012 年 7 月 8 日，国务院出台《关于促进民航业发展的若干意见》（国发〔2012〕24 号），明确提出要“大力推动航空经济发展……选择部分地区开展航空经济示范区试点，加快形成珠三角、长三角、京津冀临空产业集聚区”；2015 年 7 月国家发展和改革委员会、中国民航局联合出台了《关于临空经济示范区建设发展的指导意见》，提出要“把临空经济示范区建设成为现代产业基地、区域物流中心、科技创新引擎和开放合作平台，为促进区域经济社会发展和经济发展方式转变提供有力支撑”；2017 年 2 月 23 日习近平总书记考察北京新机场建设时提出“新机场是首都的重大标志性工程，是国家发展一个新的动力源”重要论断，2017 年 6 月 14 日习近平主席会见卢森堡首相时提出“支持建设郑州—卢森堡‘空中丝绸之路’”。

在国家一系列重大空间规划中，如粤港澳、“一带一路”、京津冀、长江经济带以及多个国家级城市群规划、“十四五”规划中，都有发展临空经济、建设临空经济区的专门论述（见表 2-3），这些都充分表明，中国临空经济已经进入与国家经济社会发展方向和要求高度契合的新阶段。

表 2-3　　临空经济在中国区域规划或指导意见中的相关表述

	规划名称	临空经济相关表述
国家级空间战略规划	《粤港澳大湾区发展规划纲要》	建设世界级机场群……推进广州、深圳临空经济区发展
	《国务院关于依托黄金水道推动长江经济带发展的指导意见》	拓展航空运输网络，依托空港资源，发展临空经济
	《推动共建丝绸之路经济带和 21 世纪海上丝绸之路的愿景与行动》	强化上海、广州等国际枢纽机场功能，加快提升航空基础设施水平，支持郑州、西安等内陆城市建设航空港
	《京津冀协同发展规划纲要》	打造国际一流的航空枢纽，加快北京新机场建设，开展北京新机场临空经济合作区改革试点
	《黄河流域生态保护和高质量发展规划纲要》	“支持郑州航空港经济综合实验区做精做强主导产业”“加快西安国际航空枢纽和郑州国际航空货运枢纽建设，提升济南、呼和浩特、太原、银川、兰州、西宁等区域枢纽机场功能，完善上游高海拔地区支线机场布局”
国家级城市群规划	《长江中游城市群发展规划》（发改地区〔2015〕738 号）	加快武汉、长沙、南昌等临空经济区建设
	《哈长城市群发展规划》（发改地区〔2016〕499 号）	规划建设哈尔滨临空经济示范区
	《中原城市群发展规划》（发改地区〔2016〕2817 号）	“提升航空港对外开放门户功能”“支持具备条件的机场因地制宜发展临空经济”
	《长江三角洲城市群发展规划》（发改规划〔2016〕1176 号）	推进以枢纽机场为核心的临空经济区发展
	《关中平原城市群发展规划》（发改规划〔2018〕220 号）	推动西安陆港、空港联动发展……建设临空经济示范区

续表

	规划名称	临空经济相关表述
区域重大指导意见	《中共中央国务院关于新时代推动中部地区高质量发展的意见》	充分发挥郑州航空港经济综合实验区、长沙临空经济示范区在对外开放中的重要作用，鼓励武汉、南昌、合肥、太原等地建设临空经济区。加快郑州—卢森堡“空中丝绸之路”建设，推动江西内陆开放型经济试验区建设
	《中共中央国务院关于新时代推进西部大开发形成新格局的指导意见》	加强航空口岸和枢纽建设，扩大枢纽机场航权，积极发展通用航空

资料来源：笔者搜集整理。

三　中国国家级临空经济示范区建设实践

国家发改委、中国民航局发布《关于临空经济示范区建设发展的指导意见》以后，引起各地临空经济示范区的申建热潮。截至 2020 年 6 月，国家已批复国家临空经济示范区 17 个（见表 2-4），从其战略定位看，大部分被赋予改革开放先行区、区域发展增长极等重要使命。

表 2-4　　　　中国国家级临空经济示范区概况

名称	中心机场	设立时间	面积（平方公里）	相关批文	战略定位
郑州航空港经济综合实验区	新郑机场	2013. 3	415	国函〔2013〕45 号、发改地区〔2013〕481 号	国际航空物流中心、以航空经济为引领的现代产业基地、内陆地区对外开放重要门户、现代航空都市和中原经济区核心增长极
北京大兴国际机场临空经济示范区	大兴机场	2016. 10	150	—	国际交往中心功能承载区、国家航空科技创新引领区、京津冀协同发展示范区
重庆临空经济示范区	江北机场	2016. 10	147. 48	发改地区〔2016〕2209 号	内陆开放空中门户、低碳人文国际临空都市区、临空高端制造业集聚区、临空国际贸易中心、创新驱动引领区
青岛胶东临空经济示范区	胶东机场	2016. 10	149	发改地区〔2016〕2208 号	区域性航空枢纽、高端临空产业基地、对外开放引领区、现代化生态智慧空港城

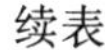

续表

名称	中心机场	设立时间	面积（平方公里）	相关批文	战略定位
上海虹桥临空经济示范区	虹桥机场	2016.12	13.89	沪府办发〔2017〕68号	国际航空枢纽、全球航空企业总部基地、高端临空服务业集聚区、全国公务机运营基地和低碳绿色发展区
广州临空经济示范区	白云机场	2016.12	135.5	发改地区〔2016〕2810号	国际航空枢纽、生态智慧现代空港、临空高端产业集聚区和空港体制创新试验区
成都临空经济示范区	双流机场	2017.3	100.4	发改地区〔2017〕416号	临空经济创新高地、临空高端产业集聚区、内陆开放先行区和新型生态智慧空港城
长沙临空经济示范区	黄花机场	2017.5	140	发改地区〔2017〕0873号	长江经济带综合交通枢纽、创新发展内陆开放型经济高地、高端临空产业集聚发展区、绿色生态智慧航空城
贵阳临空经济示范区	龙洞堡机场	2017.5	148	黔党发〔2015〕14号、黔发改地区〔2018〕1059号	西部内陆地区对外开放重要门户、西南航空客货运枢纽、特色高端临空产业基地、智慧型生态化临空示范区
杭州临空经济示范区	萧山机场	2017.5	142.7	发改地区〔2017〕876号	面向全球的跨境电商标杆、亚太国际航空枢纽、全国临空产业高地、生态智慧航空都市
宁波临空经济示范区	栎社机场	2018.4	82.5	发改地区〔2018〕636号	“一带一路”建设重要门户区、重要的临空经济集聚区、区域性航空枢纽和长三角航空物流集散中心
西安临空经济示范区	咸阳机场	2018.5	144.1	发改地区〔2018〕635号	国际航空枢纽、临空特色产业聚集区、内陆改革开放新高地、生态宜居空港城市
南京临空经济示范区	禄口机场	2019.2	81.8	发改地区〔2019〕376号	全国重要的临空产业集聚区、国内临空创新型经济领先区、港产城一体化发展示范区
首都机场临空经济示范区	首都机场	2019.2	115.7	发改地区〔2019〕375号	国家临空经济转型升级示范区、国家对外开放重要门户区、国际交往中心功能核心区和首都生态宜居国际化先导区

续表

名称	中心机场	设立时间	面积（平方公里）	相关批文	战略定位
长春临空经济示范区	龙嘉机场	2020.7	91.3	发改地区〔2020〕1190号	面向东北亚的开放合作高地，构建绿色低碳生态环境，打造有力支撑长春东北亚区域性中心城市建设、带动吉林省全面开放、引领东北全面振兴的临空经济示范区
南宁临空经济示范区	吴圩机场	2020.7	118	发改地区〔2020〕1191号	面向东南亚的区域航空枢纽、共建“一带一路”的区域门户枢纽和全国临空经济创新发展先导区，为加快形成面向东盟的国际大通道、促进区域经济高质量发展提供有力支撑
福州临空经济示范区	长乐机场	2020.11	145	发改地区〔2020〕1817号	以服务闽东北经济协作区和福州新区开放开发为重点，推动临空产业集群与滨海现代都市融合发展，打造具有区域竞争力的临空经济示范区，推动福州城市转型升级，助力“新福建”建设

资料来源：笔者根据各地规划文本综合整理。

在国家级临空经济示范区中，东部占9个，中部占2个，西部占5个，东北1个，其中：郑州航空港经济综合实验区是设立时间最早、面积最大、唯一先于《关于临空经济示范区建设发展的指导意见》出台而设立的国家级临空经济示范区，也是唯一一个由国务院批复设立的国家级临空经济示范区；上海虹桥临空经济示范区面积最小，仅为13.85平方千米；除郑州航空港经济综合试验区之外，其余所有国家级临空经济示范区面积均不超过150平方千米；北京大兴国际机场临空经济示范区、青岛胶东临空经济示范区均是机场兴建与示范区建设同步进行；北京是唯一一个拥有两个国家级临空经济示范区的城市，浙江是唯一一个拥有两个国家级临空经济示范区的省份；宁波临空经济示范区是全国距离主城区最近的都市型国家级临空经济示范区；西安临空经济示范区是唯一被赋予“军民融合”任务的国家级临空经济示范区[①]。

① 汤凯：《临空经济促进区域协调发展的机制研究》，中国社会科学出版社2020年版。

第三章

临空经济的演进与特征化事实

本部分将基于前文对临空经济研究文献以及临空经济理论基础、现实实践的分析，探索临空经济的演生、内涵、动力体系、特征体系和现实表现等内容，提炼临空经济理论发展过程中的重要科学问题，形成临空经济研究的“基础理论—现实表现—内涵特征—方法体系”学理链，构建出临空经济完整的理论体系框架，以为后续研究临空经济对区域发展新格局的影响做好理论准备[①]。

第一节　临空经济的演生

一　交通运输方式变革的必然结果

人类发展史表明，经济社会发展与交通运输方式变革密切相关。马克思指出“改善交通运输工具也属于发展一般生产力的范畴”[②]，每一次交通工具、交通运输方式的变革都会带来经济社会形态的重大改变（见表 3-1）。特别是“城市的发展总是依托当时最先进的交通方式”[③]，

① 汤凯：《临空经济促进区域协调发展的机制研究》，中国社会科学出版社 2020 年版，第 81—86 页。

② ［德］马克思：《马克思恩格斯全集》（第 30 卷），中共中央编译局编译，人民出版社 1995 年版，第 520 页。

③ Garreau，J.，*Edge City*：*Life on the New Frontier*，New York：Doubleday，1992：103.

“城市的轮廓和命运都取决于交通运输方式”①。根据世界银行发布的《年终回顾：图解 2016》报告，2016 年城市聚集了全球一半以上的人口，对世界 GDP 的贡献率超过了 80%，预计到 2030 年，全球 2/3 以上的人口将生活在城市，可以说“我们的星球进入了城市时代”②。交通是城市的塑造者，“没有正常的运输就不能养活城市和大工业中心”③，海港、内河航运、铁路、高速公路都曾刺激带动了一大批城市的产生与发展。

表 3-1　　卡萨达“第五冲击波”理论

序号	大致时间	运输方式	主要运输工具	主要产业类型	产业组织形态
1	17 世纪	海运	船舶	商业贸易	临海型
2	18 世纪	河运	船舶	纺织	临河型
3	19 世纪	铁路	火车	钢铁、煤矿	临铁路型
4	20 世纪	公路	汽车	化工、机械、电气	临公路型
5	21 世纪	航空	飞机	信息、生物等高科技产业	临空型

资料来源：笔者综合整理。

18 世纪前，海洋运输发展带来了大型海港类商业中心城市的兴起，港口经济成为主流，“海洋文明”造就了一批因海而盛的“海洋帝国”，塑造了全新的世界经济体系，构成城市化的初始阶段。1492 年哥伦布航海发现新大陆，实现欧洲与美洲的首次联通，开启了持续几百年的海外探险与殖民时代，西班牙、葡萄牙、荷兰、英国等大西洋沿岸国家通过远洋运输进行跨洲商品贸易，催生出巨大的商品交易市场并拉动国内工场手工业的大发展，相继成为当时世界强国。西班牙巴塞罗那（Barcelona）、英国伦敦（London）等港口城市吸引了大规模的生产要素集聚，逐渐成为产业发达的世界大都市。在美国东部

---

① John D. Kasarda, “Time-Based Competition & Industrial Location in the Fast Century”, *Real Estate Issues*, 1999 (4): 24-29.

② 上海世博会高峰论坛：《上海宣言》，《人民日报》2010 年 11 月 1 日第 5 版。

③ ［俄］列宁：《列宁全集》（第 34 卷），中共中央编译局编译，人民出版社 1985 年版，第 344 页。

大西洋沿岸，波士顿（Boston）、纽约（New York）、费城（Philadelphia）、查尔斯顿（Charlestone）等港口城市不断壮大，成为美国殖民地时期推动其经济快速增长的四大经济中心，当时美国最大的城市波士顿市其支撑性产业即为航海运输业，所以波士顿至今流传着“条条道路通大海”的名言[①]。据统计，美国建城200年以上历史的城市，除钢铁城市匹兹堡（Pittsburgh）之外，大部分均分布在美国东部大西洋沿岸或是能够通航的河流旁边[②]。正如麦金利·康维（Mckinley Conway）所言：“今天世界上很多著名的城市都要将它们的存在归功于海洋运输，从荷兰的阿姆斯特丹、英国的伦敦，到美国的纽约和费城，这些伟大的城市都是‘因海而生，因海而兴’，可以把它们称之为是‘船上之城’[③]。”

18世纪河运助推欧洲、美国工业革命，使内河经济取代港口经济，内河沿线城市快速发展，推动众多地方进入区域城市化阶段。18世纪英国工业革命把人类带入工业时代，对各种原材料、能源的需求迅速增加，而主要河流沿岸的原材料和能源产地可以利用内河运输，便捷地同其他区域进行物质交换，从而促进了这些区域迅速发展壮大。英国城市伯明翰（Birmingham）曾长期享有“世界工厂”“工业革命的摇篮”声誉，其发达的内河运输在其繁荣兴旺过程中发挥了重要作用；美国内河运输条件的改善同汽船发展相互补充，有效提升了运输效率，促进河运贸易的蓬勃发展，也使美国城市从原先沿海岸线分布转向朝内陆河流沿线发展，内陆俄亥俄河（Ohio River）、密西西比河（Mississippi River）沿岸的匹茨堡（Pittsburgh）、辛辛那提（Cincinnati）、圣路易斯（Saint Louis）、新奥尔良（New Orleans）等城市依托河运迅速发展壮大[④]。河运对中国城市发展也起到了重要作

① 王旭：《空港都市区：美国城市化的新模式》，《浙江学刊》2005年第5期。

② 梁琦：《空间经济学：过去、现在与未来——兼评〈空间经济学：城市、区域与国际贸易〉》，《经济学（季刊）》2005年第3期。

③ Mckinley Conway, *Airport Cities 21: The New Global Transport Centers of the 21st Century*, New York: Conway Data, Inc., 1993.

④ 王学东：《国际空港城市：在大空间中构建未来》，社会科学文献出版社2014年版，第6页。

用，湖北武汉市依托发达的水路网络成为内陆和长江中下游区域商贸中转枢纽，一度成为中国第二大城市及第一大重工业城市；除此之外，“没有长江就没有上海港，就没有当年的大上海和如今的长三角中心，同样没有珠江没有黄埔港，就没有两千年历史的五羊城和如今的珠三角”①。

19 世纪铁路运输使不沿河、不沿海的内陆城市成为商品生产、交易、配送中心，以机器大工业生产为基础的工业城市渐居主导地位，铁路“经济大动脉”作用凸显，推动城市化进入鼎盛时期。1825 年英国铺设了世界上第一条现代意义的铁路，到了 19 世纪下半叶铁路运输发展不断加快，西欧、美国等工业发展较为发达的国家先行构建起较完善的铁路运输网，马克思把铁路运输誉为“实业之冠”②，对经济社会及城市发展带来巨大冲击。德国鲁尔工业区（Ruhr Industrial Base）凭借发达的铁路运输网络发展成为全球著名工业城市。美国东北部许多城市间都有铁路连通，有些城市间铁路线多达三四条；美国西部铺建了五条横穿大陆、纵贯东西海岸的铁路线，其总里程超过七万英里；在美国铁路沿线兴起了众多铁路城镇，亚特兰大（Atlanta）、达拉斯（Dallas）、丹佛（Denver）等城市均是建在主要铁路沿线，地处美国中部的芝加哥（Chicago）是多条铁路交会点，成为美国著名的铁路枢纽城市和重工业中心城市。在中国，郑州、石家庄等城市均是因铁路发展起来，被称为“火车拉来的城市”。

20 世纪是公路运输的时代，汽车成为要素流动主要的运输工具，四通八达的公路网、特别是高速公路成为城市发展的重要驱动力，带来了“高速公路经济带”在世界各地的涌现，城市化不断向郊区扩散③。1932 年德国主要出于军事目的铺建了世界第一条高速公路，为其发动“闪电战”提供了重要支撑；“二战”以后，稠密的高速公路

---

① 梁琦：《空间经济学：过去、现在与未来——兼评〈空间经济学：城市、区域与国际贸易〉》，《经济学（季刊）》2005 年第 3 期。

② ［德］马克思：《马克思恩格斯全集》（第 34 卷），中共中央编译局编译，人民出版社 1972 年版，第 347 页。

③ 王旭：《美国城市史》，中国社会科学出版社 2000 年版。

网络极大促进了社会经济发展，汽车以其速度快、灵活性强等优势成为客、货运输的主要工具，人口流动性显著提高，城市区域范围逐渐膨胀，在城市郊区形成众多居民点，城市郊区化成为显著现象。

进入21世纪，国际经济正在形成“以航空、数字化、全球化和以时间价值为基础的全新竞争体系”①，航空运输成为继海运、河运、铁路、高速公路运输之后驱动城市经济发展的“第五冲击波”，“如今，是航空运输的时代”②，世界银行提出“供应链+产业集群+空中实力=城市生产力”。航空运输能有效拉动城市产业发展、扩大就业、增加政府税收，据统计，2014年全球航空运输业提供了6270万个工作岗位，创造了2.7万亿美元的GDP，相当于整个瑞典或瑞士的经济规模；如果把航空运输对贸易、旅游等产业的支撑作用价值计算进去的话，航空运输对全世界GDP的贡献率为8%；航空运输每运送100万名旅客可为当地直接创造1000个工作岗位③。所以，国际机场协会把机场称为“国家和地区经济增长的发动机”，习近平总书记把机场称为“国家发展一个新的动力源”④。在航空运输业驱动下，机场逐渐从传统的单一运输人员、货物的场所演变成全球贸易活动以及要素流动的重要节点，吸引具有临空指向性的产业和资源要素不断向机场周边区域大规模聚集，使其成为一个经济活动高度集中的多功能区域，于是形成了临空经济这种新型经济形态，并进而形成了临空经济区和航空大都市。

人类社会的发展与交通的变革息息相关，按照每个阶段主导交通方式的差异，我们可以把人类的历史主要划分为四个阶段：水路运输、铁路运输、汽车运输以及目前不断增长的航空运输。每一次的

---

① 曹允春：《临空经济——速度经济时代的增长空间》，经济科学出版社2009年版，第1页。

② ［美］约翰·卡萨达、格雷格·林赛：《航空大都市：我们未来的生活方式》，曹允春、沈丹阳译，河南科学技术出版社2013年版。

③ ATAG，“Aviation：Benefits beyond Borders”，https：//aviationbenefits.org/media/149668/abbb2016_ full_ a4_ web.pdf，2016.6.

④ 2017年2月23日，习近平总书记考察北京大兴机场建设时强调：“新机场是首都的重大标志性工程，是国家发展一个新的动力源。”参见《新机是国家发展一个新的动力源（习近平讲故事）》《人民日报（海外版）》2019年6月27日第5版。

交通运输变革并非对前一次的彻底毁灭，这与社会制度更替那种“血与火的斗争”截然不同。交通的发展更多的是在前一时代的基础上增加了更多的选择，每个阶段都包含有上一阶段的重叠。我们将对这四个阶段的更替历史进行简要的说明。

水路运输占主导的时期，在广袤的海岸线以及主要河流的交汇处，新的社区以及城市不断地在港口出现。主要航线上遍布的是大小帆船，而一些支线上，独木舟、划艇等“百舸争流”的景象也许是那个时期最好的描述。今天世界上很多著名的城市都要将它们的存在归功于水路运输，从荷兰的阿姆斯特丹、英国的伦敦到美国的纽约和费城，这些伟大的城市都是“因水而生，因水而兴”，就叫它们“舟上之城”吧。现在能找到的第一张“舟上之城”地图是1572年阿姆斯特丹全图，该图清楚地揭示了海滨是那个时期人类活动的中心，几乎所有的商业和居住地都是“临水”的。这样的区位选择能够迎接五湖四海之客，经营者搭建好各类基础设施，客栈、酒馆鳞次栉比地分布在码头附近。当然了，还有最昂贵的房地产。试想一下，夜幕降临，远航的船员们看见码头周遭那万家灯火时，将是何等兴奋。他们纷纷下船，或进酒馆“围炉夜话”，或去客栈梦里花落，第二天带上未来几天的补给，重新上船。水路运输的发展将不断推动海滨区域的扩张，同时货运仓库等各类基础设施也将进一步完善，以此满足不断增长的航海需要。这些也将推动交通工具的改进，从狭小的帆船向巨大的蒸汽船过渡。综观整个水路运输时期，旅客、货物的到达与离开点是发展的基本导向，临水而居、临水而事成为这一时期最重要的特点。

随着一声汽笛声，铁路运输时代来临。新的社区、城市不断出现在主要铁路线交汇处以及新火车站附近。美国的亚特兰大、达拉斯、丹佛就是典型的例证。叫它们“铁路城市”好了。火车站周围各类服务设施不断出现并完善，如今我们随便拿出一张火车站地图，都能发现周围所遍布的旅馆、饭店、理发室、酒吧等。马萨斯维尔（Marthasville）原先是一个两条铁路线交汇处的小村庄，其所在的镇就叫 Terminus，虽然马萨斯维尔毁于战火而荡然无存，但是，如今美国重要的铁路枢纽亚特兰大市就是建立在其废墟之上。随着铁路运输的不断增长，仓库、工厂以及各类服务设施在车站附近不断聚集发展，从而使得火车站区域成为整个城市的中心。与水路运输所饱含的那种人情浪漫相比，更加快速的铁路运输在 19 世纪末 20 世纪初的中国，更多呈现的是冰冷无情。整个近代中国的历史也是跟随铁路的脉搏而跳动，很多城市是因铁路而兴。

随着汽车运输的来临，人类社会迎来了新一轮发展冲击波。与水运、铁路运输必须遵从特定的航线相比，汽车运输对既定路线的依赖性明显降低，因此特性汽车运输更能持续推动区域发展的蔓延。尽管如此，乘客对从交通工具出来后而能方便直接地进入活动场所的基本需求并没有改变，所以，以汽车运输为导向，各类能够方便“驾临”的设施，如商场、写字楼、汽车旅馆等大量出现。人类对速度的渴望从未停止，汽车运输所带来的深刻影响没有比 1950—1990 年美国所建设的州际高速公路更能说明问题了。事实上，这一时期也是美国历史上最大规模的社区发展和工业迁址时期，催生了众多“汽车城市”的产生。美国国会多年来一直拒绝创建新的城镇，但有意思的是，其所赞成的州际高速公路建设项目事实上一直都在每个州不断催生出新的城镇来。汽车之所以受到如此热烈的欢迎，主要是因为它提供了一条“自始而终的系统”。不管是人还是货物，从始发地到目的地，无须换乘无须中转，这样就能最大化地节约时间和花费。对货运而言，这个理想的系统意味着将货物遭受损害、偷窃、遗失的风险降到最低；对旅客而言，这也意味着将旅途所带来的沉闷无聊与不适最小化。

航空运输是交通主导改变人类社会发展模式的第四次浪潮。当然，这种深刻的变革仍正处在发展阶段。实践证明，汽车运输是短距离、非拥堵区域理想的运输系统，而对于远距离运输而言，飞机则是更好的选择。当然，对一些短途路线，飞机也表现出了特有的优越性，它可以直接飞过水面或者是拥堵路段，与远距离“民用航空”

相区别，这种短距离航空运输可称为“通用航空”。通用航空更加机动灵活，在美国已极为发达。对于许多人以及商务活动而言，飞机已经是最主要的交通方式。随着众多企业将其新的生产、经营中心不断向机场周围靠近，一种崭新的交通主导发展模式再一次显现。正如“驾临”特征对汽车使用者所产生的吸引力一样，新的“飞临”或者“临空”概念对航空旅客来说更具有强烈的吸引力。实际上，对于航空旅客而言，即使已经是选择了飞机，但他们或许对时间的节约需求比当前更为强烈，他们乐意选择更快的交通方式，对延误以及繁杂的程序更缺少耐心。

——笔者翻译自 Mckinley Conway 所著的 *Airport Cities* 21：*The New Global Transport Centers of the* 21*st Century*（1993）一书。

二　企业生产方式变革的必然结果

经济全球化的深入发展推动企业区位偏好由原先的运费指向、供给指向、市场指向等逐渐向时间价值指向转变，在最短时间内以最低成本创造出最大价值成为企业成功的最新模式，反映在生产经营活动中即速度经济取代规模经济，“迅者生存”。正如习近平主席 2012 年 12 月 7 日在广东考察工作时的讲话所言，“国际竞争历来就是时间和速度的竞争，谁动作快，谁就能抢占先机，掌控制高点和主动权；谁动作慢，谁就会丢失机会，被别人甩在后边”。这是因为：第一，时间的节约意味着成本的降低和生产效率的提高。“流通时间越等于零或近于零，资本的职能就越大，资本的生产效率就越高，它的自行增殖就越大”①。中国企业正面临成本不断上涨、盈利空间逐渐压缩、核心价值链日益复杂的局面，降低产品的物流、交易时间是提升企业竞争力、创造“第三、第四利润源泉”的必然选择。第二，全球技术进步提速，产品生命周期缩短，被复制、仿造的速度加快，使时间已成为企业技术创新效益获取程度的重要决定因素，时间延后或投放市场缓慢都可能带来难以收回投资成本的风险。第三，有众多产业和产品

① ［德］马克思：《资本论》（第 2 卷），中共中央编译局编译，人民出版社 1975 年版，第 142 页。

天然就对时间高度敏感，如时鲜产品、商务会展、医药产业等，如能以最快速度满足顾客需求，就能抢占商机获得时间效益。因此，以节约研发时间、提升产品投放速度的柔性生产方式为特征，时间价值成为影响企业经营成本和收益的重要区位因素。而机场及航空运输是现代快速交通方式的典型代表，能通达而快捷地实现各类生产要素的聚集与扩散，促进区域能量流和物质流的流动，从而对企业区位决策向机场周边转移产生强大的吸引力，进而催生出临空经济。

三　大众生活方式变革的必然结果

国民经济达到较高水平所引发的大众生活方式变革也是临空经济产生的必要条件。一定规模、较高层次的产业、资金、技术、劳动力等的集聚是临空经济不可或缺的要素。如果一个区域国民经济水平较低、人口较少、技术落后、产业层次较低、财政收入有限，则区域缺乏建设机场等基础设施的条件和动力，更谈不上产生临空经济；即使建有机场，较低的区域国民经济水平、产业层次和居民支付能力也无法为临空经济的产生提供必需的客货流、产业等支撑，难以支撑机场的良性运行，限制机场规模扩大、航线开辟、航空运量提升，临空经济这种新经济形态也不会产生，或产生后难以发展壮大。只有当国民经济及居民消费能力持续增长、新兴区域不断出现、区域间经济文化交流愈加频繁、人口与产业等规模不断扩大、形成极为广阔的经济腹地时，区域才具备建设机场或扩大机场等基础设施规模的必要和条件，并为区域临空经济产生与发展提供充足的产业、人才、技术、信息、资金等要素支撑。所以，“一个社会只有进入工业化加速的时期，这个地区的老百姓生活至少摆脱贫困、进入小康的时候才可以谈到临空经济发展的社会经济文化条件”①，只有当空港所在区域人均 GDP 达到 3000 美元以上时才能保证临空经济稳定健康发展②，否则可能只存在航空现象而不能说是临空经济。

① 刘伟：《正确认识中国临空经济发展的五个性质》，载于《临空经济发展战略研究》课题组《临空经济理论与实践探索》，中国经济出版社 2006 年版。

② 孙波、金丽国：《临空经济产生的机理研究——以首都国际机场为例》，《理论探讨》2006 年第 6 期。

较高的国民经济水平是临空经济持续发展的有效保障。国民经济不断发展能提高居民收入水平、增强居民消费支付能力，也加快了经济生活节奏，提升了人们对时间的偏好，时间价值迅速上升。而时间是不能被生产只能靠节约提高利用效率的，因而当时间价值的提升幅度大于因缩短时间所带来的货币成本增加幅度时，人们自然倾向于选择更快捷的交通运输工具来缩短运输时间从而降低时间成本。同时，当社会经济水平发展到较高水平时，居民收入和消费层次大幅提高，对产品质量、种类的要求越来越高，也愿意为高质量产品支付较高价格，从而推动跨境电子商务以及国际贸易的大幅增加，促使机场价值地位提升并吸引临空偏好性产业在机场周边大规模集聚。这些产业的大规模集聚需要有更大的交易空间，要求机场各种基础设施与全国性甚至是全球性的市场交易活动相适应，从而推动机场等基础设施不断完善并产生更大的产业集聚效应，形成循环因果链，不断推进临空经济的良性发展①。

第二节 临空经济的内涵

一 临空经济的概念辨析

“临空经济”这一概念一般被认为是仅在中国学术界和实践领域使用的名词，国外尚无明确定义。梳理相关文献，尚未发现有英文文献对“临空经济”进行专门的概念分析。中文文献对临空经济的定义最早见于张雄教授的《临空经济的思考》一文②，随后众多学者从不同角度都对临空经济的概念进行了深入阐述，前期比较有代表性的概念有：张军扩等认为，临空经济是“在经济发展达到一定阶段之后，依托于大型机场（特别是大型国际枢纽机场）的吸引力和辐射力，在其周边地区发展起来的，由直接服务及依托于航空运输业的相关产业和具有明显航空枢纽指向性（可充分利用航空运输优势和便利）的有

① 汤凯：《临空经济促进区域协调发展的机制研究》，中国社会科学出版社 2020 年版，第 45—79 页。

② 张雄：《临空经济的思考》，《人民日报》1997 年 12 月 19 日第 4 版。

关产业组成的，具有巨大影响力的区域经济体系，是产业结构演变和交通运输方式变革的产物”[①]；曹允春等从机场资源的角度提出，“依托机场设施和资源，通过航空运输行为或航空制造活动，利用机场的产业聚集效应，促使相关资本、信息、技术、人口等生产要素向机场周边地区集中，以机场为中心的经济空间形成了航空关联度不同的产业集群，这种新兴的区域经济形态称为临空经济”[②]。

在国内与机场相关的研究文献中，还常会用到“空港经济”“航空港经济”“机场经济”“航空经济”等概念，这些概念存在一定的相通之处，因对其间差异理解的偏颇，有时会导致混用等问题。它们的异同主要表现在以下几个方面：首先，“空港”是“航空港”的简称，“空港经济”当然也就是“航空港经济”。其次，“航空港经济”是大规模的“机场经济”。日常所提到的“机场”，主要指的是“民用机场”，《中华人民共和国民用航空法》将其定义为“专供民用航空器起飞、降落、滑行、停放以及进行其他活动使用的划定区域，包括附属的建筑物、装置和设施”。从该定义可以看出，“机场”不仅仅包含了飞机的起降设施，还涉及有航站楼、货运站等公共服务设施，是设施与功能的统一，是一种“港”。《辞海》也明确将“航空港”定义为“固定航线上的大型机场”。在英文单词中，“小型机场”用“airdrome”表示，而“大型机场”和“航空港”均用“airport”表示。因此，从广义上讲，“航空港”是“大型机场”的别称，“航空港经济”是规模更大的“机场经济”。再次，“航空港经济”等同于“临空经济”。从字面上看，“临空经济”指“靠近航空港的经济活动”，美国学者麦金利·康威（Mckinley Conway）在其著作中用“Fly in”（“飞临”）来表达这一思想，也就是说“临空经济”包括了航空港内部以及航空港周边地区的经济形态。因此，从字面上理解，容易导致“临空经济”内容范围大于“航空港经济”的误判，

① 张军扩等：《临空经济的内涵及发展中国临空经济的重要性》，《中国经济时报》2007年2月6日第4版。

② 曹允春等：《新经济地理学视角下的临空经济形成分析》，《经济问题探索》2009年第2期。

而实际上两个概念可以通用。“航空港经济”绝不仅仅是航空港物理设施内部的经济形态，更多是指受到航空港影响而催生的各类综合经济形态，具有特定的产业指向、空间指向，也就是“临空经济”。在国家政策文件中也是将“航空港经济”等同于“临空经济”。根据2013年3月8日国家发展和改革委员会印发的《郑州航空港经济综合实验区发展规划（2013—2025年）》，“航空港经济”是指“以航空枢纽为依托，以现代综合交通运输体系为支撑，以提供高时效、高质量、高附加值产品和服务并参与国际市场分工为特征，吸引航空运输业、高端制造业和现代服务业集聚发展而形成的一种新的经济形态”，而根据2015年6月24日国家发展和改革委员会与中国民用航空局联合印发的《关于临空经济示范区建设发展的指导意见》，“临空经济区”是“依托航空枢纽和现代综合交通运输体系，提供高时效、高质量、高附加值产品和服务，集聚发展航空运输业、高端制造业和现代服务业而形成的特殊经济区域”。可以看出，“临空经济区”的概念明显是基于“航空港经济”的定义而提出来的。虽然中文文献存在“临空经济”与“航空港经济”的表述差异，但是在对其进行的英文翻译时，统一使用了“airport economy”来表示。此外，“航空经济”与“临空经济”在空间尺度上差异显著。“航空经济”是产业经济的范畴，在逻辑上与陆地经济、海洋经济并列，在内容上侧重于以民用航空业为核心的、直接由航空活动引起的经济业态，涉及航空运输经济（如航空物流、航空客货运输活动、公共航空运输企业）、航空工业经济（如飞机制造与维修、航空食品制造等）、航空服务经济（如机场服务与油料供应等航空保障业、航空培训与教育、航空金融、航空旅游）等。特别是在空间范围上，“航空经济”并没有特定的区域局限，可以扩大到一个市域或省域，甚至突破国界，而“临空经济”是涉及产业与空间的综合性概念，有显著的空间指向特征，是局部空间。因此，“航空经济”的空间尺度远大于“临空经济”①。例如，有些经济活动本身可能并不具有“航空性”，但因由航空运输等活动吸

① 耿明斋、张大卫：《论航空经济》，《河南大学学报》（社会科学版）2017年第3期。

引集聚到机场周边，从而具有了“临空性”，故可归之于“临空经济”范畴，如机场周边五星级酒店等；而有些经济活动可能具有显著“航空性”，但如果远离机场，那么就只能归于“航空经济”范畴。

“临空经济区”是临空经济的空间载体，与此相关的概念还有“（航）空港经济区”“空港都市区”“空港城市”“机场城市”“航空城”“航空大都市”等。“临空经济区”与“（航）空港经济区”是同一概念，英文多用“airport economic zone”表示，从《关于临空经济示范区建设发展的指导意见》中可以发现，“临空经济区”的定义更强调了其作为机场周边新兴经济形态空间载体的“经济区域”属性，而非“行政区域”属性，即“临空经济区”以经济功能为主、城市功能为辅。“空港都市区”“空港城市”“机场城市”英文多用“airport city”表示，这些概念主要是从机场周边区域空间开发与管理以及城市功能角度而提出的，更强调机场在城市培育中的作用，是临空经济区的高级形态，经济功能为辅、城市功能为主。“航空城”“航空大都市”英文多用“aerotropolis”表示，是“人类城市发展的最新形态”，也是临空经济区更高级的形态，其城市功能更加完善。在“航空城”阶段，航空枢纽仍是航空城的最基本的支撑要素，人口、交通、环境、制度、科技、金融、文化等要素作用愈加凸显。本书研究统一使用“临空经济”及“临空经济区”来论述：第一，相比较而言，“临空经济区”更能凸显机场周边区域所形成的多种经济活动集聚特性，而且虽然中国目前临空经济呈现蓬勃发展的态势，但普遍尚未发育成熟，使用“临空经济区”这一概念更加务实，而“航空大都市”等概念覆盖的空间尺度偏大、不易区分，在具体指导实践中容易造成大而不当的问题。第二，在国内理论研究中，使用“临空经济”也更为普遍。通过 CNKI 数据库检索，以关键词“临空经济”“空港经济”“机场经济”“航空经济”为检索条件，分别检索出 901 条、240 条、13 条、74 条文献；长期致力于研究航空运输对区域发展影响的曹允春教授一直使用的也是“临空经济”这一概念。第三，在国内实践中，也多是使用“临空经济”。在国家相关政策文件多选择使用“临空经济”“临空经济区”表述，如《国务院关于促进民航业发展的若干意见》（国发〔2012〕24号）提出“支持符合条件的临空经济区……”；《促进中部地区崛起“十三五”规划》（发改地区〔2016〕2664号）提出“有序发展临空经济……规划建设……临空经济区”；《西部大开发“十三五”规划》（发改西部〔2017〕89号）提出“在符合条件的地区新培育若干……临空（港）经济区”。地方也常使用“××临空经济区”命名机场周边地区，如已获批的17个国家级临空经济示范区中，仅有一个（“郑州航空港经济综合实验区”）不是使用“临空经济区”来命名。因此，统一使用临空经济和临空经济区，也确保了与国家政策文件及现实实践中概念使用的一致性。

综合以上分析，本书研究基于《郑州航空港经济综合实验区发展规划（2013—2025年）》《关于临空经济示范区建设发展的指导意见》等文件，将临空经济定义为“以航空枢纽为依托，以现代综合交通运输体系为支撑，以提供高时效、高质量、高附加值产品和服务并参与国际市场分工为特征，吸引航空运输业、高端制造业和现代服务业集聚发展而形成的一种新的经济形态”；将临空经济区定义为“依托航空枢纽和现代综合交通运输体系，提供高时效、高质量、高附加值产品和服务，集聚发展航空运输业、高端制造业和现代服务业而形成的特殊经济区域”。

深刻理解临空经济内涵，需要特别注意以下问题：一是临空经济具有明确的区位指向。机场及航空运输是临空经济产生、发展的核心动力，这也决定了临空经济内含了区位因素，即这种经济形态是限定在机场周边一定空间范围内的，其发展受到机场规模、功能定位、航线数量等的直接影响。在实践与理论研究中，要特别注意不应该将临空经济空间泛化。这也是临空经济区别于其他经济形态最显著的特征。二是临空经济具有明确的产业指向。临空产业是临空经济的基本内容，主要指其发展是依托机场、航空运输的产业，包括临空核心产业、临空关联产业、临空引致产业等。因此，任何不利于或是阻碍机场、航空运输正常运作和发展的产业不能称之为临空产业，反过来，

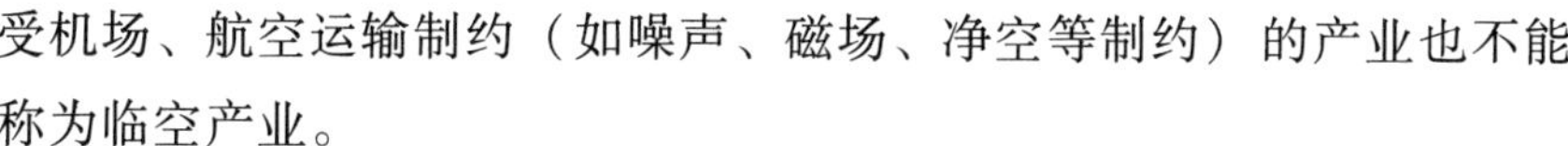

受机场、航空运输制约（如噪声、磁场、净空等制约）的产业也不能称为临空产业。

二　临空经济的阶段划分

阶段性是临空经济发展的一个显著特点，在尊重已有研究成果内在统一性的基础上，本书研究将临空经济划分为初创、成长、成熟三个阶段。为使阶段划分更具有实践指导价值，选取客运吞吐量、区域经济发展水平、市场与政府的作用地位作为特征向量，对临空经济各阶段进行界定[①]。

临空经济初创阶段：①机场客运吞吐量1000万人次以下[②]，客货运吞吐量增长速度较慢，机场是所在城市的重要附属基础设施。②腹地区域经济发展水平较低，人均GDP进入1000美元，达到临空经济临界点[③]。③临空经济区以交通运输功能为主，政府政策介入较少，市场机制发挥主导作用，产业在临空经济区的集聚主要受城市化的影响。④机场功能与区域经济发展融合性较弱，临空经济区内传统制造业占主导地位，航空指向性较弱。

临空经济成长阶段：①机场客运吞吐量在1000万—5000万人次。根据国际经验，在发展速度上该阶段又可细分为两个时期，成长阶段前期（客运量1000万—3000万人次），客货运发展速度较快，临空经济呈爆发性增长；成长阶段后期（3000万—5000万人次），临空经济发展速度仍处高位，但逐渐减缓。②区域经济发展到一定水平，国际临空经济发展的历史与经验表明，机场所在区域的人均GDP一般要达到3000美元以上。③临空经济区经济功能不断上升，政府意识到临空经济的重要性，政策介入明显，政府发挥主导作用。④机场功能与区域经济发展融合性提升，临空经济区内高新技术产业、外向型产业逐渐占据主导地位，航空指向性明显强化。

临空经济成熟阶段：①机场客运吞吐量在5000万人次以上，货

---

① 高友才、汤凯：《临空经济与区域经济阶段性耦合发展研究》，《经济体制改革》2017年第6期。

② 王章留等：《航空经济理论与实践》，经济科学出版社2013年版，第48页。

③ 参见《经济日报》2004年5月28日刊发的《关注临空经济新现象》一文。

运量达 70 万吨，临空经济发展速度趋于平稳。②人均 GDP 达到 10000 美元。③临空经济区城市功能占据主导地位，其核心区用地成本明显增加，航空指向性企业向核心区的集聚速度减慢，航空指向性不强的产业逐渐被挤出①，临空经济区内产业链不断延伸，产业间的关联性增强，临空经济开始从“外延型增长”向“内涵型增长”转变，政策介入退出，市场发挥决定作用。④机场功能与区域经济发展融合性较好，临空经济区内形成若干临空产业集群，现代高端服务业、高新技术产业、航空制造、航空维修与航空服务业等占据主导地位，航空指向性显著。

需要注意的是，上述三个发展阶段的划分只是对临空经济总体发展趋势的一般性描述，如果把临空经济看作一个纵向连续的变化，其由低级阶段向高级阶段动态演化则是循环累积的过程，具有自增强和规模报酬递增的动能。它们在时间序列上有一定的先后顺序，但这种顺序并非绝对，实践中可能出现一定程度的停滞、交叉和反复，表现为临空经济的非线性螺旋式发展模式。

临空经济在动态升级演化中，各个阶段均存在一定程度的路径依赖：①初创阶段存在机场路径依赖。即机场因其生产及自然垄断的属性，对临空经济产生诱发、强化、反馈作用，逐渐成为区域多模式运输方式的交换节点以及区域内外经济要素的交接平台，进一步发展成锁定经济增长空间的核心要素。②成长阶段存在政策路径依赖。有可能形成“优惠政策、土地开发、招商引资、项目引进、技术简单模仿、加工组装为主”的循环累积路径，在自我强化机制的作用下对此种路径形成一定程度的依赖乃至被锁定。③成熟阶段则要形成以创新为主要驱动的内生式发展路径，从而保持良性循环发展。一旦临空经济被锁定在无效率状态，需要花费巨大的转换成本才能被“解锁”，

---

① 有学者认为：临空经济进入成熟前阶段后，随着临空经济区内土地成本不断提升，空间拥挤、无序竞争等类似城市病问题开始出现，对区内企业产生挤出效应。一些航空指向不强的辅助产业挤出效应造成的成本增加超过了由于聚集获得的正效应，所以开始外迁，是否出现非强航空指向性企业的挤出是判断临空经济是否进入成熟期的重要标志（杨友孝，2008）。

难以实现向高阶段的跃升。整体而言，临空经济的高阶演进是机场等基础设施、政策法规、区域经济社会环境等一系列要素共同作用的结果，存在典型的阶段性路径依赖特征，并非所有区域的临空经济都能够进入成熟阶段，某些区域临空经济发展有可能会长期停滞在某一水平而无法实现突破，从而也就难以对区域经济发展产生更大的效应，甚至会阻碍区域经济的发展。就中国而言，大部分临空经济区正处于成长阶段前期，对政策具有较强的依赖性，如郑州、西安、武汉等临空经区；从世界来看，新加坡樟宜、美国孟菲斯、荷兰史基浦、北爱尔兰香农等地区临空经济已进入成熟期，内生性发展已成为其主要路径。

临空经济在动态升级演化中，各个阶段集聚力与扩散力的大小存在显著差异：①在初创阶段，临空经济的集聚力与扩散力均较弱且大致相当，临空经济区与腹地区域之间保持稳定的低水平促进关系，经济活动呈现分散孤立的点状布局模式。②在成长阶段，临空经济的集聚力与扩散力均迅速增长，但在成长阶段前期，临空经济集聚力增长速度更为显著，从而吸引众多产业、高端生产要素不断向机场周边集聚形成区域增长极，并在空间上呈现集核式布局模式，在成长阶段后期，临空经济扩散力增长速度更为显著，推动产业及各类生产要素不断向主要交通线路周边延伸，在这种情况下，集核式布局模式逐步向点轴式布局模式转变。③在成熟阶段，临空经济的集聚力与扩散力均较强，尤其是扩散力超过集聚力并占据主导地位，发挥重要的辐射带动作用，临空经济区与腹地区域之间保持稳定的高水平促进关系，逐步形成网络布局模式。

三 临空经济的影响因素

（一）机场条件

机场特别是大型枢纽机场是全球或区域航空网络的关键节点，是直接服务于航空运输业以及其他时间偏好型产业的核心资源，是临空经济产生与发展的最核心动力源和基础性要素，也是临空经济形成的催化点以及临空经济区理论上的空间中心。脱离了机场，临空经济也就无从谈起。机场通过发挥交通基础设施的纽带作用，能推动区域经济活动融入全球网络。此外，在航空运输业飞速发展和经济全球化持续深化的推动下，机场所引起的空间收敛性和空间外部性有效降低了各类生产要素跨区域流动的时间成本，提高了资源配置效率。因此，机场相关硬件设施（停机坪、航站楼、仓库等）、机场区位及在区域发展中的地位和影响力、境内外航线数量、密度及结构、机场客运与货运吞吐量规模、机场的发展规划与定位等因素，都会直接影响到临空经济的发展水平，也决定了临空经济区的辐射范围，进而直接或间接地影响区域发展格局。

郑州新郑国际机场是4F级国际民用机场、国家一类航空口岸、中国八大区域性枢纽机场之一，占地16000余亩，拥有2座航站楼、2条跑道、158个停机位，可提供旅客吞吐量7000万人次、货邮吞吐量70万吨的终端保障能力。近年来，郑州新郑国际机场规模不断扩大，截至2019年12月，在郑州新郑国际机场运营的货运航空公司22家，货运航线37条，通航城市46个，年货邮吞吐量52.2万吨；客运航空公司59家，开通客运航线218条，通航城市121个，年旅客吞吐量达2913万人次；航线网络遍及全球，客运与货运量快速增长，连续多年保持中部“双第一”，是“空中丝绸之路”重要节点机场。郑州新郑国际机场所产生的集聚效应吸引了大量的资源要素向机场周边区域聚集，推动郑州航空港实验区快速发展，使其逐渐成为“河南自身发展和对外开放的一张靓丽名片”以及中国临空经济示范区发展的典范。2015年李克强总理考察郑州航空港实验区对其作用给予了充分肯定，指出“郑州航空港经济综合实验区、跨境电子商务实实在在地在显示着中原腹地的重要力量，辐射周边、活跃全局所产生的价值远超过全省GDP总量”，2017年“两会”期间，李克强总理对西安空港新城的发展提出了“参照学习郑州经验”的指示。

（二）地面交通网络

地面交通网络是影响临空经济发展的“生命线”。影响临空经济发展的地面交通网络主要包括两个方面：一是临空经济区内部的交通网络；二是临空经济区与外部特别是与其所依附城市间的交通网络。临空经济区内部交通主要通过公路系统来组织，与外部的交通联系则涉及铁路、城轨、公路、水路甚至是航空运输等多种方式。完善的交通运输体系能够为人员、商品等要素资源的自由流动提供坚实的基础保障，而这种保障能力是众多企业进行区位选址的重要考察要素。因此，地面交通运输网络直接影响着临空产业的区位选择和布局形态。

在交通网络发展水平较为落后的情况下，较高的运输成本对临空经济区内部与外部的专业化分工形成严重阻滞，腹地也难以对临空经济区发展提供有力的支撑，临空产业很难发展壮大。随着交通运输条件的改善，临空经济区的可达性不断提升，土地利用价值逐渐增加，专业化分工能够在更大的范围内实现，机场的辐射半径更加向外扩散，腹地区域与临空经济区间生产要素快速流动，为临空产业发展提供了便捷的要素支撑，临空经济区内房地产业、商业、娱乐等非航空业态也日益丰富，人口大量增加，在郊区化的推动下甚至能在主城区外围形成独具特色的“航空大都市”。

（三）产业结构

高附加值产业是临空产业的主要构成，是支撑临空经济发展的基础，高附加值产业聚集形成临空产业群落是临空经济发展的具体表征①。

临空产业主要以航空枢纽为布局指向②，往往是高附加值产业，具有显著的时间偏好，因为只有此类产业才能承担起较高的航空运输费用，并且乐意以较高的货币成本来降低时间成本。随着经济全球化的深入推进，市场竞争日益加剧，产品的生命周期不断缩减，只有减少流通时间、以最快的速度将产品投放到市场，才能产生最佳的经济效益，实现循环增值。因此，众多企业的区位偏好逐渐由原先的运费指向、动力指向、原料指向、市场指向等逐渐向速度指向、时间价值指向转变，尤其是高附加值类企业。机场正是能以快捷的交通运输优势，对时间偏好型、高附加值类要素产生强大的吸引力，从而集聚形成临空经济。因此，产业结构直接影响着临空产业的规模，航空物

① 黄由衡等：《临空经济发展探索——以长沙为例》，中国财富出版社 2012 年版。
② 张明莉：《系统视角下的临空产业集群研究》，北京交通大学出版社 2013 年版。

流、高端制造、现代服务等高附加值产业规模越大，其临空经济的发展也就越好，如果低附加值产业比重过高，会严重制约临空经济的发展壮大。青岛临空经济区内就曾聚集了较多的冶金、机械、水泥等低附加值重工业，其产品也多采用货币成本偏低的海洋运输，航空运输优势难以充分发挥，造成极大的资源浪费。

（四）经济腹地

腹地是临空经济发展的生命力，其大小及其经济发展水平影响着临空经济的兴衰。临空经济腹地主要指机场客货运输的影响范围，一般而言，腹地范围越宽广、经济发展水平越高，就越能为临空经济发展提供充足的客源、货源，也就越能推动临空经济的成长。临空经济腹地大小主要受区位条件、交通基础设施通达能力等因素制约，因此，优化交通运输网络，扩大机场的吸引半径，提升机场与腹地的紧密度，使临空经济区与腹地间形成唇齿相依、相互促进的协调发展关系，是保持临空经济持续健康发展的必由之路。

机场所依附的城市往往是临空经济的腹地中心，若其区位条件优越、交通便捷，就能对各类要素集散产生强大的吸引力，进一步通过向机场周边溢出，为临空经济区资源转化、资本配置、信息交换和人员流动提供广阔的要素支撑。尤其是依附城市的产业构成及经济发展水平对临空经济的发展影响更为深刻，城市高附加值产业规模较大，就能为临空经济发展提供源源不断的货流；城市经济发展水平和居民收入较高，就能为临空经济发展提供持续性的客流。所以，并不是所有机场周边区域都能够发展临空经济，“所在城市必须是国际化大城市，具有很强的综合实力和经济辐射力”①。全球范围内临空经济区与依附城市关系演变普遍遵循着“港城共荣”的规律，如仁川国际机场是韩国最大的民用机场，距韩国第一大城市首尔市中心 30 千米、第三大城市仁川市中心 8 千米，两腹地城市经济较为发达，同时，机场与腹地城市间有机场专用高速快捷连通，在首尔任何地方都可以在 1 个小时车程内到达仁川机场。在此情况下，城市经济有力地支撑了仁

① 金忠民：《空港城研究》，《规划师》2004 年第 2 期。

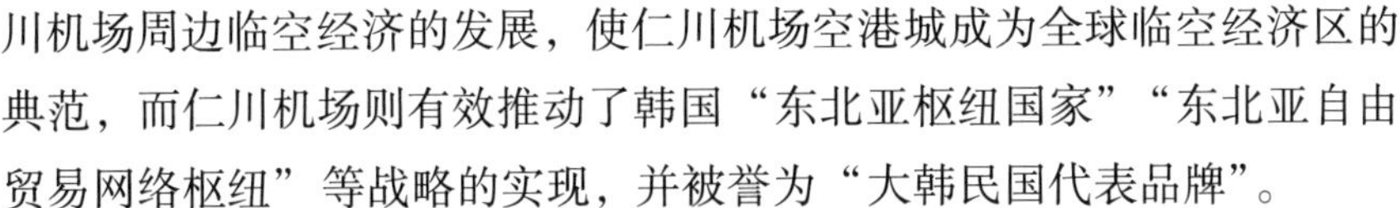

川机场周边临空经济的发展，使仁川机场空港城成为全球临空经济区的典范，而仁川机场则有效推动了韩国“东北亚枢纽国家”“东北亚自由贸易网络枢纽”等战略的实现，并被誉为“大韩民国代表品牌”。

（五）机场周边环境

机场周边环境是影响临空经济发展质量的主要因素，主要包括教育科研等人文环境、自然环境等。良好的教育、医疗、科研等人文环境能够为临空经济发展提供充足的技术和智力支持，吸引知识密集型等高端产业的集聚，并为产业的转型升级、产品的更新换代提供人才保障；怡人的自然景观、便捷舒适的生活居住环境能够满足高素质人才较高的自然环境需求，吸引其到临空经济区内工作生活。

日本名古屋中部国际机场是日本五大中心机场之一，是日本通往世界的重要空中门户，坐落于日本中部爱知县，该县拥有各类学校2732 所，其中：大学 45 所、专科学院 37 所、职业学校 207 所、高中232 所，还有众多的科研机构。良好的教育科研环境为临空经济发展提供了大量的高素质人才和技术支撑，使中部机场周边区域成为日本知识密集型产业的重要聚集地。此外，爱知县受太平洋气候影响，四季分明，气候宜人，风光优美，年平均气温 14℃—16℃，年降雨量约1600 毫米，怡人的自然环境成为吸引大量的银行、跨国公司等机构高级管理人员在此工作居住的重要因素。

（六）政府政策

临空经济的发展涉及众多的利益主体，需要充分发挥政府政策的协调、引导作用，可以说，政府的政策选择与实施贯穿于临空经济发展的全过程，是极为重要的外部影响条件，有时甚至能起到决定性作用。

在临空经济的布局上，机场是临空经济的核心，机场的选址决定了临空经济发展的空间区位。而机场的选址是一场极为复杂的利益博弈过程，考虑到临空经济对区域经济社会发展、综合交通枢纽体系建设等方面的深远意义，在符合机场安全运行的条件下，地方政府大多会竭力争取机场在本地落地。在此情况下，政策作用将极为关键，中央和地方政府、行业主管部门需在综合判断机场对经济总量、人口和国土面积覆盖率的前提下，权衡各方利益，制定科学的公共政策和详细规划。正如《航空大都市——我们未来的生活方式》一书中所言，“机场选择是一项极其复杂专业的工程，除要统筹考虑天空、地面、地下等众多技术因素外，还应考虑机场作为公共物品的正外部性，考虑机场的产业聚集效应、辐射带动效应、临空经济区的催化效应等。机场选址应科学论证，合理规划，一旦确址，不宜再随意变更”。

在临空经济区的开发建设上，政府政策需协调的利益、涉及的内容更加多元：需对临空经济区管理模式作出明确规定，理顺体制机制，营造良好的营商环境，创新海关监管，提高行政效率；需强化基础设施建设，提供充足的、质优价廉的公共产品和服务，降低聚集产业的生产成本；需大力推动安全生产，保证机场运行和航空运输的安全性；需明确产业准入以及税收、土地等优惠措施，提升临空经济区对各类要素的吸引力；需对区内土地开发与利用、机场建设、功能区布局、生活配套设施建设等作出明确规定。

郑州航空港实验区的开发建设得到了各级政府的大力支持，是国务院批复设立的第一个国家级以临空经济为主题的综合实验区，被河南省列为“三区一群”[①] 建设之首。自设立以来，政府及相关部门对其开发建设出台了一系列的政策，如国务院批复通过了《郑州航空港经济综合实验区发展规划（2013—2025 年）》（国函〔2013〕45 号），该规划对其战略定位、发展目标、空间布局、产业体系、城市建设、对外开放等多个方面作了全面规定；河南省机构编制委员会印发了《郑州航空港经济综合实验区管理体制和机构设置方案》（豫编〔2013〕16 号），该方案明确了郑州航空港实验区实行“市管为主、省级扶助”的领导管理体制和“两级三层”的管理体制，并明确了机构设置和人员编制；河南省人民政府办公厅《关于支持郑州航空港经济综合实验区发展的意见》（豫政办〔2013〕93 号），在财税政策、口岸建设及通关便利化政策、金融政策、产业发展政策、要素保障政策、人才保障政策等方面都提出了具体的支持措施；2020 年 11 月河南省第十三

① 郑州航空港经济综合实验区、中国（河南）自由贸易试验区、郑洛新国家自主创新示范区和中原城市群。

届人民代表大会常务委员会第二十一次会议审议通过《郑州航空港经济综合实验区条例》，自2021年3月1日起施行，该条例是我国首部航空经济区创制性地方立法，赋予郑州航空港实验区权责事项达4000余项。除此之外，河南省还出台了《河南省人民政府办公厅关于郑州航空港经济综合实验区与省直部门建立直通车制度的实施意见》、《中共河南省委河南省人民政府关于加快推进郑州航空港经济综合实验区建设的若干意见》等政策文件。正是在这些政策的大力支持下，郑州航空港实验区才获得较快的发展，从2013年上升为国家战略，其GDP实现了从2012年的205.9亿元到2021年的1172.8亿元的跨越式发展。

第三节 临空经济发展的动力体系

一 临空经济动力系统识别

临空经济发展的动力体系指的是推动临空经济发展的力量体系。临空经济的发展过程是从具有某个低级阶段的整体结构和形态向另一个更高级阶段的整体结构和形态转换的过程，而决定这一跃升过程的力量体系则具有不同的发展规律。临空经济发展阶段的力量来源既有自发的内在力量，又有外界的输入性力量。而根据临空经济发展的力量来源差异，可以将其动力体系划分为基础性动力、内生性动力、外源性动力三大类[①]。

基础性动力是指对临空经济发展起到基础性推动作用的驱动力，主要涉及机场基础条件、地理区位、生态环境等。基础性动力是临空经济形成阶段的最重要的驱动力。完善的机场基础设施、优越的区位、优美的生态环境对高科技等临空偏好型要素及企业产生极大的吸引力，随着这些要素的聚集，机场周边空间的经济结构也随之发生改变，从而逐渐形成临空经济这种新形态。因此，基础性动力构成了催生临空经济的最原始力量。

---

① 曹允春：《临空经济演进的动力机制分析》，《经济问题探索》2009年第5期。

内生性动力是指产生于临空经济内部，并能持续性推动其发展的自发性力量，主要涉及产业系统内部分工协作、知识与信息共享、规模经济、协同创新等。内生性动力是临空经济持续性发展阶段最主要的驱动力。随着临空经济进入发展阶段，航空物流业、航空制造业等产业集群内部为提升竞争优势，逐渐内生出专业化分工、知识共享、协同创新、协调配合等行为诉求，而这些诉求又是不断演化的，一些诉求被满足后，又会唤醒更高层次新的诉求，从而源源不断地激发形成驱动临空经济持续创新发展的内生动力。

外源性动力是指影响临空经济发展的外部性力量，主要涉及政府政策、发展规划、竞争环境等。政府对临空经济的重视程度、相关规划、优惠政策等直接影响着市场预期和投资行为，临空产业以及区域间的竞争情况则影响着临空偏好型要素的流向，这些都是临空经济发展的外生变量，是推动临空经济发展速度与规模呈现差异性变化的重要驱动力。

二　临空经济发展阶段性主导动力

临空经济发展的不同阶段具有不同的主导动力。在临空经济演进过程中，相关经济主体具有不同的结构和活动内容，基础性动力、内生性动力和外源性动力的作用主体、作用强度、作用方式也各不相同。在此情况下，三大动力系统组合结构不断变化，在不同的主导动力驱动下，各类临空偏好型要素资源持续向机场周边集聚，推动临空经济以开放、非平衡、非线性的方式向高阶演进（见图 3-1）。

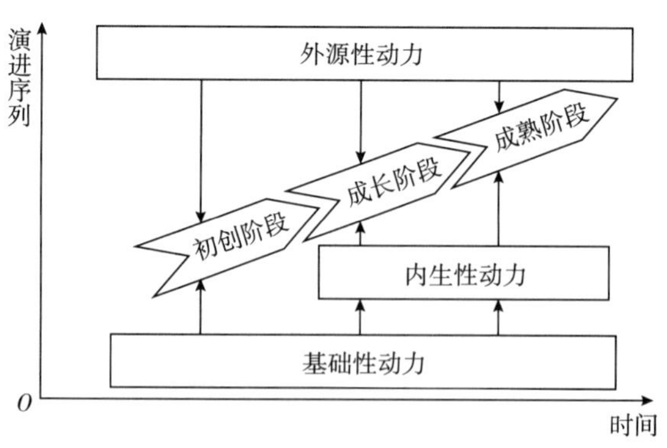

图 3-1　临空经济发展阶段性主导动力演变

资料来源：曹允春：《临空经济演进的动力机制分析》，《经济问题探索》2009 年第 5 期。

在初创阶段，基础性动力起主导作用，其次是外源性动力，内生性动力最弱甚至可以忽略不计。基础性动力是驱动临空经济实现从“空间孤立状态”到“空间集聚状态”转变的最初始的动力。这是因为，随着时间成为继成本、质量、服务之后企业新的利润源，基于时间竞争（Time-Based Competition）竞争的需要，企业需要缩短产品从开发到销售配送的每一环节时间，以提升时间竞争优势。而航空运输具有明显的运送速度快、不受地面条件影响等特性，能有效压缩产品物流周期。在此情况下，机场周边区域具有吸引每一个时间偏好型企业的巨大魅力，从而驱动多种要素资源在机场周边空间集聚。需要注意的是，虽然基础性动力构成了驱动临空经济形成的最原始的力量，但光依靠这种自发性驱动力，将是一个极其缓慢的过程，需要外源性动力的配合。此外，这一阶段临空产业规模小、分布散、实力弱，尚处竞争合作网络萌芽期，故内生性驱动力极弱。

在成长阶段，外源性动力起主导作用，其次是基础性动力，内生性动力最弱。临空经济要想快速进入成长阶段，特别需要外源性动力的激发作用。政府对机场周边的基础设施投资、区域规划、税收优惠等外生性因素，能快速改变机场周边的软硬件环境，提升区位优势和投资回报预期。在逐利作用下，各类要素资源加速向机场周边集聚，不但能增加新的更高级的要素资源、优化临空经济要素结构，而且能改变原先机场周边经济要素原子状零星分布状态，驱动经济要素通过垂直和水平方向的联系，朝着价值链专业化分工的方向发展。此外，在这一阶段中，基础性动力仍在发挥吸引要素资源集聚的作用，但因逐渐内化而导致作用强度有所减弱。内生性动力开始发挥作用，这也是该阶段最显著的标志，相关产业持续聚集，经济主体间逐渐形成紧密的竞争合作网络，分工深化、协同创新水平稳步提升，逐步形成价值链完整的临空产业集群。

在成熟阶段，内生性动力起主导作用，其次是基础性动力，外源性动力最弱。随着临空产业规模的扩大，生态、空间以及各类要素资源的约束性越来越明显，市场竞争更加激烈，临空产业集群逐渐达到规模和强度的临界值，必须从内部结构入手，基于临空产业系统内部分工协作、知识与信息共享、规模经济、协同创新等动力因素，形成更高层次的专业分工格局。在此情况下，具有更高层次属性和更稳定作用形式的内生性动力开始发挥主导作用，这也是企业、产业、区域等在约束趋紧形势下理性选择的必然结果。在内生性动力的驱动下，各市场主体根据市场竞争原则，形成发达而稳定的本地合作与创新网络，推动临空经济持续稳定的发展。此外，在这一阶段中，基础性动力在整体作用中的强度继续弱化，转化成内生性动力的强度持续强化；外源性动力作用不断减退，优惠政策逐渐取消，政府主要发挥提供基础设施等公共产品和公共服务功能。

第四节　临空经济的产业特征

一　临空经济的产业构成

依据对航空运输和对机场的依附程度，临空产业大致可分为三类：临空核心产业、临空关联产业、临空引致产业。基本构成与相互关系如图 3-2 所示。

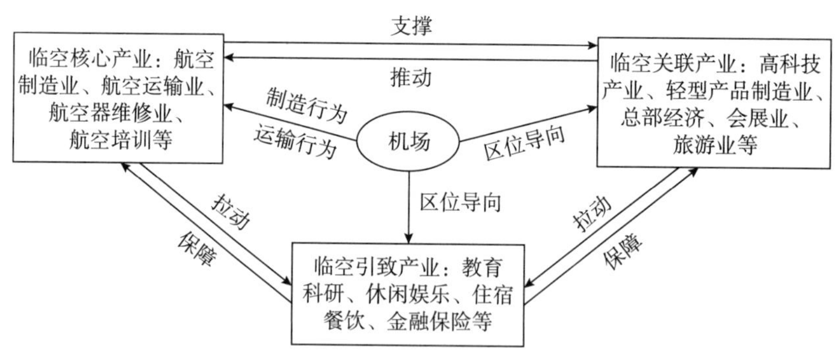

图 3-2　临空经济产业类型与相互关系

资料来源：曹允春：《临空经济——速度经济时代的增长空间》，经济科学出版社 2009 年版，第 133 页，略有改动。

临空经济因不同发展阶段的驱动要素不同呈现出明显的阶段性，投影在产业上，体现为临空产业结构逐步向高端化演进。在临空经济形成期，临空经济的主要活动内容是依托机场设施所产生的航空运输与航空制造活动，因而具有强临空指向性的核心产业和部分关联产业在机场周边迅速聚集成为临空经济的主导产业。在临空经济成长期，临空经济质量提升推动了临空产业链的拓展与完善，降低产业内部交易成本的需求代替降低运输成本的需求，在此情况下，核心产业和关联产业规模与质量进一步提升，引致产业逐渐进驻临空经济区。在临空经济成熟期，各临空产业链条已基本完善，创新成为临空经济发展的主要驱动力，大量高素质人才资源、技术资源以及设计研发等机构在临空经济区迅速增加，形成更专业的分工体系并汇集了更高层次的社会资源，如金融、教育、科研等现代服务业，临空产业的服务市场也由区域市场拓展为全球市场，实现全球产业链的有机融合。总之，临空经济催生了具备临空指向性强、成长性好、带动力大等特点的临空产业系统的形成，该系统并不是众多产业的偶发、机械聚集，而是在时间上有先有后、功能上相互依赖、发展中相互促进而形成的庞大的自组织系统。随着临空经济的发展，各类临空产业不但在内部逐渐融合，而且产业结构也得以完善并逐步向高阶演进①。

需要特别注意的是，为了满足机场及航空运输的特殊性要求，有些产业需严格限制在机场周边布局，如有可能产生大量烟雾或电磁干扰的产业。另外，因鸟类飞行高度大多在4000米以下，飞机受到鸟类撞击的事故多发生在机场周围，故会吸引鸟类的产业也需受到严格限制；全球约75%的航空事故发生在以机场为中心的半英里范围内（起飞和降落），常伴随有失火、爆炸等险情，故机场周边区域也不适宜发展生产易燃、易爆物品或是以其为原料的产业；飞机噪声分布情况会对产业选择产生重要影响，需要根据噪声暴露程度对土地利用和产业布局进行科学把制；不同的飞行区等级要求不同的净空条件，需保证在飞机起降等低高度飞行时不能有地面障碍物来妨碍导航和飞行，因此，净空高度限制决定了机场周边区域不适宜建造高层住宅

① 高友才、汤凯：《临空经济与供给侧结构性改革——作用机理和改革指向》，《经济管理》2017年第10期。

楼、旅馆和商务办公楼等。

二　临空产业的集群化

临空产业集群是临空经济发展的一种组织形态，也是临空经济发展到较高水平的重要标志，特指“航空运输相关产业或依赖于航空运输的产业在临空经济区或其周边辐射区域内形成的产业集群”①。作为新兴的战略产业集群，临空产业集群正成为一些区域进行产业结构调整的先导产业和主导产业。

（一）临空产业集群的特征

作为产业集群分类中一个崭新的概念，临空产业集群除了具备集群行为主体地理临近、产业关联、组织互动等一般产业集群基本特征外，还有以下特点：

一是空间上的机场枢纽指向性。这也是临空产业集群区别于一般产业集群最显著的特征。机场是临空产业集群化发展的内核，机场自运营开始便聚集着与航空运输业密切相关、彼此分工协作的众多驻场民航企业，即临空产业集群的培育和发展具有先天性的机场空间依托和航空运输产业基础②。航空运输业围绕机场做进一步的空间拓展、规模扩张及产业链的延伸与集聚，尤其是一些时间敏感性产业对机场和航空运输业具有天然的向心力，这种向心力所产生的势能进一步推动了相关联产业在机场周边聚集，最终形成规模化、集群化的临空产业集群。

二是演进上的长期性和阶段性。临空产业集群是产业结构升级与航空运输系统缓慢融合发展的结果，其演化具有长期性、阶段性，往往需要经历漫长的时期才能实现跃升。

三是类型上的多样性和层次性。主要可分为航空运输业集群、高端制造业集群、现代服务业集群三大集群种类，同时，又可根据对航空运输的依赖程度，划分为临空核心产业集群、临空关联产业集群、临空引致产业集群三大层次。

四是主体上的多维互动性。临空产业集群涉及机场、临空指向型

---

① 刘雪妮等：《首都机场临空产业集群的评估分析》，《软科学》2008 年第 3 期。

② 王志清等：《京津冀地区发展民航产业集群研究》，《中国工业经济》2006 年第 3 期。

产业、管理机构、中介组织等多个利益主体，各主体间在临空产业集群化过程中不断深化联系，最终形成多维互动的网络状组织结构。因发展阶段、区域环境、产业结构等差异，临空产业集群化类型多样、模式各异，故其主体间利益关系和组织结构也呈现多元化特征。其中，机场是临空产业集群中最关键的主体，具有垄断性质，机场与其他主体间的关系协调与互动是推动临空产业集群化发展的关键。

五是系统上的复杂性。航空运输是现代化运输方式的典型代表，其运输功能的组织和实现在技术上具有极高的复杂性。此外，临空产业集群是典型的外向型产业集群，与全球产业发展布局密切联系，相对于内向型的产业集群而言，需要面临更复杂的经济形势，处理更复杂的社会关系①。

（二）临空产业集群化发展的动力

一是临空产业的内在集聚力。临空产业高时效、高附加值特性决定了其具备产业集群化发展的原动力，即集群化发展是临空产业高阶演进的必然结果。首先，临空产业集群化发展能降低产业链的“断链”风险，提升流通效率。临空产业链上下游企业的集聚，缩短了运输距离和时间，使供应链各环节衔接得更加紧密，同时，可降低企业原材料和零部件的库存成本，提高整个供应量的周转效率以及时间敏感型企业对市场的反应速度。苏州就是利用毗邻上海机场的优势，形成了规模庞大的IT产业集群，其80%的IT产品通过航空运输，极高的流通效率成为其集群企业形成竞争优势的重要因素。其次，临空产业集群化发展有利于科技创新。创新活动比生产活动更倾向于集聚。临空产业具有较高的科技含量，持续性的科技创新是临空产业的发展之基，而科技创新来源于知识的传播，知识传播的距离越远、时间越长，则传播过程中所发生的扭曲的可能性就越大，就越有可能影响传播效果。因此，近距离、连续性、高频次的交流，是促进知识溢出、推动科技创新的有效路径。临空产业要获取持续性的发展动力及竞争优势，也需要通过集群化发展来获得知识溢出和创新来源。最后，临

① 张明莉：《临空产业集群化的系统分析及实践导向》，《河北学刊》2013年第6期。

空产业集群化发展能降低企业生产成本，提高盈利水平和市场竞争力。一般而言，制造业集中度和利润率之间具有较强的正相关关系，高集中度产业的利润率明显要高于低集中度产业[①]。因此，临空产业通过集群化发展，提高集中度，能有效降低运输成本，并产生外部经济效应，是临空型企业获得超额经济利润的重要手段。

二是机场的需求驱策力。业务单一是中国大部分机场亏损的主要原因，而以高科技企业为主的临空产业集群化发展，能激发产业规模优势，促进机场非航空业务的增长，丰富机场的业务种类，为机场提供稳定的货源，形成新的经济增长点，并支撑机场基础设施和服务流程的升级，提高机场的盈利能力、抗风险能力和市场竞争力。除此之外，临空产业集群化发展还能带来大量同质物流服务需求，机场需根据临空产业集群特征，提供针对性的、一体化的服务，从而倒逼机场不断提升其专业化、特色化服务能力。

三是政府的行政主导力。临空产业集群涉及经济社会的各个方面，需要在政府的主导和支持下才有可能实现高起点、高标准的发展，因此，政府行政主导是临空产业集群化发展的重要模式，有时甚至起到决定性作用。自机场属地化改革以来，地方政府高度重视临空产业集群在拉动腹地经济发展、增加就业等方面的作用，纷纷出台相关支持政策，力争把临空产业集群打造成带动区域经济增长的重要助推器。政府在临空产业集群化发展中的行政主导作用主要体现在两个方面：①政府作为临空产业集群园区的规划者，主导着临空产业集群的区位分布、产业类型、功能分区；②临空产业集群化发展会涉及土地征用、税收等优惠政策实施、基础设施建设、公共服务提供、海关监管创新与效率提高等，均需要政府主导实施[②]。

培育临空产业集群需要大规模的资金投入，需要地方雄厚的经济实力和强大的公共服务提供保障，尤其是需要政府在投融资体制、审批机制、创新创业机制等软环境方面提供积极的推动力。而当前中国

① 魏后凯：《中国制造业集中与利润率的关系》，《财经问题研究》2003 年第 6 期。

② 刘雪妮等：《发展临空产业集群的动力机制研究》，《现代经济探讨》2007 年第 1 期。

临空产业集群发展存在模式雷同、规划脱离实际等问题，有些临空产业集群规划过于超前、盲目兴建，导致园区建设规模偏大、投资过多、空置率偏高。有些地方政府在临空产业尚刚开始聚集而远未形成集群化的情况下，就进行大规模的“造城”运动，导致因经济发展无法支撑“航空城”而形成“空城”。此外，龙头企业是临空产业集群化发展的关键，通过龙头企业的衍生、裂变、创新与被模仿而逐步形成集群化形态，是临空产业集群化发展的基本经验。虽然中国多数机场周边都能找到龙头企业，但是常因配套保障不足，使一些龙头企业难以有效利用机场周边的资源优势，从而形成产业孤岛，影响了临空产业集群化发展的后劲。临空产业集群化发展在中国仍处于探索期，应基于区域整体发展目标和产业发展规划，依托机场航空运输能力和区域综合保障能力，进行科学合理的规划布局，培育临空产业特色突出、集约发展的产业集群①。

第五节　临空经济的空间特征

经济全球化和区域经济一体化使国家间、区域间联系更为紧密，作为区域对外交流的窗口，机场也正从传统的以交通运输功能为主的航空港向具有综合功能的空港城（airport city）或航空大都市（areotroplis）转变。从航空港到空港城，空间范围和附加功能不断扩张，使机场周边区域能在更大空间、更多领域中调配资源，逐渐成为城市分区域极化发展的重要代表。

一　临空经济区空间结构

（一）传统圈层空间结构

临空经济区是各类临空指向性经济要素向机场周边聚集的产物。根据区位理论，受货币成本、时间成本、土地成本等的多重约束，不同经济要素对机场的依附程度存在显著差异，一般而言，对时间越敏

① 王巧义：《临空产业集群实施路径研究》，《河北经贸大学学报》2014 年第 2 期。

感、运费承担能力越强的产业（高临空指向型产业），也就越倾向于向机场周边布局。因此，理论上，常会以机场为价值极核、在机场周边形成类似同心圆式的圈层空间结构。

临空经济区空间结构形态主要以剑桥系统研究所（Cambridge Systematics, Inc.，1993）的圈层划分为典型代表。剑桥系统研究所根据经济要素对航空枢纽的指向度以及各圈层与机场的距离，以机场为核心向外依次将临空经济区划分为机场区（at the airport）、机场紧邻区（Adjacent to the Airport）、机场相邻区和机场交通走廊沿线高可达性区域（Vicinity of the Airport and Airport Access Corridor）、外围辐射区（Elsewhere in the Metropolitan Area）四大圈层，如图 3-3 所示。其中，机场区是航空运输活动的中心区域，在微观层面上可进一步将其划分为“平行形机场区”和“H 形机场区”两种空间布局模式：“平行形机场区”航站楼与机场跑道平行（如上海虹桥机场），航站楼前方进港大道两侧是临空经济主要集聚区块，航站楼两端主要布局航空物流业；“H 形机场区”机场跑道分布于航站楼两端并与航站楼垂直（如杭州萧山机场），航站楼前后均为临空经济的集聚区块，呈双向空间发展形态，重点布局航空制造业和仓储业等①。

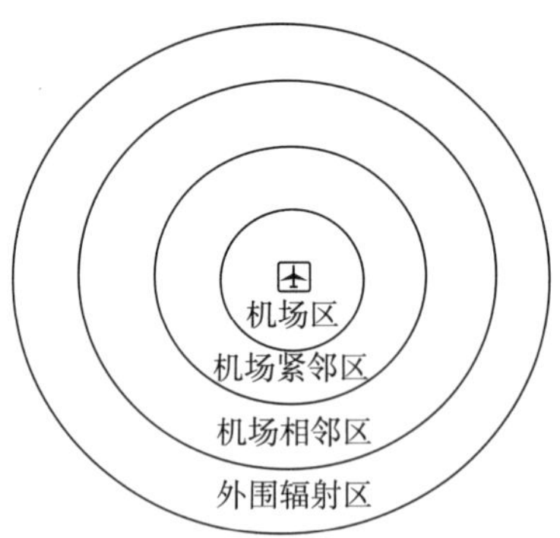

图 3-3　临空经济圈层结构

资料来源：笔者改绘。

① 沈露莹：《世界空港经济发展模式研究》，《世界地理研究》2008 年第 3 期。

因机场需求（airport requirements）、区域经济发展水平（the regional economy）、当地交通便捷度（local transportation access）以及土地市场（land markets）的影响，机场相关经济活动在上述各圈层有着不同的特征和发展时序，如表 3-2 所示。

表 3-2　　临空经济区各圈层经济活动特征

圈层	经济活动说明
机场区	该区域主要布局机场运营相关经济活动，包括航空公司、飞机后勤保障、旅客相关服务（餐饮、购物、租车服务台、地面交通等）、航空货运服务、政府相关机构（如移民机构等）
机场紧邻区	该区域典型的经济活动有：机场运营直接后勤服务（航空食品、飞机维修等）、为航空公司员工和乘客提供的服务（酒店、餐饮、附加汽车租赁等）、机场相关货运服务（运输、货运代理、通关、保税等），上述经济活动常位于机场周边专门区域，通常在机场开通 1 年内即存在
机场相邻区和机场交通走廊沿线高可达性区域	该区域产业主要有：附属产业（spin-off industries）（与机场运营直接相关，主要包括加油站、机场员工公寓和住宅、服务机场员工的零售业等）、吸附产业（attracted business）（并不直接依赖于机场运营，主要受机场声望、航空服务、区位可达性吸引而选择在机场周边布局，在此区域高度集中的产业通常有航空运输服务、货运代理、仓储、高附加值产业等）。上述活动大部分位于机场周边 6 千米或机场交通走廊沿线 15 分钟车程范围内，该范围就业增长速度比其所在都市区郊区高 2—5 倍，通常要在机场开通 5—20 年甚至更长时间才能充分发展
外围辐射区	机场新建或扩建对都会区其他区域经济活动会带来不同类型的影响，在测算区域整体影响时必须对每种影响类型进行科学处理：①有些经济活动是从都会区其他区域转移到机场周边区域，这意味着对区域整体而言并未出现净增长或净损失；②因生活质量改善、航空服务升级，一些产业会被吸引到都会区，但不一定是在机场周边。把这种经济增长全部归因于机场是不科学的，因为机场只是吸引这种产业的诸多要素之一而已；③机场相关产业增长会提升对当地产品和服务的需求，从而会间接影响都会区其他一些产业增长，这是机场相关产业的间接效应；机场相关产业及其供给商的员工额外消费会促进其他一些产业发展，这是机场相关产业的引致效应

资料来源：Glen E. Weisbrod, et al., “Airport Area Economic Development Model”, *Paper Presented at the PTRC International Transport Conference*, Manchester, England, 1993: 1-12.

在大部分城市中，与机场相关的商业活动多集中在机场周边 6 千米或机场交通走廊沿线 15 分钟车程范围内，即机场相邻区，根据这些商业活动对航空枢纽的指向度，可以把该区域内产业划分为“超强型航空枢纽指向、较强型航空枢纽指向、一般型航空枢纽指向、增强型航空枢纽指向”四种类型，每种类型产业如表 3-3 所示①。

表 3-3　机场相邻区产业类型

航空枢纽指向度	产业类型
超强型航空枢纽指向（very high concentration near airport）	航空运输服务、航空航天设备、光学仪器和镜片制造、通信器材制造、电子配电设备制造、货运代理
较强型航空枢纽指向（high concentration near airport）	电子电气设备制造、特种化工产品生产、公共仓储、仪表、量具及控制仪器制造、航空运输服务、邮件和递送服务、特种金属制品、药品批发
一般型航空枢纽指向（moderate concentration near airport）	汽车租赁、印刷出版、纸制品生产、电子元器件制造、建筑业、公交车和出租车、建筑服务、酒店/汽车旅馆、停车场、医疗器械和医疗用品制造、汽车服务、特种塑料生产
增强型航空枢纽指向（increasing concentration near airport）	旅行社、公共仓储、特种机械、邮政及相关服务、计算机数据处理服务

资料来源：笔者综合整理。

需要注意的是，圈层之间并没有明确的界限，往往存在产业的过渡带，圈层之间的产业也有可能出现重叠，每个圈层影响范围与机场的区位、规模、通航时间长短、依附城市及腹地经济发展水平、区域基础设施情况有关。

国内学者对临空经济区空间结构的划分大部分是基于剑桥系统研究所的圈层结构的进一步细化，在划分层次及范围上存在一定差别，代表性观点如表 3-4 所示。

---

① 资料来源：Glen E. Weisbrod，et al.，“Airport Area Economic Development Model”，The PTRC International Transport Conference，Manchester，England，1993：1-12. 原文下载网址：http：//www. edrgroup. com/pdf/airport-econ-ptrc. pdf，该文后经李晓江编译在国内发表，李晓江、王缉宪：《航空港地区经济发展特征》，《国外城市规划》2001 年第 2 期。

表 3-4　　　　　国内临空经济区圈层结构类型划分

代表	圈层划分类型	圈层对应范围
《临空经济发展战略研究》课题组（2006）、曹允春（2009）	（1）空港运营区 （2）紧邻空港区 （3）空港相邻地区与空港交通走廊沿线地区 （4）外围辐射区	（1）1 千米范围内 （2）1—3 千米 （3）3—10 千米（或 15 分钟车程内） （4）10—20 千米（或 30 分钟车程内）
张军扩（2007）	（1）机场区 （2）空港区 （3）航空城 （4）临空经济区 （5）临空经济经常影响区 （6）临空经济偶发影响区	
沈露莹（2008）	（1）核心发展圈 （2）紧密互动圈 （3）辐射服务圈	辐射服务圈是临空经济服务能级的空间延展区域，一般与机场的距离在 3 小时车程以内
胡赵征和李守旭（2014）	（1）空港区 （2）紧邻空港区 （3）机场相邻区 （4）外围辐射区 （5）临空经济影响区	临空经济区一般位于机场交通走廊沿线 15 分钟车程范围内，形成以机场为核心、半径为 30 千米的多层次圈层结构
魏晓芳（2010）	（1）机场区 （2）空港区 （3）临空经济区 （4）临空经济经常影响区 （5）临空经济偶发影响区	
高林照（2013）、王章留（2013）	（1）中心机场环 （2）商业服务环 （3）制造配送环 （4）外围环	（1）1 千米范围内 （2）1—5 千米 （3）5—10 千米（或 15 分钟车程内） （4）10—15 千米（或 30 分钟车程内）

资料来源：笔者综合整理。

（二）圈层空间结构的变形

临空经济区空间圈层结构划分是建立在空间匀质的理想状态假设下所做的划分。而在现实中，机场周边区域空间并非匀质的，受地理环境、交通设施、产业基础、政策、与中心城市的关系等因子的影响，地租曲线会发生显著变化，进而导致临空经济区各产业圈层边界呈现出一定程度的变形，从同心圆式圈层结构演变为组团圈层、偏侧、轴带、指状、卫星等多种形态空间结构①。

1. 组团圈层模式

机场一般位于地形开阔、地势平坦的平原地带，周边区域受自然环境约束小、交通完善、原有产业基础较好，常会在各圈层内形成以产业园区、功能区等为单元的发展组团（见图 3-4），并通过相互高效联通以实现功能互补、最大化发挥集聚效应，提升空间集约利用水平，如北京首都机场临空经济示范区、郑州航空港经济综合实验区、迪拜世界中心国际机场临空经济区均采用该种空间发展模式。图 3-5 为杭州临空经济示范区组团圈层空间结构规划图。

2. 偏侧模式

机场一侧为海滨、水滨、山地、丘陵等受自然条件影响比较大的区域，或一侧受行政区划、主要交通干线、限制开发区域等制约明显，在空间上常会呈现向中心城市一侧方向发展的形态（见图 3-6），如中国香港航空城（滨海）、新加坡樟宜临空经济区（滨海）、珠海临空经济区（滨海）均采用该种空间发展模式。图 3-7 为深圳市临空经济区偏侧式空间结构规划图。

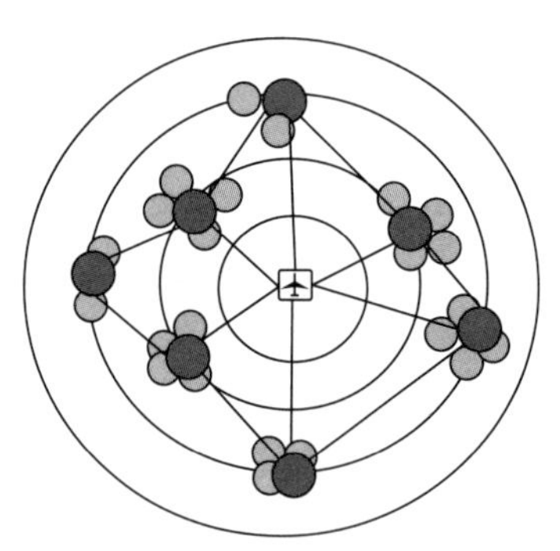

图 3-4　临空经济区组团圈层结构

资料来源：笔者改绘。

① 郭璟坤、胡赵征：《北京新航城临空经济区发展规划研究》，《规划师》2012 年第 12 期。

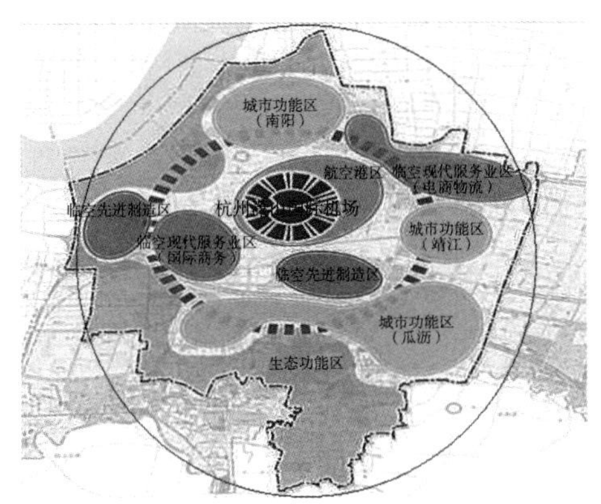

图 3-5　杭州临空经济示范区总体布局

资料来源：《杭州临空经济示范区发展规划》。

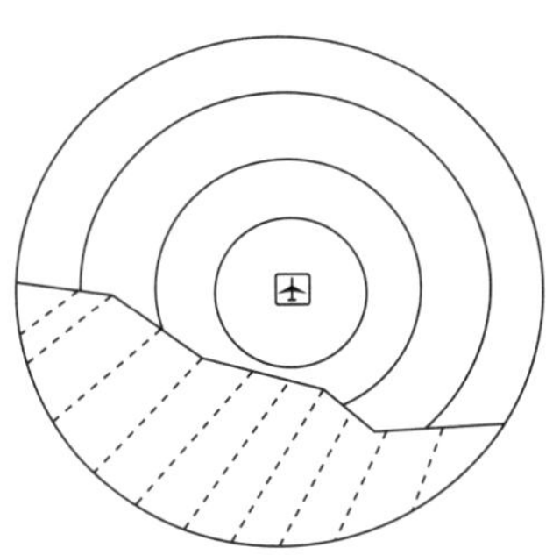

图 3-6　临空经济区偏侧结构

资料来源：笔者改绘。

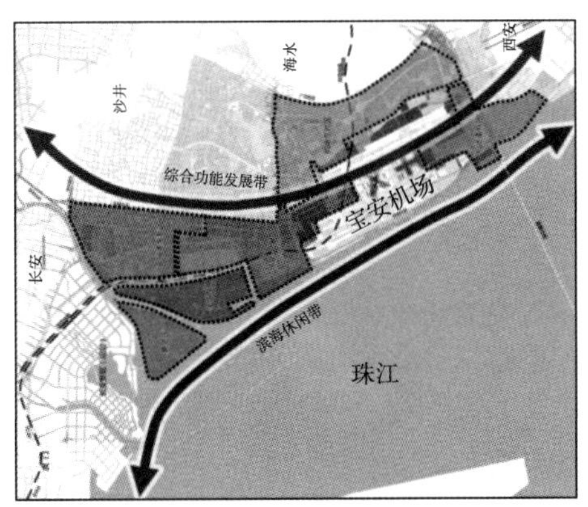

图 3-7　深圳临空经济区总体布局

资料来源：《深圳市大空港地区综合规划》。

3. 轴带模式

机场两侧为江、海、河、山地、丘陵等不易开发区域，受自然条件影响较大，或区内有交通干线，在空间上常会呈现沿交通干线、山谷带状发展的形态（见图3-8），如揭阳临空经济区（两侧滨江）、桂林临空经济区（两侧丘陵）、昆明空港经济区（山谷）、湛江国际机场空港经济区（沿广湛铁路）、法兰克福国际机场临空经济区（沿高速公路）等均采用该种空间发展模式。图3-9为丽江市空港经济区沿山谷间、交通干线轴带结构规划图。

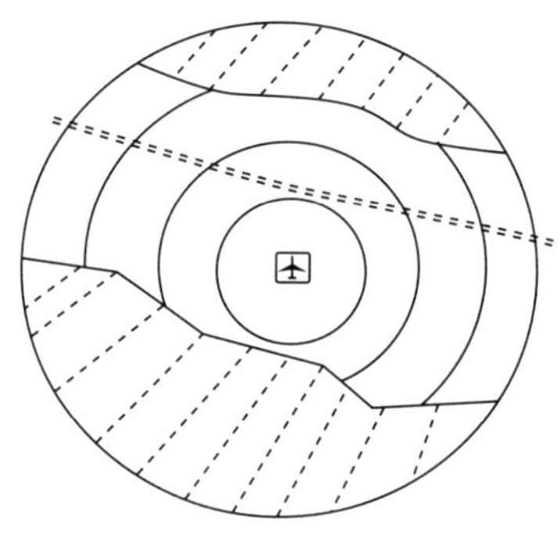

图3-8 临空经济区带状结构

资料来源：笔者改绘。

图3-9 丽江空港经济区规划

资料来源：《丽江空港经济区总体规划》。

4. 指状模式

临空经济区空间发展的影响因素是多样的，故其空间形态往往也呈现出多种模式组合的特征，其中较为常见的是“圈层模式+轴带模式”混合而形成的指状布局模式，其形态是以机场为核心，经济活动沿由机场向四周发射的高速公路、轨道交通等交通廊道布局，形成指状外缘（见图 3-10），如北京大兴国际机场临空经济示范区、南京临空经济示范区等均采用这种空间发展模式。图 3-11 为美国孟菲斯机场航空经济区指状空间结构图。

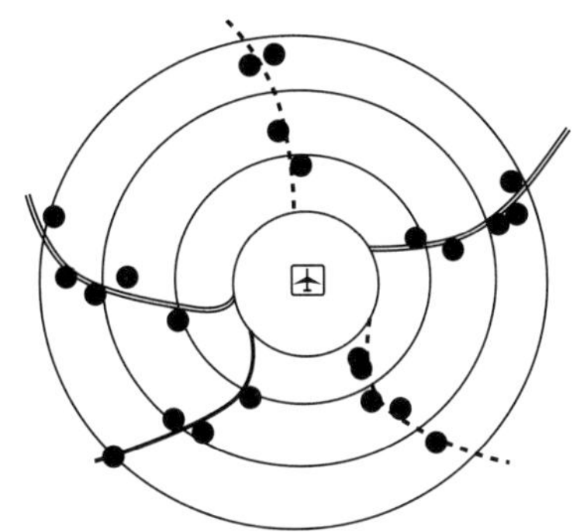

图 3-10　临空经济区指状模式结构

资料来源：笔者改绘。

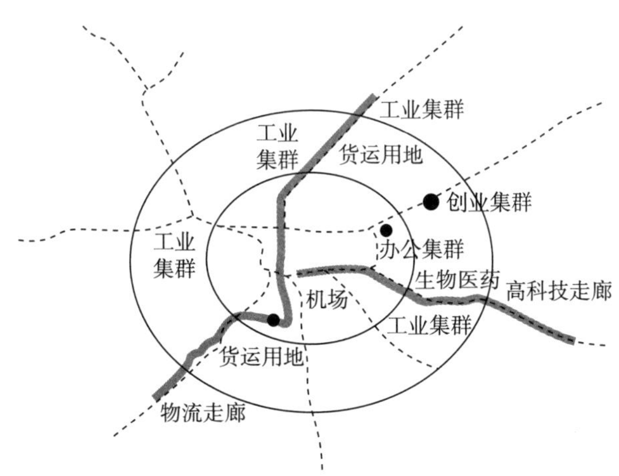

图 3-11　孟菲斯机场航空经济区空间结构

资料来源：胡祎秋：《临空经济区空间规划策略研究》，硕士学位论文，武汉大学，2018 年。

5. 卫星模式

机场邻近区域分布若干行政相对独立的城镇组团，并通过综合交通网络与机场快捷联通，常会形成卫星式布局（见图 3-12）。该种模式下机场紧邻区主要发展航空物流、航空维修与制造、航空服务业等航空类产业，与机场有一定距离的城镇组团则承接部分临空经济区功能，如旅游休闲、产业科技园、大学城等。该模式与其他模式的主要区别在于各城镇区功能相对完备、具有一定的独立性，如芝加哥奥黑尔机场（O' Hare Airport）周边 10 千米半径范围内，有多个相互独立、功能全面的市镇，同时承担临空经济区部分功能，如德斯普兰斯（Des Plaines）承担中心镇功能，埃尔克格罗夫（Elk Grove）承担物流功能，罗斯蒙特（Rosemont）承担会展功能。图 3-13 为达拉斯—沃斯堡机场临空经济区空间结构图，在机场半小时交通圈内，分布着达拉斯、沃斯堡、韦斯特莱克、理查森、阿灵顿、萨吉诺等多座相对独立市镇。

临空经济区各种空间结构模式之间并没有严格的界限，多数模式均具有不稳定性特征，伴随区内产业的发展、交通改善、政策变化、自然环境变迁以及各功能区的扩张，各种模式之间常呈现相互转换的形态。

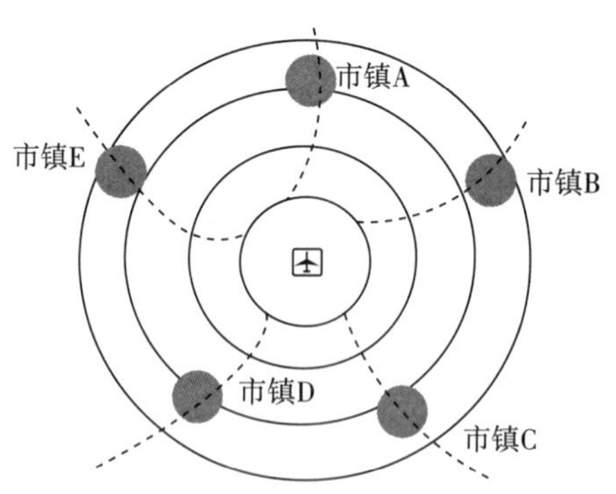

图 3-12　临空经济区卫星模式结构

资料来源：笔者改绘。

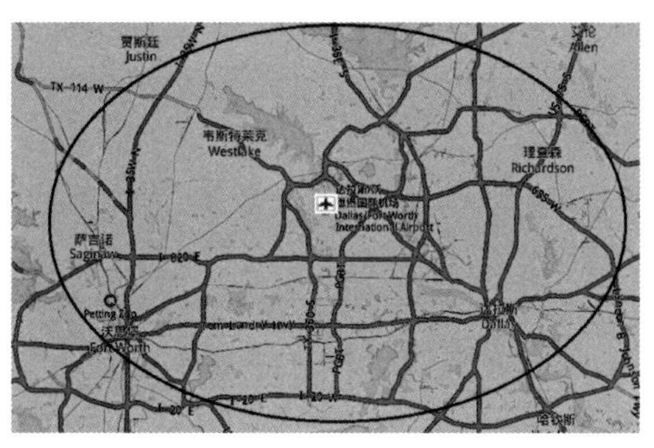

图 3-13 达拉斯—沃斯堡机场临空经济区空间结构

资料来源：笔者改绘。

（三）空间功能结构

地租是影响城市用地功能空间的重要因素，地租支付能力决定了各经济活动在城市中的区位[①]。但是，临空经济区是一种特殊的多功能经济区域，机场居于支配地位，其功能分区首先是要符合机场的发展要求，其次再基于地租曲线和土地利用结构模式科学布局各功能，并通过人流、货流、资金流、信息流等实现功能区的相互连接，形成复杂完善的功能网络。故临空经济区的功能区划分常依照与机场的关系及地租支付能力共同影响来进行分区布局。

在规划实践中，常将临空经济区划分为航空相关和与城市/产业相关的两大类，一般包括“航空基础功能、航空配套功能、航空延伸功能、城市/产业功能”四种不同层次的功能区块，如表 3-5 所示。在每个功能区块中，一般按照各经济活动的经济增值能力形成特定的空间分布组合。功能区块的组合、规模、区位、形态很大程度上受机场周边原有土地使用、基础设施、相关政策等条件制约，使临空经济区空间功能布局呈现多样化、个性化特征。

① ［美］威廉·阿朗索：《区位和土地利用》，梁进社等译，商务印书馆 2010 年版。

表 3-5　　临空经济区功能区块规划模型

<table>
<tr><td colspan="4">高　　　　机场相关度　　　　低
→</td></tr>
<tr><td colspan="4">地租承担能力</td></tr>
<tr><td>机场基础功能</td><td>机场配套功能</td><td>机场延伸功能</td><td>城市/产业功能</td></tr>
<tr><td rowspan="6">机场基础设施
·航站楼
·跑道
·停机坪
·货站
·飞机维修库</td><td>航空运输保障服务</td><td colspan="2">教育、培训、科研</td></tr>
<tr><td>旅客服务</td><td>会议、展览、
酒店、餐饮、旅游</td><td>城市其他功能</td></tr>
<tr><td>物流仓储服务</td><td colspan="2">制造加工（生物医药业、高科技产业、
电子产业、食品工业）</td></tr>
<tr><td colspan="3">居住配套</td></tr>
<tr><td colspan="2">商务办公</td><td>商业娱乐、其他</td></tr>
<tr><td colspan="4">近　　　　与机场距离　　　　远
- - - - - →</td></tr>
</table>

资料来源：笔者根据罗曼贝格 2012 年发布的《国内外著名空港城市及临空经济区成果分享》报告整理而成。

以上各功能是通过各类设施提供的。航站楼、跑道、停机坪等机场基础设施是保障机场正常运行的最低层次服务设施，提供了机场的基础功能，这类设施的完善、开发能带来直接的经济效益；大型会议中心、展览馆等设施提供对外交流功能，也是提升临空经济区形象、强化要素吸引力的重要设施；高级酒店、高档写字楼等商务设施能提升临空经济区商务功能层次，是临空经济区建设商贸中心的必要条件；网络通信基础设施、高水平信息处理设施提供信息交流功能，是提升临空经济区物流量和商业机会的重要保障；仓储中心、货运代理、多式联运体系等提供物流功能，物资流动的加速能推动临空经济区经济水平快速提升，特别是吸引更多的高新技术产业向机场周边聚集；高等院校、研究机构等学术功能设施能有效促进临空经济区产、学、研一体化发展；文化馆、科技馆、艺术馆、图书馆、博物馆、体育馆等文化功能设施能提供丰富的文娱活动，是临空经济区吸引人才、留住人才的必要手段；景区、公园、康养中心、美食广场等实施提供旅游休闲娱乐功能，也能为临空经济区吸引更多的人口集聚①。

① 王晓川：《国际航空港近邻区域发展分析与借鉴》，《城市规划汇刊》2003 年第 3 期。

还可以根据经济活动的行业差异将临空经济区划分为临空工业区、临空农业区、临空服务业区、临空旅游休闲区、临空居住区等功能区。其中：临空工业区主要发展临空配套工业（航空食品、维修、制造等）、高新技术产业（生物医药、电子信息、智能终端、光学仪器等）等；临空农业区主要发展用以出口和满足中高档消费的高附加值现代园艺（花卉、观赏树种）、现代农业（蔬菜、瓜果）等；临空服务业区主要发展航空旅客服务（商业零售、票务、金融、邮局、汽车租赁、酒店、餐饮）、航空货物运输服务（物流、仓储、代理）、现代服务（总部经济、商务商贸、会议展览、创新研发）等；临空旅游休闲区主要用于提供满足生态、旅游、休闲、康体、购物等的消费型特色功能；临空居住区主要利用临空经济区地处郊区的自然环境优势，为区内工作人员提供公寓和住宅功能及生活、工作便利。

二 临空经济区空间生长过程

临空经济区并非孤立的城市边缘区，其空间生长过程是机场、临空经济区与依附城市、腹地等区域互动联系、相互融合的过程，具有较完整的经济结构和自组织演进特性。需要注意的是，虽然机场是临空经济区空间生长的核心原点，但有机场并不必然能催生出临空经济，故也并非必然会形成临空经济区①。一些机场最初规模较小，主要以航空运营业务为主、承担航空客货运输的交通功能，集聚扩散能力均较弱，有可能长期处于独立机场阶段而无法实现高阶演进，即无法形成临空经济区。

临空经济区空间结构演进涵盖了空间结构要素的集聚和扩散，是一种复杂的社会、经济、交通、生态等整合活动。而基于生命周期理论，可将临空经济区空间结构演进过程划分为起步期、成长期、成熟期三个时期；与之相对应，基于临空经济区空间布局发展特征，可将其划分为机场产业化区、空港都市区、航空大都市区三个阶段，每个阶段空间效应不同（见图 3-14），具有不同的空间形态、主导产业、辐射范围等特征；基于空间结构构成要素，可将临空经济区空间系统

① 高友才、汤凯：《临空经济与供给侧结构性改革——作用机理和改革指向》，《经济管理》2017 年第 10 期。

划分为“（航空城）城市空间、（临空）产业空间、交通空间和生态空间”四维子空间，各子空间的演进共同构成了临空经济区整体空间结构的演进。整体而言，从起步、成长到成熟，四大子空间发展趋势如图 3-15 所示。具体而言：

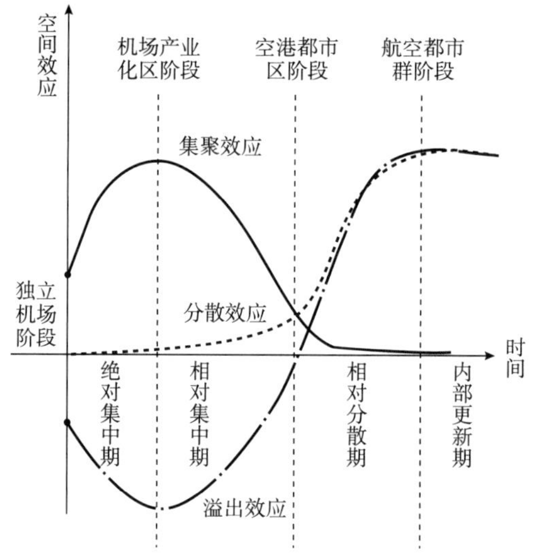

图 3-14　临空经济区空间效应演变

资料来源：阮菊明：《临空经济：理论解析与上海航空城战略行动》，上海三联书店 2017 年版，第 23 页。

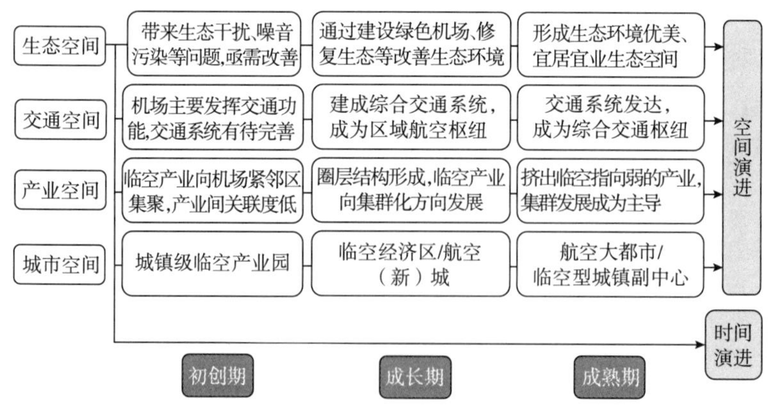

图 3-15　临空经济区子空间结构时空演进

资料来源：朱松：《基于“港、产、城”一体化的机场地区空间结构模式研究》，硕士学位论文，中国民航大学，2018 年。

（一）初创期——机场产业化区

随着机场规模的扩大和航空客货运输量的提升，机场开始突破最初独立运行状态，进入机场产业化阶段，形成一定规模的临空产业园区。这一阶段机场周边区域的交通方式虽然仍较为单一、路网结构有待完善，但相比最初独立运行状态已有明显改善；机场规模的扩大、航班加密有可能带来生态系统干扰、噪声污染等环境问题；机场功能与区域经济互动逐渐活跃，但结合程度仍偏低；一些产品符合“体积小、重量轻、价值高、时效性强”的产业逐渐向机场周边集聚，但临空指向性较弱的传统制造业仍占主导地位，机场服务业（如候机服务、地勤服务、客货代理、航空维修、航油航材、酒店、餐饮等）初步形成，区内产业间关联程度较低，产业主要分布在机场紧邻区。从空间效应来看，一旦机场突破独立运行状态，集聚效应便迅速增强，扩散效应虽也有所增强，但增强速度较为缓慢，中心城市对临空经济区的作用力远大于临空经济区的反作用力，从而处于绝对集中期；当集聚效应增强到一定程度后便开始下降，而扩散效应仍不断增强，但力量仍小于集聚效应，从而处于相对集中期。这一阶段临空经济区内空间形态及与中心城市空间关系如图 3-16 所示①②。

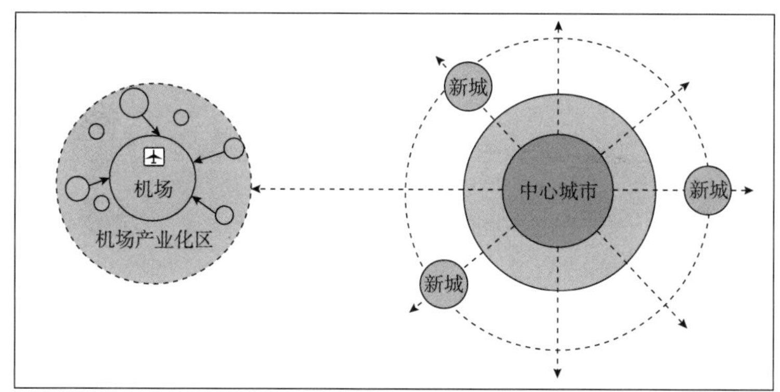

图 3-16　初创期临空经济区内空间形态及与中心城市空间关系

资料来源：笔者改绘。

① 胡赵征、李守旭：《临空经济区空间发展模式及趋势展望》，《规划师》2014 年第 11 期。

② 胡祎秋：《临空经济区空间规划策略研究》，硕士学位论文，武汉大学，2018 年。

（二）成长期——空港都市区

这一阶段临空经济区已建成快捷的综合交通系统，逐渐成为区域航空枢纽，并通过绿色机场建设、生态修复等，使生态环境有显著改善；区内产业临空指向性显著增强，高新技术产业比重不断上升，航空网络扩张推动外向型产业逐渐占据主导地位，航空服务业快速发展，新增产业主要向机场相邻区和交通廊道布局，圈层结构形成，临空产业链条不断延伸并向集群化方向发展；临空经济区城市服务功能逐渐完善，形成若干产业、居住、休闲等功能区，与中心城市在产业和空间层面上不断互动、融合，空间范围不断扩大，扩散效应逐渐占据主导地位，处于相对分散期。这一阶段临空经济区内空间形态及与中心城市空间关系如图 3-17 所示。

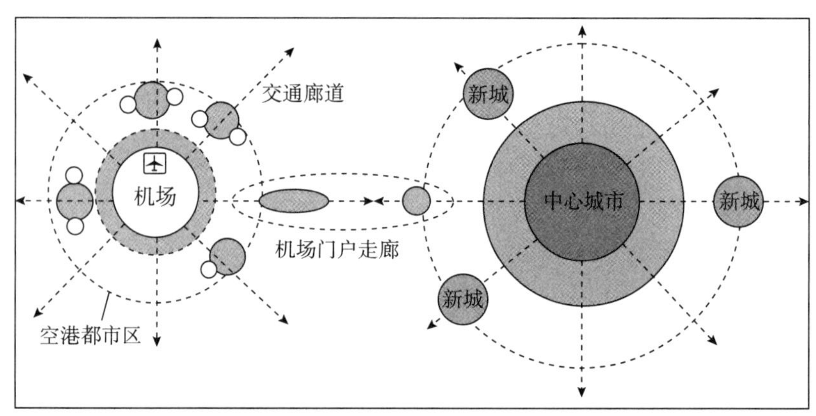

图 3-17　成长期临空经济区内空间形态及与中心城市空间关系

资料来源：笔者改绘。

（三）成熟期——航空市镇群

这一阶段临空经济区内交通体系极为发达，成为综合交通枢纽，并构建形成良好的生态空间；原有临空产业链进一步延伸，现代服务业与高新技术产业成为临空经济区主要产业，航空制造与维修、航空运输等产业相互结合形成航空类产业集群，新增产业主要向机场交通走廊沿线布局，基于产业链的集群式发展成为主导模式；临空经济与区域经济完全融合，逐渐实现一体化，周围形成分工互补的城镇群，集聚效应与扩散效应共同作用，空间上呈现组团网络化形态。临空经济区空间规模、集聚效应与扩散效应均保持稳定，发展模式转向内涵式发展，区内现有产业不断进行优化重组，逐渐挤出临空经济指向性较弱的产业，更新区内空间。这一阶段临空经济区内空间形态及与中心城市空间关系如图 3-18 所示。

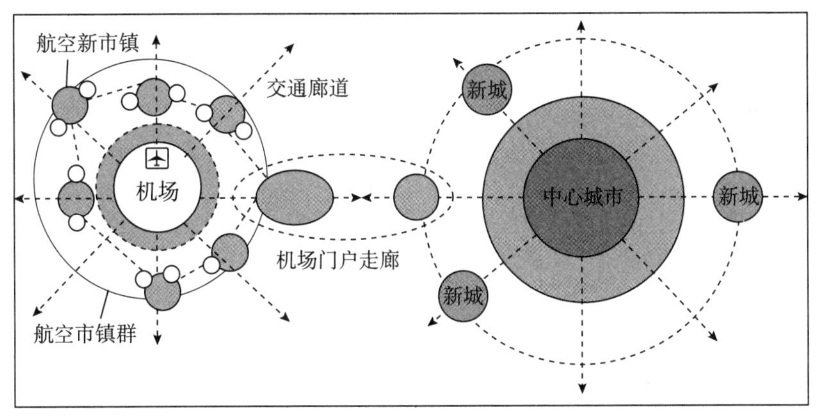

图 3-18　成熟期临空经济区内空间形态及与中心城市空间关系

资料来源：笔者改绘。

需要注意的是，上述三个阶段之间并没有明确的时间节点和界限，往往存在较长的过渡期，空间演进也并非严格依照这三个阶段循序渐进，有可能出现跨越式演进，同时，因受到中心城市辐射带动的影响，临空经济区面向中心城市一端一般发展速度会更快。

三　临空经济区空间发展路径

从国内外临空经济区发展经验看，其发展路径可分为渐进式、跨越式、更新式三大类。

（一）渐进式发展路径

渐进式是一种自下而上的发展路径。该路径下，临空经济区以机场周边区域已有经济活动为基础，在机场及郊区城市化带动下，通过各种经济活动的前、后向联系，不断吸引相关要素向机场周边区域集聚，实现由机场内部逐步向机场周边区域地域空间与经济空间的扩张，并经历多个阶段，最终形成具有城市综合功能的临空经济区或航空大都市。该路径的典型特征是发展的自发性、无序性和长期性，多适用于规模不大的支线机场及最初以某种产业为主导的专业型临空经济区，是机场与周边区域经济活动长期联动、调整的过程，也是现有机场规模难以有效支撑周边大规模空间开发情况下、避免过度超前造成投资浪费的必要选择。

（二）跨越式发展路径

跨越式是一种自上而下的发展路径。因干线机场及临空经济区多位于城市郊区，是一种典型的“城市飞地”，其巨额基础设施建设资金需求往往成为束缚其发展的桎梏。故可采用跨越式路径，通过政策强势干预，以产业发展为先导，对临空经济区进行大规模集中成片开发，并以此为基础延续城市化进程，推动临空经济区实现跨越式发展，最终形成航空大都市。该路径的典型特征是自觉性、先导性和集中性，在短期内常能取得显著成效，故多被新建大型枢纽机场所采用，如北京大兴国际机场临空经济示范区、青岛胶东临空经济示范区均在机场建设伊始便进行了大规模空间规划和开发。采用跨越式路径常能使地方获得发展临空经济的后发优势，避免空间无序建设带来的问题。但特别需要系统研究机场的发展阶段与规模，在科学掌握临空经济区空间发展规律及产业发展空间诉求基础上，对临空经济区各阶段做针对性、前瞻性空间安排，规避因开发太过超前而造成的投资超前、设施利用率低、资源浪费等问题。

（三）更新式发展路径

更新式路径是一种自我适应型的发展路径。临空经济区的持续性开发会对原有机场规模、功能及空间布局等提出新的要求，从而倒逼地方政府或机场管理部门总结经验、创新发展，从更新换代的角度对原机场周边区域进行重新规划。尤其是当原机场已无法满足新的发展需要或更新的成本过高时，地方政府往往会通过建设新的机场、规划新的临空经济区，以缓解原机场面临的问题，如上海、北京、成都等地均是在原机场无法满足新的发展需要情况下规划建设了第二机场。

第四章

临空经济对区域创新的影响

创新是推动产业转型升级、构建区域发展新格局的核心驱动力。尤其是在当前疫情冲击下，百年未有之大变局加速演变，全球不稳定性、不确定性持续上升，必须以创新来增强我国区域经济韧性和抵御风险能力、筑牢经济安全防线。探索以创新为主要引领和关键支撑的区域发展模式，就要发挥各地在创新发展中的积极性和主动性，培育良好的创新生态，构建现代创新体系，形成区域创新优势。为促进区域创新发展，国家不断完善顶层设计，引导区域发展模式由要素驱动型向创新驱动型转变。其中，发展临空经济、建设临空经济区是我国深化开放合作和改革创新的重要举措。以制度创新为重点，临空经济区通过发挥改革创新、先行先试"试验田"功能，已在土地利用模式创新、产业创新升级、对外开放体制机制创新等方面形成一系列改革创新成果，并向区外其他地方复制推广，使其他地方分享改革创新的红利，为区域创新发展提供了新活力、新动力，正成为推动区域科技创新的重要引擎。

第一节　临空经济影响区域创新的要素基础

一　临空经济影响区域创新的"技术—制度—产业"基础

临空经济对区域创新的影响范式具有"技术—制度—产业"三重性质（见图 4-1）。

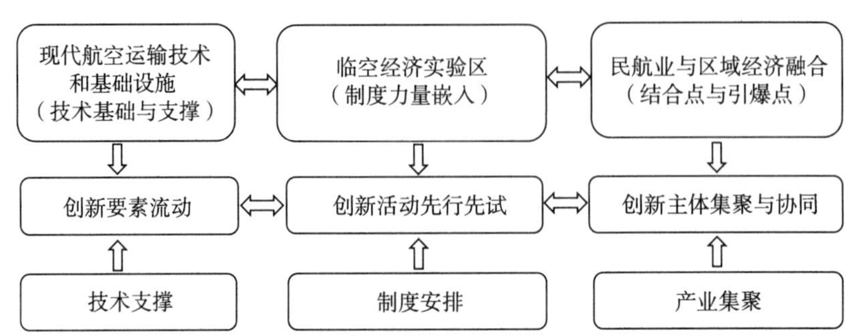

图 4-1　临空经济影响区域创新的“技术—制度—产业”三重属性

资料来源：笔者绘制。

临空经济具有典型的技术经济属性。中国的临空经济是新交通技术革命的背景下发展起来的，随着现代通信、大数据、物联网、5G、人工智能等新技术在航空物流多场景的集成应用，航空运输的优势愈加突出。相对于铁路、高速公路等传统的交通运输而言，现代航空运输能显著提升区域间的区位通达性，其所具有的速度快、安全性高、机动性强等优势，能更好满足时间敏感性创新要素流动的需求。发展临空经济，强化航空运输作用，能降低人才等创新要素的流动时间成本，提升创新要素流动速度和规模，促进新知识新技术的创造和区域间传播，也有利于创新落后区域更快捷地获取先进区域的知识溢出，影响区域创新格局①。

临空经济也具有一定的制度经济属性。作为区域探索创新驱动发展模式的先行区和示范区，临空经济区承担着技术创新、产品创新和产业升级的重要使命，是增强区域创新水平、推动产业升级的重要制度设计，国家制度力量嵌入区域空间的重要表现。《关于临空经济示范区建设发展的指导意见》也明确指出，建设临空经济区的重要目的是以开放合作和改革创新促进民航业发展，提升区域对外开放水平和创新能力，转变经济发展方式，优化我国区域创新发展格局。

临空经济还具有显著的产业经济属性。临空经济会吸引航空运输

① 卞元超等：《高铁开通是否促进了区域创新?》，《金融研究》2019 年第 6 期。

业、高端制造业和现代服务业等集聚发展。而这些产业在空间上的集聚，能更方便地通过知识关联将创新元素传导至整个集聚空间，使企业生产更易获得新型知识、形成新的知识网络，也有利于减少知识传播中的信息损失，提升知识溢出效果和区域的创新能力。此外，产业在空间上的聚集，会提升相关企业间的联系频度，在降低它们之间交易成本的同时，能强化要素在企业间、产业间、区域间的流动频率和强度，通过资源配置的持续优化，以及企业间的交流合作，促进区域技术进步和创新。产业在空间上的聚集，还有利于区域产业间形成创新联盟，既为区域创新活动提供雄厚的资金、人才等支持，也为技术创新理论研究应用于实践提供不同的应用场景，减少从技术创新到成果转化间的时间成本。

二　临空经济影响区域创新的交通网络基础

交通运输与区域创新能力间存在紧密的关系：如果想提升区域创新能力，就必须先获得促进区域创新的途径。实际上，构建形成显著领先于经济发展水平的交通设施，是中国创新能力快速提升的重要原因[①]。现有文献已对交通运输与区域创新能力间的关系及其内在机理进行了诸多有益探讨，关于交通运输对区域创新能力的推动作用也逐渐达成共识。特别是近些年，伴随中国现代化交通运输体系的持续完善，以航空运输为重要内容的现代综合交通体系对传统的区域空间距离提出挑战，其通过再次压缩区域间的时间距离和经济成本，进一步催化了交通运输影响区域创新能力的内在机理和效果。相对于地面交通运输方式，航空运输不仅能快速提升区域间的通达性，其所具有的速度快、距离远、地面影响小、舒适性和安全性高等方面的优势，能更加满足对时间具有较高敏感性的高素质人才和高科技含量商品流动的需求，提升人才、技术等创新要素的流动速度，降低时间成本。而作为科学知识的主要载体，创新要素在区域间的快速流动不仅能创造新的科学知识，还能加快科学知识等在不同群体、不同区域间的传播，从而推动

① 王雨飞等：《交通距离、通勤频率与企业创新——高铁开通后与中心城市空间关联视角》，《财贸经济》2021 年第 12 期。

知识溢出和技术进步。因此，航空运输在加快创新要素区域间流动、促进知识和技术空间溢出的同时，也深刻影响着区域创新能力。

交通运输也会导致区域间创新能力的差距，进而改变区域创新格局。从空间看，区域创新能力的提升需要自身以及其他区域创新要素的双重支撑①。因此，在区域创新活动中，要特别注重降低区域间创新要素的流动成本、提升其流动速度和规模。有学者基于区域创新系统的视角，提出交通运输网络是区域创新网络的有机组成，其能显著促进区域创新网络中各节点主体间的互动，因此，完善的交通运输网络是构建发达的区域创新网络的重要基础②；也有学者认为，交通运输能通过推动要素流动，强化区域间的知识溢出，在风险投资过程中，快速交通所引发的“时空压缩”效应更能促进知识等“软信息”的传播，在推动风险投资的同时，支撑区域创新活动的开展③。尤其是航空运输对区域时空距离的压缩能力更大，对知识和技术的产生、溢出促进作用也更大，更有利于知识密集型产业的发展④。此外，机场开通后，航空运输所带来的创新要素流动和知识溢出，能推动区域间在创新行为上的学习、竞争和模仿；创新落后区域随着区位通达性的提升，能够更快捷地获取创新先进区域的知识溢出，从而有可能缩小区域间的创新差距，也有可能在“虹吸效应”的作用下，加速创新资源的流失，推动先进区域创新要素的进一步集聚，引发区域创新更大的差距，进而影响区域创新格局。

三　临空经济影响区域创新的空间基础

以新古典经济学为代表的传统经济理论长期忽视经济活动的空间问题，认为生产和交换是在同一地点发生，缺乏交通和运输成本的分

---

① 苏屹、林周周：《区域创新活动的空间效应及影响因素研究》，《数量经济技术经济研究》2017年第11期。

② Fritsch, M., Slavtchev, V., “Determinants of the Efficiency of Regional Innovation Systems”, *Regional Studies*, 2011, 45 (7): 905-918.

③ 龙玉等：《时空压缩下的风险投资——高铁通车与风险投资区域变化》，《经济研究》2017年第4期。

④ Kai Tang, et al., “The Relationship between the Airport Economy and Regional Development in China”, *Emerging Markets Finance and Trade*, 2022, 58 (3): 812-822.

析，回避了各类生产要素在空间流动的现实。新古典经济学提出在完全竞争和规模报酬不变条件下，小规模生产与大规模生产一样高效，每个家庭都可以在自己的后院生产各种各样的商品和服务，即经济活动可以由“后院资本主义”（backyard capitalism）的小作坊完成。但现实情况是，在社会分工的作用下，经济活动在空间分布上是非匀质的，生产和消费都是在不同的空间内实现，均存在生产要素与商品的运输成本。克鲁格曼（Krugman，1991）等学者基于新贸易理论，引入冰山运输成本等概念，构建了空间经济学的分析框架，并在不完全竞争和规模报酬递增情况下探究了经济活动的空间问题①。空间经济学理论认为，经济活动的空间布局是在集聚力和分散力的共同作用下形成的，其中，运输成本是影响集聚力和分散力进而影响要素空间流动的重要因素。因此，空间经济学理论高度重视支撑这种要素流动的交通设施的重要性②。交通设施将原先分割、封闭的不同空间有效连接，能提升不同区域间的经济联系，支撑劳动力等生产要素在区域间的空间流动行为。而生产要素是知识的载体，携带知识的生产要素在区域间的流动能带来知识在不同主体、不同区域间的互动，实现知识的空间溢出。知识的空间流动过程也是创新产生的过程，不同主体、不同区域间的知识交流能激励创新生产的相互竞争，推动不同主体、不同区域间的创新模仿行为，进而实现知识和创新生产的持续衍生。因此，完善的交通设施所带来的要素流动不但能重塑经济活动空间格局，还能带来技术和知识的空间溢出，重塑区域创新空间格局。发展临空经济，依托航空枢纽和现代综合交通运输体系，能打破因区域交通连接度低而造成的要素空间流动障碍，满足那些对时间较为敏感、对货币成本相对不敏感的携带有丰富知识信息的高素质人才空间流动需求，加快知识的空间传播与溢出，提升区域的创新要素空间集聚能力，影响区域创新水平。

---

① Paul Krugman，“Increasing Returns and Economic Geography”，*Journal of Political Economy*，1991，99（3）：483-499.

② 张学良：《中国交通基础设施促进了区域经济增长吗——兼论交通基础设施的空间溢出效应》，《中国社会科学》2012 年第 3 期。

新古典区域均衡发展理论认为，要素流动的逐利性会带来平均收益的均等化，最终使区域经济发展趋同或收敛。而根据空间经济学理论，假定存在两个初始禀赋完全相同的区域，其中一个区域受到一次偶然的外生冲击而形成暂时性优势，在存在交通运输成本和规模报酬递增的情况下，生产要素会不断流入该优势区域，而在“本地市场效应”的作用下，该区域的优势会不断强化，吸引更多的要素在此集聚，如此循环累积，使最初外生性冲击所形成的暂时性优势不断放大，促进该区域成为“核心”增长极。而另一个区域则会因要素的流出，使其劣势不断明显，也在循环累积的作用下不断强化这种劣势，成为“外围”区域。这一理论为探究区域间经济差距提供了重要理论阐释。就临空经济影响的不同区域空间来说，由于核心区域拥有更优越的发展环境、更强的吸引力，会吸引外围区域空间要素和资源向临空经济区集聚，有可能会加速外围区域空间的要素流出，扩大区域间的经济差距。以上原理同样适应于临空经济对区域创新能力的影响。由航空运输为主导的综合交通体系在空间上的网络化、高密度分布，能降低区域的运输成本和时间成本，提升区域间的开放度，扩大市场规模，支撑知识流、技术流、信息流、经验流的快速流动。一般而言，一个区域对外联系的范围越大、频度越高，其市场规模就越大、专业化分工程度就越高，对创新要素的吸引力也就越强，就越有可能成为区域创新的“核心”增长极，从而形成“要素集聚—创新能力提升—要素再集聚”的良性循环。对于外围区域创新而言，这些地区既有可能通过更快更方便的交流互动，获得核心区域的知识溢出，从而提升其创新能力；也有可能因高素质人才在“趋优性”作用下而流向核心区域，导致创新要素流失风险的增加和创新能力的下降，从而陷入“要素流失—创新能力下降—要素再流失”的恶性循环。

第二节　临空经济影响区域创新的效应分析

发展临空经济、建设临空经济区，能以其数量较多的企业集聚、良好的制度环境和市场环境、较高的对外开放水平、极强的创新要素溢出等优势，通过竞争效应、溢出效应、国际投资效应、集聚效应等，影响区域创新能力（见图 4-2）。

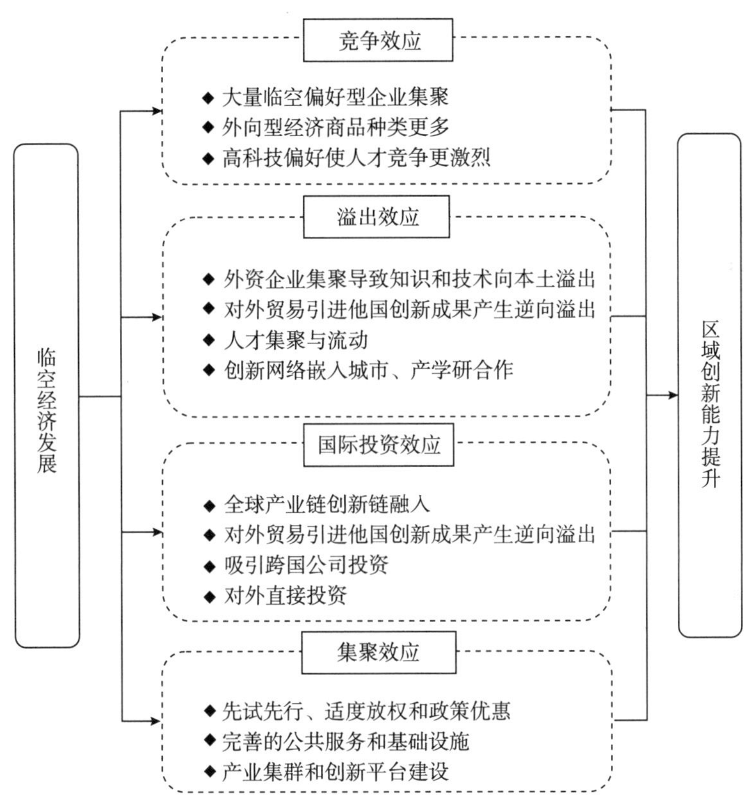

图 4-2 临空经济影响区域创新能力的效应体系

资料来源：笔者绘制。

一 临空经济影响区域创新的竞争效应

发展临空经济、建设临空经济区所引发的竞争效应能提升区域创新能力。首先，临空经济区是制度改革的先行区，一般具有较为良好的制度环境，《关于临空经济示范区建设发展的指导意见》明确提出临空经济区要“遵循市场经济规律，推进重点领域和关键环节改革，在管理体制和运行机制等方面先行先试”。凭借这一制度优势，临空经济区能吸引大量的临空偏好型企业集聚，从而加剧了这些企业间的竞争。为追求最大利润、尽可能获得更大的市场占有率，这些企业必须持续强化创新，以提升生产效率和自身的市场竞争力。其次，临空经济区内企业以外向型企业为主，有大量的外贸型经营主体，而且常凭借航空口岸优势享受一定的进口商品优惠政策，导致临空经济区内的商品种类更加繁多。例如，郑州航空港实验区内 2021 年进出口总额突破 5000 亿元，占河南省外贸进出口的 64%，有进境水果、肉类、冰鲜水产品、食用水生动物、澳洲活牛等 9 个功能性口岸，使全区商品种类更加多样，呈现典型的消费资源集聚全球化特征。但是，商品种类更加繁多会造成同类型商品间可替代选择更多，培育出对产品和服务质量更为挑剔的消费者或采购商。在此情况下，区内企业唯有不断进行产品创新、提升产品和服务质量，才能赢得消费者，在愈加激烈的市场竞争中获得发展空间。此外，临空经济是高科技偏好型经济，需要大量高素质人才作支撑。临空高科技产业集群把大量的人才吸引到机场周边区域，一方面既方便这些人才通过交互学习以促进创新，另一方面又使行业间的人才竞争更加激烈，企业被迫加大人才引进或提升人力资本，从而影响企业创新生产活动。

二　临空经济影响区域创新的溢出效应

发展临空经济、建设临空经济区能通过对外贸易、人才集聚与流动等产生溢出效应，提升临空经济区自身的创新能力。具体而言：第一，临空经济区内有大量的技术水平存在一定差异的本土企业和外资企业，一般而言，外资企业的平均技术水平更高，在技术势能差作用下，外资企业的知识和技术会向本土企业溢出，提升本土企业的技术创新能力。第二，临空经济区重点发展外向型经济，以良好的营商环境、高效的行政效率和高质量的专业化服务吸引了大量的外向型企业集聚。这些外向型企业通过对外贸易，能更便利地了解他国最新的技术动态、引进学习他国技术创新成果，通过逆向知识溢出提升自身创新能力。第三，高素质人才流动与集聚是区域技术创新和知识转换的前提，而临空经济区是典型的开放型区域，良好的开放环境有利于区内企业间的合作交流、高素质技术和管理人才的流动，并且能在国家和地方政府双重人才激励政策下，吸引大量人才集聚，从而增加人力资本存量，带来知识、技术的互动和溢出，提升临空经济区的自主创新能力。

临空经济区一般是所在城市实施创新驱动发展战略的重点区域，是城市创新体系的重要组成部分，创新要素高度集聚，其创新网络可延伸至整个城市甚至更广阔的区域，通过知识与技术溢出对所在城市创新产生极强的辐射带动效应，提升所在城市的创新能力。具体而言：第一，临空经济区的空间承载力毕竟有限，与区内产业相关联的各类创新要素并非全部集聚于临空经济区内部，而是分布在整个城市范围内。临空经济区内企业与区外相关联的创新主体通过交流合作、中间产品或技术转让等方式，形成覆盖整个城市的创新网络，使临空经济区内部的知识技术不断向区外溢出，从而提升整个城市的创新能力。第二，发展临空经济、建设临空经济区在推动临空偏好型高技术产业集聚的同时，会激发出更高更多的知识与技术需求。而面对这样的知识和技术需求缺口，区内企业的研发活动相对于高校和科研院所来说具有一定的惰性和弱势，需要加强与高校和科研院所间的研发合作，通过产学研协同创新的方式来共同填补。在此过程中，知识与技术并非单向传播，产学研协同所形成的创新连接能使城市高校和科研院所的研究更好地满足经济社会发展的现实需求，也能使临空经济区内的企业通过产品与服务市场经营，间接将其技术扩散至区外更广阔空间，推动临空经济区周边甚至是整个城市的科教创新资源整合与集聚。此外，临空经济区内外部关联产业与科教创新资源整合有利于培育城市内部专业化劳动力市场和资本市场，为城市创新提供丰富的要素供给。第三，临空经济区内企业高管、技术骨干和研发人员等高素质人才难免会向区外其他企业流动，而伴随这种流动的将是企业隐性知识与技术的溢出，增强区外相关企业的创新能力，提升整个城市的创新水平①。

---

① 李政、杨思莹：《国家高新区能否提升城市创新水平?》，《南方经济》2019 年第 12 期。

三　临空经济影响区域创新的国际投资效应

发展临空经济、建设临空经济区能通过国际投资效应提升区域创新能力。产业多元化正推动产业链创新链向全球化纵深发展，产业链创新链上下游竞争日趋激烈，而中国大力发展临空经济的主要目的之一就是推动产业创新升级。通过打造以航空运输为基础、航空关联产业为支撑的高端产业体系，能促进中国在新一轮的国际竞争中打造产业链创新链竞争新优势，实现向全球产业链创新链的上游跃升。在该目标的引领下，临空经济区内更倾向于投资资本、知识与技术密集型产业，尤其是跨国公司在临空经济区内的投资活动会对区域创新产生重要影响。跨国公司在临空经济区内的投资要面临着区内原有企业以及潜在进入企业的双重压力，为保持竞争力，跨国公司需加大市场开发，提升研发投入强度，提供更高质量的符合市场需求的商品和服务。跨国公司作为先进技术和管理经验的典型代表，其提升研发投入强度会直接提升东道国的技术进步和创新能力，而且随着跨国公司研发活动的本土化，必然会与临空经济区内的其他本土企业或研发机构发生接触或开展合作，从而提升临空经济区的创新能力。此外，临空经济区企业对外直接投资活动也会影响创新能力，通过这一渠道，可将技术水平较低的劳动密集型经济活动转向劳动力更充裕的国家，而将高技术水平的经济活动留在区内进行，从而对区域技术创新活动产生正向影响①。

四　临空经济影响区域创新的集聚效应

发展临空经济、建设临空经济区能通过集聚效应提升区域创新能力。与市场机制作用下自发式集聚不同，中国临空经济区是在政府政策和地方发展战略导向下的牵引式集聚，能通过在临空经济区内形成政策洼地，吸引高技术企业和创新资源集聚，提升区域创新能力。具体而言：第一，临空经济区是政府推动区域产业升级和发展模式转型的重要手段，承载着落实区域发展战略和政策先行先试的功能，在税

---

① 刘秉镰、王钺：《自贸区对区域创新能力的影响效应研究——来自上海自由贸易试验区准实验的证据》，《经济与管理研究》2018 年第 9 期。

收、信贷、土地和人才引进等方面能享受到众多特殊政策优惠，以政策先试先行、适度放权和政策优惠等形成创新发展的显著优势。例如，为了支持郑州航空港实验区发展，河南省实行了郑州航空港实验区与省直部门直通车制度，赋予其在规划、统计、项目、财政补助、用地、价格收费等方面直接申报、报批等权力①，郑州航空港实验区管委会则享有“省辖市级人民政府经济和社会管理权限以及省人民政府赋予的特殊管理权限”②；在税收优惠方面，河南省人民代表大会以立法的形式明确郑州航空港实验区内“国家需要重点扶持的高新技术企业减按百分之十五的税率征收企业所得税”③；在信贷方面，提出“地方政府债券资金的分配向实验区适当倾斜”“支持银行业金融机构与实验区签订战略合作协议，制定专门的信贷支持策略和管理方案”④；在用地方面，郑州航空港实验区用地可以直接报批，并建立了实验区建设用地手续报批绿色通道，特事特办，简化审批手续⑤；在人才引进方面，郑州航空港实验区专门制订了高端人才引进计划，是全国第三个获国家外国专家局批准的国家级引智试验区，并明确“省重大人才项目对实验区计划单列，市重大人才项目设置实验区专项”“实验区设立人才专项资金，用于人才引进、培养、激励、服务以及支持人才创新创业”。这一系列的政策优惠使郑州航空港试验区内企业能享受较好的用地保障、较低的资金成本、低于区外的优惠税费等，降低了企业创新活动成本，减少了对区内企业创新资金的挤压，在初期阶段吸引了大量高科技企业进驻，对提升企业和区域创新能力具有明显的促进作用。第二，临空经济区内企业除了能享受国家和地

① 资料来源于2013年11月河南省人民政府办公厅发布的《关于郑州航空港经济综合实验区与省直部门建立直通车制度的实施意见》（豫政办〔2013〕92号）。

② 资料来源于2020年11月河南省第十三届人民代表大会常务委员会通过的《郑州航空港经济综合实验区条例》。

③ 资料来源于2020年11月河南省第十三届人民代表大会常务委员会通过的《郑州航空港经济综合实验区条例》。

④ 资料来源于2013年11月河南省人民政府办公厅发布的《关于支持郑州航空港经济综合实验区发展的意见》（豫政办〔2013〕93号）。

⑤ 资料来源于2013年11月河南省人民政府办公厅发布的《关于郑州航空港经济综合实验区与省直部门建立直通车制度的实施意见》（豫政办〔2013〕92号）。

方特殊的创新优惠政策扶持，也能享受为创新活动提供的高效而多样的公共服务和基础设施，从而能吸引大批高技术企业和创新型人才在机场周边地理空间的集聚。一方面，各地方正推动临空经济区等特殊经济区发展由投资驱动向创新驱动转型，而为了引导和激励企业加大创新，政府常会采取为区内企业提供创新活动专项补贴、鼓励企业申请专利、推动企业参与产学研协同创新等服务措施，为开展创新活动提供了良好的软环境，有利于吸引优质创新资本入驻。另一方面，临空经济区内部完善的基础设施，尤其是发达而快捷的交通网络能为企业开展创新活动提供良好的硬环境，在共用基础设施、共享信息、共担风险的基础上，区内的人才、资本等要素能形成集聚规模效应，并通过与区外创新主体协调互动，促进区域技术创新和经济发展。第三，临空经济区的设立为航空运输、高端制造和现代服务业等高技术、高附加值产业集聚提供了载体，进而产生一定的技术创新效应。临空经济区早期建设常以招商引资和投资优惠等外延式发展为主，但光依靠投资难以实现高新技术产业的高质量发展，需要重点解决临空经济区技术创新不足、创新效率低下、创新成本较高等问题。在此背景下，各地方政府纷纷加大临空经济区高水平产业集群和创新平台建设，降低关联企业交易成本和创新成本，构建科创产业融合发展体系和区内外协同创新体系，提升集聚企业的创新竞争力，推动临空经济区由外延式增长向内涵式发展转变。从实践看，临空经济区通过产业集聚的方式，有效促进了分工细化、知识溢出和基础设施共享，提高了科技水平和产业的持续创新能力，使临空经济区的经济发展速度常显著高于其所在市、省。例如，2021 年郑州航空港实验区 GDP 达 1172.8 亿元，同比增长 12.1%，分别比河南省、郑州市高 5.8 个、7.4 个百分点。

第三节 临空经济对区域创新结构的影响

发展临空经济、建设临空经济区是国家增强区域创新水平、推动产业转型升级的一项重要经济制度设计，也是国家制度创新力量嵌入地方、提升区域创新能力的重要政策安排。自2013年郑州航空港经济综合实验区获批为第一个国家级临空经济示范区以来，截至2021年底，我国各类临空经济区已达到87个，临空经济区这一制度创新力量在空间上呈现出分散布局的特征。现有研究多是关注临空经济政策对临空经济区这一特定地理空间自身创新的影响效应，缺乏临空经济对所在腹地城市的创新影响效应的研究，更缺少临空经济对城市群或更宏观地域尺度上创新空间结构影响效应的研究。基于此，本节尝试以“制度创新+空间动力”的视角，从城市创新层级结构方面来探讨临空经济对城市创新空间结构的影响效应及其作用机制，从“单中心—多中心”方面剖析临空经济对城市群创新空间结构的效应，拓宽临空经济制度创新效应传导的空间尺度，为推动我国城市及城市群整体创新力提升、构建创新发展新格局提供学理支撑。

一　临空经济影响城市创新层级结构

城市层级与城市创新水平的空间分布呈现显著的重叠性，一般而言，城市层级越高，城市的创新水平也就越高[①]。科技部中国科技信息研究所发布的《国家创新型城市创新能力评价报告（2021）》显示，2021年中国城市创新能力前十强全部为省会城市或副中心城市[②]。当然，城市层级不仅涉及是否为省会城市或副省级城市等行政层级，也涉及其人口、经济总量、区位、交通等在区域中的影响力等经济层级。城市层级能从以下方面影响创新水平：一是城市层级的跃升能强化其对各类创新要素的吸引力和集聚能力，为新知识生产提供重要支撑，并能推动城市内部专业化分工的深化。二是创新要素与传统经济要素一样，均具有一定的稀缺性，在追求价值最大化的驱动下，更倾向于流向边际收益率更高的城市。城市层级的差异会影响创新资源在城市间的分配，特别是会影响到高素质劳动力的跨城市流动。一般而言，城市层级越高，发展机遇也会更多、工作环境和福利

① 范斐等：《城市层级对中国城市创新绩效的影响研究》，《中国软科学》2022年第1期。

② 分别是深圳、杭州、广州、南京、苏州、武汉、西安、长沙、合肥、青岛。

待遇也会更优越。在此情况下，出于追寻自身利益最大化的目的，高素质劳动力会通过“用脚投票”的方式进行城际转移，流向层级更高的城市[①]。

发展临空经济能改变城市层级，进而影响城市创新能力。机场及航线的开通能有效扩大区域经济中心的辐射范围，也会迅速提升城市通达度和交通枢纽地位，使要素得以更快地流动、知识和技术更好地传播，从而改变城市在区域创新中的地位。例如，鄂州花湖机场的开建迅速提升了鄂州交通枢纽地位，2018 年发布的《国家物流枢纽布局和建设规划》（发改经贸〔2018〕1886 号）提出，要建设武汉—鄂州空港型国家物流枢纽承载城市。2020 年 8 月《关于促进航空货运设施发展的意见》（发改基础〔2020〕1319 号）明确提出要将鄂州机场建成亚洲第一个专业性货运机场，与北京、上海、广州、深圳等综合性枢纽机场共同组成航空货运枢纽布局。鄂州市也确立了建设国际航空大都市的奋斗目标，到 2025 年，鄂州花湖机场将开通国际货运航线 10 条、国内航线 50 条，货邮吞吐量达 245 万吨[②]。随着鄂州交通枢纽地位的提升，其在区域创新体系中的作用也愈加重要，中国社科院发布的《中国城市科技创新发展报告（2021）》显示，陆地面积全国倒数第三、湖北省倒数第一的鄂州，其科技创新发展指数列全国第 95 名、全省第 4 名。而且航线网络越密集、连接的城市越多，城市的交通枢纽地位也就越重要，也就越能通过航线网络将各区域创新资源和创新活动连成一体，实现各区域间创新的优势互补，提升创新效率，形成“以网带面”的创新格局。

临空经济在不同城市创新活动中发挥的作用是不同的。中国航空已进入高质量发展的新阶段，截至 2021 年底，中国开通定期航空运输航线的地级城市有 244 个[③]，这些被连接城市的创新活动直接受到

---

① 范斐等：《城市层级对中国城市创新绩效的影响研究》，《中国软科学》2022 年第 1 期。

② 资料来源于《鄂州市国民经济和社会发展第十四个五年规划和二〇三五年远景目标纲要》。

③ 资料来源于 2022 年 5 月中国民航局发布的《2021 年民航行业发展统计公报》，统计不含中国香港、澳门和台湾地区。

航空运输带来的“空间吞噬”效应（Space-eating Effect）的影响[1]。与其他国家相比，虽然中国机场建设和航空运输发展的速度和规模都是空前的，但中国仍是世界上最大的发展中国家，城市间经济发展、人口规模、基础设施和城镇化水平等都存在显著差异，航线所连接的城市间创新能力也参差不齐。航空运输作为处于现代综合交通体系中较高运输网络层次的交通方式，更能增强大中城市或区域中心城市间的创新交流；其服务对象侧重于中高端运输，主要缩短了时间敏感型人员、商品等在相对发达的城市间的时空距离，更能强化经济中心间的创新要素往来。

二　临空经济影响城市群创新“多中心”空间结构

城市群是中国新型城镇化的主体形态，是促进区域协调发展、引领构建“双循环”新发展格局、参与全球竞争的重要载体，也是中国创新发展格局中最有效率与潜力的中心区域，直接影响着国家创新发展的走向。在实施创新驱动战略、建设创新型国家的进程中，城市群肩负着提升创新能力的艰巨任务，相关城市群发展规划均特别强调创新，提出要从增加创新要素投入、调整创新结构等方面来提升城市群创新能力。值得注意的是，临空经济区已在我国“两横三纵”的城市群网络格局形成空间交汇，构建了较为完善的网络体系，逐渐成为城市群重要的改革开放引领平台，对城市群创新要素投入、创新结构以及创新水平均产生了深刻影响。因此，分析临空经济对城市群创新结构的影响，既是临空经济发展战略和城市群创新发展战略推进中应重点关注的前瞻性理论问题，也是以临空经济为增长极辐射带动城市群创新发展的重要现实课题。

增加创新要素投入是提升城市群创新能力的必要手段，但现实中由于创新要素市场常存在一定程度的扭曲，由此常造成创新资源错配等问题，一味强调增加创新要素的投入有可能带来极大的浪费，甚至会适得其反抑制创新能力的提升。因此，提升城市群创新能力的焦点

---

① Spiekermann, K., Wegener, M., “The Shrinking Continent: Accessibility, Competitiveness, and Cohesion”, *European Spatial Research and Planning*, 2008, 177 (4): 115-140.

逐渐由原先的侧重创新要素投入向更加重视创新空间结构优化等方向转变。近年来，创新活动的空间优化研究已成为创新空间经济学的焦点之一，其中，创新活动的“单中心—多中心”空间结构受到越来越多的关注，其研究的空间尺度不断向城市群转移，“单中心—多中心”空间结构为探讨临空经济对城市群创新空间结构的影响提供了崭新的视角。那么，临空经济是如何影响城市群创新空间结构从单中心向多中心演化的呢？

制度是影响社会经济变迁的主要力量，探究制度对创新的影响是创新地理学研究的重要内容。创新空间结构在城市群层面上表现为城市间的创新功能分工布局，实践中，政府通过出台的各类政策法规进行制度安排，影响着城市群内的城市数量、城市空间等级以及创新资源的空间再配置，已成为推动城市群创新空间结构演变的关键诱因和根本力量。临空经济区是典型的以国家主导的经济政策为表现形式的制度空间，是一种较为重要的区域经济制度设计，也是制度力量嵌入地方的新型经济功能区，呈现显著的地方化特点，能深刻影响城市群的创新空间结构，进而影响城市群整体创新能力①。

现实中，发展临空经济、建设临空经济区，能有效地将国家创新力量嵌入地方、持续性促进城市群创新空间分散化发展。自 2010 年以来，临空经济在中国各地迅速发展，临空经济区的数量在城市空间范围内持续增长，创新力量嵌入各地方区域的强度持续强化，创新分散化趋势愈加明显、分散化程度不断增强。这主要是因为，临空经济能提升城市创新能力，重构并优化城市的创新网络，提升城市间创新活动的协调度，使城市等级—位序空间结构等呈现新的特征，进而推动城市群创新次中心的不断形成，使城市创新体系向创新分散化、多中心的方向发展。具体而言，发展临空经济、建设临空经济区至少可通过以下三条路径影响城市群创新空间结构：第一，临空经济区是嵌入具体的地域空间与社会文化系统的综合体，空间和认知上的邻近能

① 张林、高安刚：《国家高新区如何影响城市群创新空间结构——基于单中心—多中心视角》，《经济学家》2019 年第 1 期。

使临空产业集群内的各类企业在长期的经济交往中更容易地建立起复合社会关系网络，为临空经济区内各创新行为主体提供更方便的交流机会，促进隐性知识的快速流动和集群企业学习，实现各创新主体知识和信息获取成倍增加，提升创新要素的融合联动速率，改善不同创新主体在创新网络中的合作关系，激发创新协同效应，提升城市群或更大区域的整体创新能力。第二，临空经济对综合交通体系有较高的要求，发展临空经济、建设临空经济区能够倒逼城市交通基础设施与信息化水平的提升，推动“流空间”的强化，从而重构城市群的空间结构，便利知识、人才、信息、技术、数据等创新要素在城市间的流动，也能推动地方政府提升科技投入强度，进而提高城市群或更大区域的创新水平。第三，临空经济区具有改革创新、先行先试的政策优势，是地方创新的试验田，发展临空经济、建设临空经济区，有利于形成良好的营商环境，对人才、研发资金等创新要素产生强大的吸引力，为提升城市群创新能力提供关键要素来源。综上而言，临空经济是提升城市群创新能力的重要制度安排，在城市群尺度上能有效驱动其突破创新单中心结构，使其向创新多中心空间结构演化。

发展临空经济、建设临空经济区，能缩小城市间知识密集型服务业的差距，使城市群向创新多中心空间结构演化。创新多中心空间结构意味着在城市群内部除了有一个创新能力最强的核心城市外，还存在若干个与核心城市创新能力差距不大、承担其他创新任务的次中心城市。也就是说，城市间创新能力的差距大小是判断城市群是否为创新多中心空间结构的关键标准。差距越小，越倾向于形成创新多中心空间结构；差距越大，则更倾向于形成创新单中心空间结构。在实践中，由于知识密集型服务业是城市创新网络中最活跃的部门，知识的流动与扩散能有效推动相关产业部门的技术创新，因此，知识密集型服务业对城市创新有着极为重要的影响，城市间创新能力的差距常表现为知识密集型服务业发展间的差距。临空经济区重点发展对知识高度依赖的航空运输、高端制造业和现代服务业，这些产业对创新均具有较高的需求。作为现代服务业的一种，知识密集型服务业既是临空经济区要重点发展的内生性产业的重要组成，同时，航空运输业和高端制造业也均需要发挥知识密集型服务业天然“黏合剂”的功能，把企业、政府、高等院校和研发机构、金融机构等有效相连，推动创新活动的展开。因此，临空经济区是吸引知识密集型服务业集聚的核心区域，能为其发展提供有力的产业与制度支撑，推动其规模与质量的双维跃升，进而缩小临空经济区所在城市与核心城市间的知识密集型服务业差距，促进创新多中心空间结构的形成。

需要注意的是，中国幅员辽阔，城市群间存在显著的空间异质性，同样的临空经济政策有可能产生不同的创新空间效果。中国东部地区机场密度远高于西部[①]，据统计，截至2021年底，机场密度超过0.5的省（区、市）有11个[②]，其中有8个是东部地区，因此，嵌入东部城市群的临空经济这一创新要素数量更多、力量更强。此外，东部城市群内较为密集的临空经济区更有利于强化彼此间的关联和知识流动，对塑造东部城市群创新多中心空间结构具有更大的影响。而且东部城市群经济发展水平更高，交通设施和信息网络更为完善，更能提升城市间的连接度，为城市群内知识扩散与科技合作提供更良好的外部支撑，从而促进城市创新能力提升和协调发展，使东部城市群向创新多中心空间模式演化。尽管临空经济区在中西部城市群的数量也在持续增长，但中西部城市群内城市间发展失衡度均高于东部城市群，临空经济区对周边区域创新能力的辐射带动能力较弱，特别是存在创新要素持续流向省会等核心城市等问题，加剧了创新极化现象，使中西部城市群创新往往呈现向单中心空间结构演变的趋势。

三　临空经济影响城市群创新发展动力结构

临空经济区不但承担着区域产业结构转型升级、对外贸易、海关特殊监管等经济功能，还肩负着体制机制改革职能和探索任务，从而能为城市群创新提供新的动力支撑。

首先，临空经济区能为城市群创新发展提供集聚与扩散叠加动力。一是创新集聚的叠加动力。城市群是某个特定区域空间内的创新

---

① 机场密度=机场数量/万平方千米。

② 分别为上海、北京、海南、天津、江苏、浙江、山东、贵州、重庆、辽宁、广东。

增长极，而创新要素集聚是城市群创新发展的基本动力。城市群集聚创新与规模效应密切相关，大规模高素质劳动力、中间投入品以及科学技术等创新要素的集聚能为厂商和整个产业带来正的外部性。在规模效应的作用下，厂商更愿意在交通便利的地方选址，以实现快速到达市场的目的，使运输时间成本最小化。创新要素自由流动在集聚效应中起着关键作用，而国际贸易壁垒常常是阻碍创新要素自由流动的主要障碍。在城市群内建设临空经济区，创新投资自由化、贸易便利化、海关监管等模式，能从不同方面突破阻碍创新要素自由流动的壁垒，形成人才、技术、管理、数据、高附加值商品等创新要素向临空经济区的集聚效应。整体而言，城市群是某个特地区域地理空间的创新增长极，临空经济区则是城市群的创新增长极，临空港经济的创新集聚效应与城市群的创新集聚效应相互叠加，能为城市群创新能力提升提供新的动力。二是创新扩散的叠加动力。创新要素向城市群中心城市集聚到一定程度时，因成本提升、创新要素边际收益下降，会向外围城市扩散转移，提升外围城市的创新水平。而临空经济区作为城市群中心城市的创新增长极，同样也会产生扩散效应。例如，在临空经济区设立的创新型企业可以通过到区外开展投资和创新活动，直接提升中心城市非临空经济区部分或外围城市的创新能力；临空经济区所依附的城市群中心城市，创新势能、量能较大，需要外围城市协同创新，这些协同创新活动又会进一步带动周边城市的创新发展。临空经济区的创新扩散效应与城市群固有的创新扩散效应能相互交融，形成创新扩散叠加动力，缩小外围城市与中心城市间的创新距离。我们可以将上述两种创新动态演变过程分别称为集聚型创新和扩散型创新，它们交互发挥作用，前期以集聚型创新为主，后期以扩散型创新为主。集聚型创新由高素质劳动力、知识与技术、数据、管理以及高附加值产品向城市群中心城市集中所致，有可能对外围城市创新活动产生不利影响；扩散型创新是由于中心城市创新集聚到一定程度后产生集聚不经济问题，促使创新要素向外围流动，对外围创新活动产生有利影响。短期内集聚型创新有可能会扩大中心城市和外围城市间的创新差距，但长期扩散效应会缩小城市间创新差距，临空经济区的创新扩散效应和城市群的创新扩散效应最终会形成创新叠加的新动力。

其次，临空经济区能为城市群创新发展提供由制度试验与体制机制创新所产生的变迁动力。一是临空经济区可通过释放体制机制改革红利，为城市群创新发展提供制度变迁动力。中国临空经济区承担着区域制度创新的“试验田”功能，其设立的主要目的之一就是要为区域开放型经济新体制发展和对外开放探索可行路径，故而能为城市群地理空间内的创新发展释放制度改革创新红利。新制度经济学提出，实现经济稳定增长的关键条件是要提升经济组织的效率，而要实现这一条件，需要持续性地调整制度安排，明确所有权，以形成良好的激励机制。尤其是在生产要素投入及技术不变的前提下，可以通过优化制度设计来提升生产效率，进而推动经济发展。自改革开放以来，中国通过渐进式改革不断优化制度设计，经济发展取得了举世瞩目的成就，被誉为“中国经济奇迹”。但伴随改革的深入，中国面临着愈加严峻的一系列非良性路径依赖的挑战。制度经济学家诺斯认为，在一个存在不确定的世界里，没有人能够知晓我们所遇到问题的正确答案，因而，如果一个社会能够追求适应性效率（adaptive efficiency）①，鼓励各种类型的试验与创新，就能够在长期内找到最佳的解决方案②。临空经济的顶层设计属于自上而下的强制性制度变革，各地方对发展临空经济的自主探索则属于自下而上的诱致性制度变革。在建设临空经济区的实践中，各地富有智慧地将强制性制度变革和诱致性制度变革有机结合，使其既具有顶层的统一性，又具有地方的灵活性，有效保证了临空经济这项制度设计的现实效果。因此，各地发展临空经济，大胆进行各种体制机制改革创新尝试，有利于打破原有制度的路径锁定、提升制度供给质量，从而获得持续的制度变迁动力，并能使制度改革创新红利惠及整个城市群，提升城市群整体创新水平。二是临空经济区可为城市群创新发展提供成功经验输出效应动力。临空经济区不仅具有经济功能，还具有管理体制和运行机制先行先试、扩大

① 适应性效率主要来源于对知识与学问的追求，对各种试验、实验和创新的鼓励。
② 蔡潇彬：《诺斯的制度变迁理论研究》，《东南学术》2016 年第 1 期。

对外开放、优化经济发展布局、提升社会治理能力等功能。作为区域发展模式成功经验探索的重要输出地，临空经济区通过不断复制推广其改革创新和先行先试成果，能使整个城市群在“干中学”的作用下共享制度改革创新红利。城市群内各城市通过向临空经济区学习、复制新观念以及成功的制度创新经验和具体做法，并进行二次改进和再创新，能有效降低创新探索的时间成本，快速实现制度创新成果的移植和本地化，为其创新持续性提供事半功倍的新动力。

再次，临空经济区能通过进行政府与市场边界探索，为城市群创新发展释放激活动力。一是探索向市场放权的激活动力。如何正确处理政府和市场的关系，既是经济学上的世界性难题，也是社会主义经济体制改革和发展的核心问题，是探究“中国经济奇迹”的主线[①]。虽然中国特色社会主义市场经济已初步建立，并已显示出强大的效率与制度优势，但由于是脱胎于计划经济，转型发展中在社会治理等众多领域仍存有计划经济发展思维与痕迹。例如，在市场准入方面，原先实行的是重在准入管理的注册登记制。这种制度对公司注册资本、出资方式和金额等都有硬性规定，审批手续繁杂、限制性条件较多，重审批而轻监管。伴随着全面深化改革的持续推进，注册登记制已无法适应现实发展需求，对激发市场活力形成严重阻滞。因此，许多地方纷纷提出要在临空经济区内探索简政放权改革，推动市场事前监管向事中事后监管转换，为放宽市场准入、激活市场活力提供可行路径。一些省份还将能够下放的行政管理权限最大限度地下放到临空经济区，以降低市场主体准入门槛和制度性交易成本，释放市场主体潜能。中国第一部临空经济区地方性立法《郑州航空港经济综合实验区条例》就明确指出，实验区管委会“行使省辖市级人民政府经济和社会管理权限以及省人民政府赋予的特殊管理权限”，“实验区应当简政放权、放管结合”，“实验区应当深化行政审批制度改革，强化公共服务职能，注重事中事后监管”[②]。整体而言，临空经济区是进行政府与

---

① 谢伏瞻：《新中国 70 年经济与经济学发展》，《中国社会科学》2019 年第 10 期。

② 该条例于 2020 年 11 月 28 日河南省第十三届人民代表大会常务委员会第二十一次会议通过，自 2021 年 3 月 1 日起施行。

市场边界探索、推动政府职能转变和市场放权的重要试验场，能有效激发市场主体活力，吸引大量市场主体向临空经济区集聚，在“放管服”改革中为其他地方取消、调整相关审批权限以及创新行政管理模式提供了重要探索经验，从而为城市群创新发展提供新的动力。二是更好发挥政府作用的创新创业激活动力。改革开放以来，中国各级政府在促进创新创业、保障社会民生、优化营商环境、引导产业良性发展等方面发挥了重要作用，社会整体创新效率显著提升。但政府在诸多领域中也存在干预过多、管得过死等问题，抑制了社会的创新创业活力和潜能。为解决这些问题，在临空经济区“放管服”改革中，特别注重提升相关管理部门的行政效率和服务质量，纠正因政府职能越位、缺位、错位等导致的资源错配，优化营商环境。《关于临空经济示范区建设发展的指导意见》就明确提出，要支持临空经济区体制机制创新，构建国际化营商环境，把临空经济区建设成为科技创新引擎和富有活力的开放新高地；《郑州航空港经济综合实验区条例》提出，要创新体制机制，营造市场化、法治化、国际化、便利化的营商环境，建设服务体系健全、监管高效便捷、法治环境规范的开放创新先行区。整体而言，临空经济区通过探索有为政府职能，能直接促进城市群创新创业环境的提升，激发城市群创新发展新的动能，提升其创新水平。

最后，临空经济区能为城市群创新发展提供引领协同动力。一是临空经济区能为城市群中心城市创新能力提升提供引领动力。中国城市群面临的创新集聚度和极核功能不显著等问题与中心城市创新能力不强密切相关。而临空经济区设立后实施的一系列制度与技术创新措施，能提升投资自由化和贸易便利化水平，推动国际贸易、航空运输、现代金融、高端制造等产业的发展，为增强临空经济区所在城市群中心城市创新能力提供新的契机。以中原城市群中心城市郑州为例，2022 年河南省政府发布的《河南省“十四五”科技创新和一流创新生态建设规划》（豫政〔2021〕41 号）提出，要培育以郑州都市圈为核心引擎的国家区域科技创新中心；2022 年河南省政府发布的《河南省新型城镇化规划（2021—2035 年）》（豫政〔2021〕55 号）

进一步明确了增强郑州创新核心功能的方向，提出要提升郑州创新首位度，推动郑州积极承接国家创新体系布局，增强科技创新策源引领能力，加快打造国家创新高地。郑州航空港实验区主要任务和发展方向与上述郑州创新发展目标高度契合，进而能形成推动中原城市群中心城市发展的引领动力，提升其创新水平。二是临空经济区能为城市群整体创新能力提升提供协同动力。城市群整体创新能力决定了其在区域甚至是全球的竞争力。打破行政区创新障碍，促进创新要素在城市群中心城市和外围城市间自由流动，提升城市群创新协调度，是增强城市群整体创新能力、使地理邻近的众多城市离散性创新内化为城市群整体创新的关键。临空经济区具有鲜明的开放性特征，能迅速提升城市群整体开放度和市场化水平，促进创新要素的自由流动，增强城市群内城市间的创新联系①。临空经济区实施的以市场为导向的体制机制改革，能强化其所在中心城市的人才、科技、数据、基础设施、信息网络等方面优势，培育形成产业创新中心，并通过前、后向关联效应向外围城市蔓延，通过“临空经济区—中心城市—外围城市”的创新活动对接，形成中心—外围式的创新分工协作格局，并形成区域创新共同市场，为城市群整体创新提供协同发展动力。

① 王晓玲：《自贸试验区视阈下城市群发展动力与机制研究》，《经济学家》2020 年第 12 期。

第五章

临空经济对区域开放的影响

要素和经济活动主体在空间上的集聚是推动区域经济发展的主要力量，而临空经济区正是能凭借独特的区位优势，吸引人流、物流、信息流的集聚，从而驱动区域经济发展。在中国深入推进对外开放的今天，临空经济区的区位优势显得更为重要，特别是对于广阔的内陆和边缘地区而言，通过建设临空经济区来扩大对外开放、嵌入全球性经济网络，成为其融入全球化进程和加速区域经济发展的重要选择。因开放性是自由贸易区和临空经济区共同的基因，近年来临空经济区更是以其便捷的运输体系和高度的开放性，演变成为引领地方深度参与全球分工的高端经济区域。自贸区由原先的沿海港、河港转为向航空港周边延伸，建设“自贸区+空港”融合发展的临空型自贸区，或者深入推动临空经济区与自贸区联动，正成为众多区域探索改革开放新模式的重要选择。本章将从临空经济区与自贸区（以下简称“两区”）关系的视角，通过分析两区融合与联动等问题，刻画临空经济对区域开放的影响。

第一节　临空型自贸区的发展规律

一　临空型自贸区的功能

临空型自由贸易区（以下简称临空型自贸区）是指“单一利用机场或是专门利用机场而设立的、与关境隔离的特殊经济区域，区内提供比较优越的商业环境、更加宽松的商业管理以及较低的投资和运营成本，以实现国际市场的货物、资本、服务、技术与人员等生产要素自由流动"[①]。准确理解临空型自贸区的内涵，需特别注意其中对机场作用的规定，即特别强调了"单一利用机场或是专门利用机场而设立"这一限定条件。从全球实践来看，自贸区发展高度依托交通节点，其区位布局一般设在"海港（河港）、航空港、与海港（河港）或航空港邻近的区域、国家边境"等区域。因海港与航空港的协同能大幅度提升自贸区联通世界经济的能力，故自贸区向航空港周边延伸成为近年来新的发展趋势，甚至一些原先远离机场的自贸区也纷纷通过新建机场来增强其竞争力。但专门探讨临空型自贸区，应剥离海港或河港对自贸区的影响，以此来更为透彻地分析机场主导下自贸区的发展问题，因此，在临空型自贸区的概念界定中，特别强调了"单一利用机场或是专门利用机场而设立"这一限定条件。

实际上，学术界对自贸区领域的研究已十分广泛。20 世纪 60 年代以来，随着自贸区的全球布局以及在世界经济发展中凸显的作用，学者对自贸区发展的演进模式、动力机制、经济社会效应、产业集群影响等方面进行了全方位的研究。但是，专门针对临空型自贸区的研究却较为薄弱，主要体现在文献数量偏少、研究的深度和系统性不够等方面。近年来，张蕾[②]、何枭吟和吕荣艳[③]等学者结合中国实践，对临空型自贸区作了初步性的探索。在此基础上，需进一步从自贸区视角切入，基于自贸区特征，系统分析临空型自贸区与海港型自贸区、临空经济区的异同，探讨临空型自贸区独特的运行规律。主要把握以下两点：

第一，与海港型自贸区相比较，临空型自贸区在货源结构、产业功能等方面差异显著。临空型自贸区具有一般自贸区境内关外、自由交易、免予监管等普遍特征，但因运输时效性、运输成本的差异，临

① 张蕾：《世界临空型自由贸易区发展模式研究》，《世界地理研究》2018 年第 6 期。

② 张蕾：《世界临空型自由贸易区发展模式研究》，《世界地理研究》2018 年第 6 期。

③ 何枭吟、吕荣艳：《空港型自贸区发展趋势与我国内陆空港自贸区战略抉择》，《国际经济合作》2018 年第 8 期。

空型自贸区与海港型自贸区在货源结构、产业功能等方面存在显著差异。海港型自贸区一般从事对时效性要求偏弱的大宗货物交易，以充分利用海洋运输运量大、运费低的优点，并在区内逐渐衍生出金融服务、商品展示交易、邮轮服务等现代服务业态①。例如，荷兰鹿特丹自由贸易港依托鹿特丹港，主要发展“保税仓储、大宗货物加工、样品展示交易等业务”；浙江自贸区舟山片区和宁波片区依托宁波舟山港，主要发展“以油品为核心的大宗商品中转、加工贸易、保税燃料油供应、装备制造、航空制造、国际海事服务、国际贸易和保税加工等业务”。临空型自贸区依托大型枢纽机场，面向全球，具有天然的国际货物集散地优势，运输货物主要是对时效性较为敏感、具有“高、轻、精、小”特征的产品，区内以航空运输、高端制造、现代服务等业态为主，包括航空物流、报关代理、生物医药、信息通信等产业，并且临空型自贸区往往也能通过为企业提供综合物流等全方位的增值服务，逐渐成长为区域运输链中的综合物流中心。例如，迪拜机场自贸区主要发展“投资融资、保税仓储物流、加工贸易、展示和交易、信息技术服务、咨询服务、奢侈品服务、营养和医疗设备服务”等产业；天津自贸区天津机场片区依托天津机场，主要发展“航空航天、装备制造、新一代信息技术等高端制造业和研发设计、航空物流等生产性服务业”。

第二，与临空经济区相比较，临空型自贸区在空间范围、建设重点等方面差异明显。虽然二者均需要依托大型机场枢纽和航空运输而发展，在业态上也存在一定的相似性，如主要偏好发展电子信息、高端制造、现代服务、总部经济等产业，但它们在空间范围、建设重点上具有不同的特点。一是在空间范围上，一般而言，临空经济区的面积较大。如中国现有的 17 个国家级临空经济示范区中，有 13 个面积在 100 平方千米以上，其中，郑州航空港经济综合实验区面积达 415 平方千米；荷兰阿姆斯特丹航空城面积也达到了 60 平方千米。相比

① 何枭吟：《内陆地区“自贸区+临空经济”模式研究述评》，《技术经济与管理研究》2019 年第 12 期。

而言，临空型自贸区的面积普遍偏小，甚至有的临空型自贸区面积不足1平方千米。如中国天津自贸区天津机场片区面积为43.1平方千米，上海自贸区最初设立时所包含的上海浦东机场综合保税区规划面积仅为3.59平方千米，新加坡樟宜自贸区面积为0.72平方千米，台湾桃园航空自贸港面积为0.35平方千米。二是在建设重点上，临空型自贸区更侧重于制度创新，并能为临空经济带来更大的发展机遇。如临空型自贸区通过制度创新和营商环境的改善，能吸引大量的外商投资，为机场国际业务拓展提供充足的客货源；临空型自贸区通过提升机场货物申报、检验和通关速度，能促进货物流通，尤其是实施的零关税政策能显著提升机场中转客流量；临空型自贸区在服务领域扩大开放也能显著提升现代服务业的多元性。相比而言，临空经济区更侧重于产业发展等经济功能，更关注机场周边区域的招商引资、产业培育、基础设施建设等，在发展质量上与临空型自贸区存在一定的差距，国内有些临空经济区甚至还存在传统产业比重偏大、现代服务业规模和水平偏低等问题，对临空经济区的高质量发展形成了一定制约。

二　临空型自贸区的产业发展模式

在产业发展模式方面，根据世界主要临空型自贸区现有的产业特征，借鉴海港型自贸区的产业发展模式分类标准，一般可将临空型自贸区产业发展模式划分为“转口贸易类、贸工结合类、出口加工类、科技服务类、航空产业类、综合类”等类型①。其中：①“转口贸易类”主要是利用临空型自贸区优越的区位条件，发展“航空口岸装卸储运、货物转运、简单加工”等业务。例如，2006年1月20日，韩国仁川国际机场自由贸易区正式投入运营，凭借其优越的地理位置，迅速成为东北亚乃至全球货物转口贸易的重要枢纽。②“贸工结合类”以发展“转口贸易”业务为主，同时兼有一定的“加工制造”等增值业务，这一类临空型自贸区在发展中国家较为常见。例如，阿联酋迪拜机场自贸区是迪拜成立的第二个自由贸易区，区内从事转口贸易、仓储和分销的企业占到70%左右，从事工业生产的企业占到

① 张蕾：《世界临空型自由贸易区发展模式研究》，《世界地理研究》2018年第6期。

25%左右，货物在该区内储存、贸易、加工制造均不征收进口环节关税和增值税。因该区发展得较为成功，已成为众多地区建设临空型自贸区的重要借鉴。③“出口加工类”以发展“加工制造”业务为主，以发展“转口贸易、仓储运输服务”等业务为辅。例如，1973 年设立的孟买圣克鲁斯机场电子工业出口加工区是印度第一个自由贸易区，也是印度唯一的专业性出口加工区，专门开展电子设备和日用仪器、零部件、医疗器械测试仪器以及珠宝等产品的加工，并全部出口海外。④“科技服务类”以发展“高新技术产业”为主，同时，配套发展信息技术、管理咨询等“现代服务业”，这主要是因为高新技术产业以及进行远距离商务活动的人士对时间更为敏感，临近机场更有利于产品运输及人员远距离流动，节省运输时间。例如，美国杜勒斯机场对外贸易区设立之初的主要目的是利用机场优势为货物转运提供快捷低廉的运输服务，后凭借优良的区位和空港优势，吸引了大量的高科技产业向杜勒斯机场交通走廊沿线聚集，有 360 余家来自不同国家的高科技企业在杜勒斯机场对外贸易区开展业务、8 家世界 500 强企业总部坐落于此，以杜勒斯国际机场为端点的公路沿线成为美国领先的高科技区和商务区。⑤“航空产业类”主要以“航空制造与维修、航空运输服务”等产业为主导，包括飞机总装、飞行测试、机载设备和部件的维护与修理、航空客货运输等。例如，中国天津自贸区机场片区是空中客车 A320 系列飞机在欧洲以外成立的第一个总装线所在地，主要开展空客 A320 飞机的总装、喷漆、测试和飞行测试等业务。同时，该区还拥有数十家相关的飞机制造产业链上的企业和技术支持、服务企业，如西飞国际航空制造（天津）有限公司、古德里奇航空技术（天津）有限公司、PPG 航空材料（天津）有限公司等。⑥“综合类”是临空型自贸区发展到较高阶段时的产物，融合了转口贸易、出口加工、客货运输、商务服务等多重功能，是上述各类临空型自贸区的功能综合。例如，新加坡樟宜自贸区由新加坡樟宜机场物流园和樟宜机场航空货运中心两部分组成，其设立之初主要开展货物仓储及转口贸易等业务，承担着新加坡全部的航空物流货运任务。后随着各项设施的日趋完善，自贸区功能更加多样化、综合化：

其飞机检修和维护等航空相关产业产值约占亚洲地区的 1/4；区内及其周边产业创造了大约 17 万个就业岗位，产值约占新加坡 GDP 的 7%；航空物流和供应链管理对新加坡 GDP 的贡献约占 10%；特别是优美的自然环境以及密集分布的各类公园、博物馆、展览馆、商务办公和休闲场所，极大提升了其生态功能、旅游功能、商务功能，樟宜自贸区也凭借国际贸易、商务旅游的优势，有力地引领区域经济走向世界，并以国际贸易自由港而闻名于世。需要注意的是，转口贸易、航空运输是临空型自贸区最基本、最主要的功能。就全球范围看，大部分的临空型自贸区在最初的发展阶段均属转口贸易类，后随着贸易的扩大而逐渐衍生出更多的功能，不断向其他类的临空型自贸区转化。伴随经济全球化深入发展，尤其是新一轮科技革命和产业变革进程的不断推进，各临空型自贸区加速布局旅游业、现代服务业和高新技术产业等产业。在此背景下，临空型自贸区呈现出不断向综合类演化的趋势①。

三　临空型自贸区的空间发展模式

在空间发展模式方面，根据世界主要临空型自贸区的空间分布特征，可以将其划分为“园区类、城市类”两种类型。其中：①园区类临空型自贸区在空间上有明确的海关监管范围，一般而言面积均较小，大部分在 10 平方千米以内，其主要功能目标是为本地开展进出口贸易和转口贸易提供便利，主要业务涉及仓储、转运、展示、一般增值加工等，进而拓展出更多的衍生功能。全球大部分的临空型自贸区均属该种类型。②城市类临空型自贸区在空间上相对开放，没有封闭式的围栏，在监管片区范围内均可享受关税优惠，一般而言面积均较大，如菲律宾克拉克自由港区和韩国仁川经济自由区规划面积分别达 320 平方千米、209.4 平方千米，其主要功能目标是吸引国际投资、促进区域经济发展、打造有国际影响力的地区，是一种新的综合型自贸区空间发展模式。菲律宾、韩国等东亚国家的一些临空型自贸区多属于该类。

---

①　何枭吟、吕荣艳：《空港型自贸区发展趋势与我国内陆空港自贸区战略抉择》，《国际经济合作》2018 年第 8 期。

第二节 临空经济区与自贸区联动发展的逻辑

一 临空经济区与自贸区联动发展的理论逻辑

联动是关联事物之间相互运动。临空经济区与自贸区联动发展（以下简称“两区联动”），是指临空经济区与自贸区充分利用国家赋予的特殊政策，结合各自的战略定位及发展特色，统筹协调相关要素与资源，不断增强政策和资源的利用效能，探索制度、体制机制、科技、产业、人才、发展模式等各方面的创新协同，并将联动发展、先行先试探索的创新成果复制推广到其他地域，推动经济社会的高质量发展。把握两区联动发展的内涵需重点注意以下几个问题①。

（一）临空经济区与自贸区均是面向新发展阶段的开放政策创新

改革开放后，中国充分发挥以廉价劳动力为代表的低成本要素资源优势，实施了以经济特区为代表的开放政策，在东部沿海等局部区域逐渐形成全球竞争优势，通过发展“三来一补”加工贸易嵌入全球产业价值链分工体系中，取得了巨大成就，东南沿海区域也逐渐发展成为“世界工厂”。这一成功实践一方面源于自身积极改革转变以激活生产力要素，另一方面也与全球产业链分工调整和向发展中国家转移的历史潮流密不可分。第三次工业革命驱动西方发达国家不断从工业经济向知识经济、创新经济跃升，在“抓两头放中间”的战略理念下，西方发达国家选择将创新活动较为集中、科技附加值较高的研发环节和销售环节留在本国内，而把生产制造环节转移到劳动力、土地和生态成本较低的区域，而中国所拥有的丰富低廉的劳动力使其成为国际产业转移的理想之地。中国相继实施的经济特区、沿海开放城市、沿海经济开放区等区域开放政策既有效地吸引了国际制造业转移，又实现了推动国内生产要素向特定区域集聚的目的，使这些区域

① 汤凯：《河南自由贸易试验区与临空经济区联动发展研究》，载于王海杰《中国（河南）自由贸易试验区发展报告（2017—2020）》，经济管理出版社 2021 年版，第 225—234 页。

迅速崛起，带动更大区域的发展，达到了良好的经济效果。但伴随发达国家制造业转移逐渐完成以及中国“人口红利”等传统要素优势不断消退，中国经济社会发展面临的土地、人口、资源等约束愈加严峻，亟须实现转型升级，从注重发展速度向更加注重发展质量的高层次新发展阶段迈进。尤其是对于广大的内陆地区，如何在新发展阶段实现更高水平的对外开放、实现内陆经济的转型发展，成为亟待破解的重要命题。因此，中国实施的自贸区和临空经济区两个区域开放新战略，是应对新形势、面向新发展阶段、构建“双循环”新发展格局的政策创新，尤其是对于内陆地区，既能有效培育内陆地区外向型经济发展，引领其深度融入全球价值链，又能更好地激活内陆地区各类要素资源，从而为其实现跨越工业鸿沟而跃入知识经济、创新经济、开放经济新时代，构建起更大的全球竞争新优势。

（二）临空经济区与自贸区是开放功能互补的新经济集聚区

经济特区、经济开发区主要发展传统经济，而临空经济区与自贸区更聚焦于发展以创新、开放为特征的新经济。新经济的关键要素是创新，核心环节是基于自由贸易制度和对外开放进行全球资源配置。在互联网、大数据时代，创新价值链布局呈高度全球化分布形态，一个区域在全球创新价值链中的分工和地位一方面取决于本地的创新禀赋，如创新基础、创新投入等，另一方面取决于其制度环境，如对外开放水平、配置全球创新资源的竞争力等。两者相互依存、相互补充。因此，新发展阶段下发展新经济，必须要搭建高端创新、开放平台。自贸区以制度创新为核心，以此推动技术创新、贸易创新、产业创新等，是中国目前最高层次的面向全球的创新平台；临空经济区着力打造区域对外开放门户，以此提升区域参与国际产业分工的层次，推动构建开放型经济体系，是地方具有高度活力的开放新高地。两区联动发展，能把自贸区与临空经济区的创新与开放资源有效对接起来，充分利用国际国内“两个市场、两种资源”，推动人才、科技、资金、贸易、金融、数据、产业的多维度融合与联动，加强产学研、内外资、政社企的多主体协同，构建国际化循环、全球化配置、高端化发展的创新与开放生态系统。

（三）临空经济区与自贸区联动的实质是制度创新与产业创新、科技创新联动

自贸区是制度创新的试验田，旨在通过改革试验驱动制度创新，建立与国际接轨的投资贸易规则体系，为经济社会转型升级提供全方位的创新性制度资源；临空经济区是创新转型的重要载体，旨在国家划定机场周边区域内开展体制机制创新活动，破除制约产业创新、科技创新的各种制约因素，吸引人才、技术、资本、金融、数据、文化等各种高端要素集聚，建立与全球创新链相融合的新兴产业体系，探索以临空经济促进地区发展方式转变的新模式，为加快构建战略性新兴产业、实现创新驱动发展提供经验。整体而言，自贸区以制度创新为核心，临空经济区以产业创新、科技创新等为核心，二者均共同指向创新经济，是相互促进、联动发展的关系：一方面，制度创新有利于破解产业创新、科技创新的瓶颈，良好的制度环境是推动产业创新、科技创新的核心要求；另一方面产业创新、科技创新成果又会进一步优化贸易投资环境，从而对人才、技术、资本、金融、数据、文化等各种高端要素产生强大的吸引力，促进各类创新要素的跨境流动和高效配置，实现制度创新。

二　临空经济区与自贸区联动发展的现实逻辑

临空经济区与自贸区均是区域深化改革开放、先行先试的先导区，促进两区在制度创新、开放创新、科技创新、产业创新等方面的深度叠加，实现联动发展，是区域实施创新驱动战略必须深入思考和解决的重要问题，对于各地深化改革开放、促进经济社会高质量发展以及全面融入“双循环”新发展格局均具有重要战略意义。

（一）两区联动可以拓展先行先试的试验舞台

临空经济区与自贸区的共同特征是在多个领域均可积极开展“先行先试”，共同任务是要及时复制、推广改革创新经验和成果。如果两区能够实现联动发展，自贸区形成的制度创新成果便可在临空经济区内率先得到推广，使临空经济区成为自贸区制度创新成果应用于更大空间范围甚至全国的先行区；临空经济区探索的创新模式与成功经验便可在自贸区内先行尝试，使自贸区成为临空经济区服务更大空间

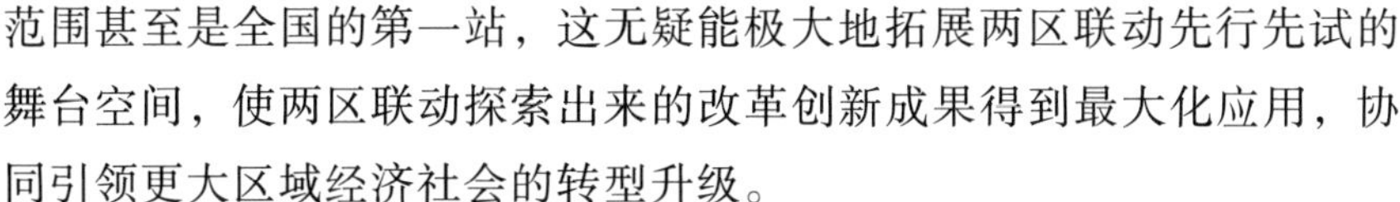

范围甚至是全国的第一站，这无疑能极大地拓展两区联动先行先试的舞台空间，使两区联动探索出来的改革创新成果得到最大化应用，协同引领更大区域经济社会的转型升级。

（二）两区联动可以放大改革创新的示范效应

临空经济区与自贸区的共同使命是要打造区域增长极，引领内陆经济转型发展，并在全国形成示范引领效应。实现两区联动发展，使制度创新、产业创新、技术创新、贸易创新等高效融合，实现多维创新模式相得益彰，能最大化发挥改革红利，提升对外开放层次，激发蛰伏的创新能力，从而形成“1+1>2”的叠加效应。例如，在体制机制创新方面，若河南自贸区提出的“交通物流融合发展和投资贸易便利化方面”的体制机制创新与郑州航空港实验区提出的“对外开放”体制机制创新有机结合，将能为打造“内陆开放型经济示范区”或“内陆地区对外开放重要门户”提供新的发展路径。

（三）两区联动可以形成双轮驱动的发展格局

中国正加快构建“双循环”新发展格局，创新驱动、对外开放驱动的重要性愈加显现。临空经济区与自贸区理应成为引领各地融入新发展格局的先行者以及改革开放、高质量发展的排头兵。而实现两区联动发展，既能够提升临空经济区的国际化建设层次，又能最大化丰富自贸区的科技型、创新型、开放型内涵，使开放优势与创新基因相辅相成，使两区联动发展成为驱动各地方乃至全国创新与开放发展的两个轮子、两大引擎。

三　临空经济区与自贸区联动发展的概念模型

临空经济区与自贸区在开放创新方面的联动发展，在联动内容方面主要涉及四大内容：开放主体、开放要素、开放环境与开放文化（见表5-1）；在联动空间方面主要涉及三大层次：一是临空经济区与自贸区在物理空间重叠或临近区域的直接联动；二是临空经济区与自贸区其他非重叠或临近区域的辐射互动；三是把临空经济区与自贸区视为一个整体区域，与外部其他地方的泛空间化联动。通过临空经济区与自贸区的开放主体、开放要素、开放制度和开放文化这四大内容在临空经济区与自贸区的叠加区域、临近区域、非直接叠加或临近区域以及超越临空经济区与自贸区物理边界的泛空间区域三个层面的互动、协同，促进临空经济区与自贸区开放生态系统的持续性完善，并辐射带动更大区域的开放创新，实现两区开放联动的发展目标。

表 5-1　　临空经济区与自贸区联动开放结构分析

开放联动目标	制度创新、先行先试、示范引领、辐射带动
开放主体联动	政府部门、科技型企业、技术研发机构、科技服务机构等
开放要素联动	资本、人才、知识、信息、技术、数据等
开放环境联动	国际产业转移、跨境技术研发、海外企业并购等
开放文化联动	鼓励开放创新，宽容失败

资料来源：笔者总结。

图 5-1 刻画了临空经济区与自贸区联动开放的运行机理。一方面，从联动内容上看，临空经济区与自贸区内的开放主体通过内部以及外部跨物理空间边界的交流互动，将能形成一个由政府、企业、研发机构等多元组织构建的开放网络和螺旋形力量，从而不断推动临空经济区和自贸区的联动与融合。同时，临空经济区与自贸区的开放主体、要素、环境和文化相互依赖、相互促进，也能逐渐形成一个具有自适应、自调节和自组织功能的完整的体系，尤其是两个区域间日益频繁的知识、贸易、数据、技术、信息、人才等要素的流动、溢出与共享，将持续性地突破传统空间与组织的边界制约，在地区间实现资源的优化配置。另一方面，从联动空间上看，以临空经济区与自贸区物理空间重叠区域为两区联动开放的优先发展区，以此探索区域联动开放的模式。在此基础上，发挥有效市场和有为政府的作用，以人才、贸易、资本、技术、数据等开放要素为纽带，推动两个区域内外开放主体间的整合与联动，进而推动进物理空间非重叠区域以及更大区域的泛空间联动开放。

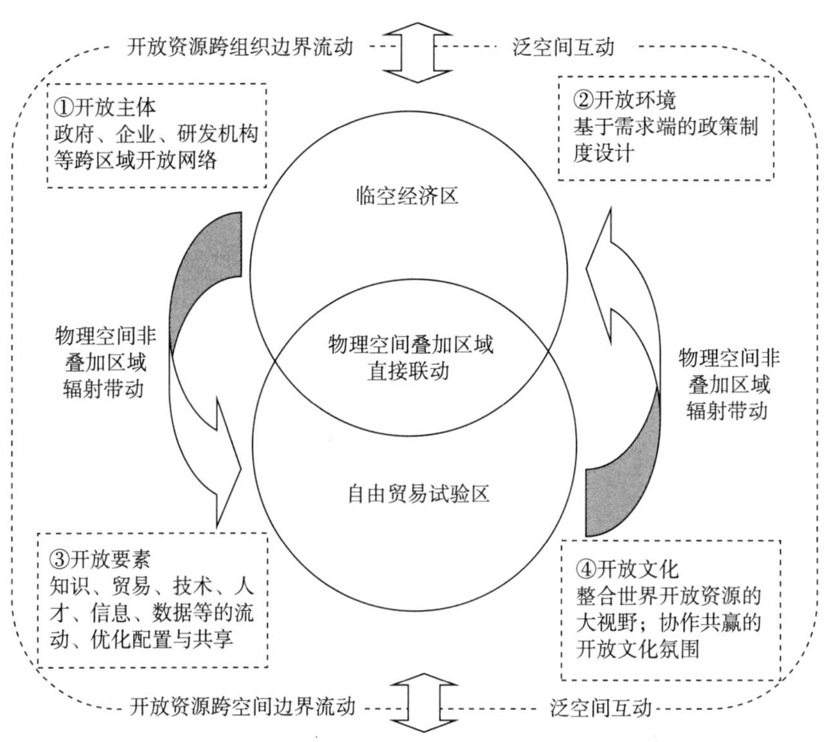

图 5-1　临空经济区与自贸区联动开放运行机理

资料来源：笔者绘制。

第三节　临空经济区与自贸区联动发展的实践探索

一　郑州航空港实验区与河南自贸区联动发展的基础优势

郑州航空港实验区与河南自贸区建设都是新时代国家推进高水平对外开放的重大战略举措。探索创新、先行先试，发挥示范引领作用，是两区的共同使命和相通点。两区虽然定位不同、改革创新的侧重点也有所区别，但地理邻近、使命相通、优势互补则为它们实现联动发展提供了基础条件。

（一）任务相合是两区联动的保障

在建设目标与任务方面，两区有较多结合点。在战略目标上，郑州航空港实验区定位为国际航空物流中心、内陆地区对外开放重要门户，河南自贸区定位为服务于“一带一路”建设的现代综合交通枢纽、全面改革开放试验田和内陆开放型经济示范区；在建设任务上，郑州航空港实验区重点推进的创新海关监管模式和进出口通关服务、加快口岸建设、开展金融创新、民航管理先行先试、建设内陆开放型航空港区等方面，与河南自贸区重点实施的创新通关监管机制、推进内陆口岸经济创新发展、深化金融领域开放创新、扩大航空服务对外开放、畅通国际交通物流通道等任务也都具有良好的结合点，这是两区能够实现联动发展的基本保障。例如，在金融改革方面，郑州航空港实验区融资服务平台机制，架构了以银行、风投、担保为主的金融服务网络，可以与自贸区的金融改革相辅相成；在郑州航空港实验区建设开发投资管理主体多元化，积累了大量的国资与民营、内资与外资混合运作的经验，可与自贸区投资领域的改革互为借鉴。

（二）优势互补是两区联动的基础

在发展资源禀赋方面，两区有较多互补点，这是两区联动发展的基础所在。从产业要素看，河南自贸区重点发展智能终端、生物医药等先进制造业以及现代物流、国际商贸、跨境电商、现代金融服务、服务外包、商务会展等现代服务业，而这些正是郑州航空港实验区的优势产业所在。例如，郑州航空港实验区是全球最大苹果手机生产基地，在富士康的带动下，郑州航空港实验区集聚了中兴、酷派、天宇、创维等众多知名手机生产企业，截至2021年底，郑州航空港实验区生产了全球1/7的智能手机，累计实现手机（非苹果）约8亿部，累计智能终端产值约1104亿元，区内智能终端（手机）产业园运营企业44家，其中规模以上企业26家、高创企业13家、上市公司10家①。2021年，郑州航空港实验区以手机智能终端为主的电子

① 高冬丽：《非凡十年出彩港区？丨从“一颗苹果”到“百果飘香”智能终端“郑州造”站在更高“坐标系”》，大象网，https：//www.hntv.tv/yc/article/1/1560240014464409601，2022年8月18日。

信息产业总产值达到 4110.5 亿元，增长 31.9%，占郑州市、河南省电子信息行业的比重分别达到 95%、79%，手机贸易企业实现销售额 353.3 亿元，同比增长 55.4%[①]。郑州航空港实验区临空生物医药产业园是河南省最大规模的生命科学与生物技术研发生产基地，用 5 年时间走完了行业龙头苏州生物医药产业园近 10 年的发展历程，已吸引上市公司东富龙、太龙药业以及源头创新药企鸿运华宁等几十家生物医药企业入驻，预计到 2025 年，园区产值将超 300 亿元[②]。郑州航空港实验区跨境电商产业连续第五年高速增长，2021 年，全区共完成跨境电商进出口单量 13366 万单，货值 146 亿元，增长 28.2%；2022 年 1—7 月，全区实现进出口 7116 万单，货值 82.5 亿元，特别是航空货运出口货值 18.2 亿元，增幅达 41.47%，实现逆势增长[③]。从开放创新模式看，河南自贸区的国际贸易窗口，可为郑州航空港实验区深入实施国际化发展战略提供便捷通道，例如，河南自贸区挂牌以来，就已向全省复制推广 47 项改革创新事项；郑州航空港实验区所拥有的创新体系、新兴产业和科技成果优势，也可成为河南自贸区拓展对外贸易的“后台”资源。

（三）空间相近是两区联动的轴心

河南自贸试验区实施范围 119.77 平方公里，其中郑州片区 73.17 平方公里，虽然与郑州航空港实验区没有空间重叠区域，但两者地理上较为相近，特别是郑州航空港实验区已被列为河南自贸区郑州片区的协同实践区域[④]，并且提出“争取将郑州航空港经济综合实验区部

---

① 资料来源于 2022 年 1 月 30 日郑州航空港实验区管委会发布的《航空港实验区交上经济发展“成绩单”》报告，详情参见郑州航空港实验区管委会网站，https://public.zzhkgq.gov.cn/D07X/6380507.jhtml.

② 资料来源于 2022 年 8 月 18 日郑州航空港实验区管委会发布的《抢滩千亿新赛道郑州航空港区崛起生物医药产业新高地》的新闻，详情参见郑州航空港实验区管委会网站，https://www.zzhkgq.gov.cn/mtgz/6644339.jhtml.

③ 资料来源于 2022 年 8 月 4 日河南省人民政府新闻办公室召开的新闻发布会，详情参见河南省人民政府网站，https://www.henan.gov.cn/2022/08-04/2554893.html.

④ 资料来源于《中国（河南）自由贸易试验区建设领导小组办公室关于印发中国（河南）自由贸易试验区郑州片区实施方案的通知》（豫自贸办〔2017〕15 号）。

分区域纳入自贸试验区”①，这都将为两区联动发展提供一个核心平台和轴心。

二 郑州航空港实验区与河南自贸区联动发展的模式构建

（一）区域治理联动

河南自贸区主管部门为河南省商务厅，郑州航空港实验区主要牵头人为河南省发改委，构建两区协同治理机制将更有利于发挥双方各自的政策优势与行政管理特色。通过发掘两区在经济、社会等领域的共性，实现特色政策或管理模式的共建共享，使某一区域探索的先进经验能够及时应用于另一区域，缩短从政策制定到政策落实的时间成本，及时厘清分析两区联动发展中可能遇到的困难与矛盾，提升整个区域的治理效率。

此外，河南自贸区与郑州航空港实验区均为特殊功能区，均被赋予了一定程度的行政自主权，应根据各自特色探索区域治理联动新模式。区域治理联动创新要注意紧密结合科技发展和时代需要，高效灵活运用各类高新技术手段；要充分利用大数据等先进技术，分类整合两区数据信息，构建大数据共享、管理平台，把政务管理流程、制度要求、优惠政策、实施细则、负面清单等各类信息均纳入平台中实施统一管理；要着力打造新型无人化办公模式，利用大数据管理平台逐渐消除因人为干预所带来的办事流程烦琐、管理效率低下等问题；要提升大数据管理模式与流程公开化、透明化程度，增强行政管理部门间联动效率，提高经济调控、市场运行监管、社会管理和公共服务等各领域的治理水平，强化两区治理联动的有效性。

（二）负面清单管理联动

河南自贸区与郑州航空港实验区都推行了负面清单管理制度，但所涉及的产业与准入细则有所差异。两区域可以此为抓手，共同探索创新负面清单管理联动，使负面清单管理更加便利化。可从以下两方面入手：一是构建全新的联合负面清单。针对河南自贸区与郑州航空

① 资料来源于《郑州市人民政府办公厅关于印发中国（河南）自由贸易试验区郑州片区三年行动计划（2019—2021 年）的通知》（郑政办〔2019〕42 号）。

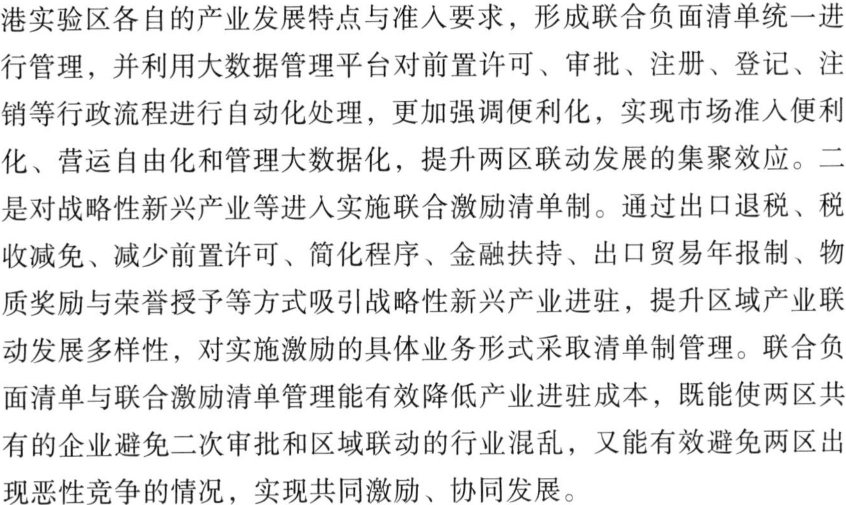

港实验区各自的产业发展特点与准入要求，形成联合负面清单统一进行管理，并利用大数据管理平台对前置许可、审批、注册、登记、注销等行政流程进行自动化处理，更加强调便利化，实现市场准入便利化、营运自由化和管理大数据化，提升两区联动发展的集聚效应。二是对战略性新兴产业等进入实施联合激励清单制。通过出口退税、税收减免、减少前置许可、简化程序、金融扶持、出口贸易年报制、物质奖励与荣誉授予等方式吸引战略性新兴产业进驻，提升区域产业联动发展多样性，对实施激励的具体业务形式采取清单制管理。联合负面清单与联合激励清单管理能有效降低产业进驻成本，既能使两区共有的企业避免二次审批和区域联动的行业混乱，又能有效避免两区出现恶性竞争的情况，实现共同激励、协同发展。

（三）产业联动

主要涉及产业政策、产业链布局、产业资金流动等方面的联动。河南自贸区与郑州航空港实验区在核心产业上存在较多的相似性，如都特别注重智能终端、高端装备、生物医药等高端制造业以及现代物流、跨境电商等现代服务业的发展；同时，两区在核心产业上也存在一定的差异性，如郑州航空港实验区首要需发展航空运输业。因此，两区产业联动需形成梯度联动与差异化联动协同的新模式。通过合理分工、联动发展，构建相互协作的产业链，实现河南自贸区与郑州航空港实验区产业的有机衔接，并通过搭建人才、技术、资本、数据、研发等一体化发展平台，打破两区产业发展阻隔，推动各类要素在两区间平等自由流动，培育更为成熟稳定的区间产业链，从而提高两区产业整体竞争力，共同培育更具市场竞争力的区域主导产业集群。

（四）平台联动

主要包括港口物流平台、海关管理平台、政务平台、信息平台等联动发展。空港、陆港物流平台的联动有利于实现国际国内贸易物流更高效运行；海关管理平台的联动能为跨区报关通关提供更便利的条件；信息平台的联动能有效降低信息搜寻、分类、过滤及处理成本，促进信息在两区间的高效迅速流动，通过信息及时共享降低因信息滞后所可能造成的联动低效率，实现河南自贸区和郑州航空港实验区的高效协同；政务平台的联动能有效利用大数据资源推动信息跨区域共享，有利于精简审批流程、提升政务运行效能，营造更加优良的营商环境，提升区域整体对外招商吸引力。

三　郑州航空港实验区与河南自贸区联动发展的实现路径

（一）将郑州航空港实验区部分区域纳入河南自贸区

借鉴上海将张江高科技园区和临港经济区扩容为自贸区的经验，将郑州航空港实验区部分区域扩容到河南自贸区的范围里，或以郑州航空港实验区为依托，申请设立自由贸易港。此外，在河南自贸区郑州片区的郑东新区区块建设龙湖金融岛、中原科技城、河南卢森堡中心等“双区联动”示范区，利用该区域的金融集聚和大量楼宇办公的资源条件，促进中原城市群、中部地区乃至国际上的一些科技创新资源、人才资源、金融资源、航空资源到该片区集聚，从而逐步在该片区形成强有力的科技、金融力量，进而形成高度开放的具有国际影响力的“双区联动”示范区。

河南自贸区与郑州航空港实验区联动发展的过程，也是两区间相互分工、相互补充、相互配合的良性运行过程。两区要牢固树立和谐共融的核心理念，探索打造区域联动发展新模式，以实现高质量发展为主要目标，不断提升两区对更大区域的示范带动作用。要平衡好市场和政府在两区联动发展中的地位和作用，将“有效市场”与“有为政府”有机结合，突出服务型政府为市场服务的功能，将权力下放市场，充分发挥市场在资源配置中的决定性作用。要加快转变政府职能，创新两区联动发展体制机制，注重长远发展，基于两区发展规律和趋势，及时更新政策措施。要优化顶层设计，循序渐进、稳步发展，并在此基础上力求实现创新突破。要打造以企业为主、政府为辅、多种高端要素聚集、各方优势充分发挥的联动平台，培育高效互动的产业生态圈，形成能在更大范围内应用推广的联动发展新模式。

（二）以河南自贸区的改革理念推动郑州航空港实验区建设

改革创新是自贸区的核心理念。河南自贸区自挂牌以来，大力推动简政放权、放管结合，不断优化服务质量，积极探索对接国际贸易规则，营造国际化、法治化的营商环境，有效促进了河南公平开放、竞争有序的现代市场体系的构建。在推进河南自贸区和郑州航空港实验区联动发展中，要特别注意践行自贸区的改革创新理念，科学处理政府与市场的关系，转变政府职能，着力消除一切制约制度创新的障碍，最大限度激发创新与开放所蕴藏的巨大潜能。要以河南自贸区的制度创新推动郑州航空港实验区的科技创新、产业创新、体制机制创新，实现多方创新功能的深度叠加和有机融合。

在全球化不断深化的背景下，企业创新活动也日益国际化。河南自贸区所重点探索的服务业扩大开放、贸易与金融监管创新等政策安排，能为郑州航空港实验区的体制机制创新与科技创新提供更便利的政策环境。例如，河南自贸区所实施的外商投资负面清单管理模式，能更好地吸引相关境外研究机构、研发型企业落户郑州航空港实验区；河南自贸区支持企业“走出去”的政策措施，能为郑州航空港实验区企业参与国际合作与交流、并购国外优质企业等提供良好的借鉴。河南自贸区实行的“先进区、后报关”等海关监管制度，实施的“一次申报、一次查验、一次放行”的便利措施，国际贸易“单一窗口”建设等，与郑州航空港实验区海关监管与通关措施要求一致，相互促进，能有效节约通关时间、提升通关效率，使相关企业更好地开展跨境业务。河南自贸区实行的金融制度创新与开放政策，探索实施的企业开展境外人民币借款等业务，与郑州航空港实验区金融业务发展探索互为支撑，有利于降低企业融资成本，有效拓宽两区内企业的融资渠道。

除此之外，要注意以郑州航空港实验区的政策需求为导向，倒逼河南自贸区进行制度创新。郑州航空港实验区位居河南“三区一群”建设之首，在科技创新、现代产业体系构建、产城融合等方面整体上正面临着各种瓶颈，亟须加快探索各项新的制度安排。河南自贸区作为新一轮改革开放的“试验田”，要以郑州航空港实验区建设的政策需要为导向，加快制度创新，加快形成一批可复制可推广的成功经验，为郑州航空港实验区的建设提供支撑。

（三）强化两区产业集群发展与要素供给联动

要加强对产业集群建设引导联动。建立完善的两区产业发展评价体系，为符合两区发展要求的产业提供更大力度的优惠政策，激励两区产业在竞争中加强合作，推动现有产业集群持续优化升级。实施龙头企业带动能力提升工程，有效发挥龙头企业的“领头羊”作用，不断延伸产业链条，使龙头企业在各自领域内成为拉动中小企业快速成长的引擎。要提升两区企业间材料供应、产出和销售等多方协作能力，提高产业整体集群化水平和对外核心竞争力。强化两区内外产业集群交流合作，有效发挥两区创新与开放优势，吸收国内外先进产业集群成功经验，基于两区发展实际，构建国际物流、高端制造、跨境商务等产业集群，推动优秀产业集群“走出去”。

要强化创新、人才、金融等要素供给联动。构建产学研创新联盟体系，鼓励两区高新技术企业、科研机构等组建创新战略联盟，支持两区共建创新中心，寻求政府与社会企业等多方资源支持，开展科研创新活动。利用郑州大学、河南大学等省内优秀高校与科研机构技术资源，联合企业共同攻关制约区内主导产业发展的关键技术。推动创新资源向企业研发机构汇聚，鼓励科研人员在两区及企业间双向流动，赋予科研机构更大的自主权，推动创新成果更快更好地转化。要深化人才体制机制改革，促进人才自由流动和资源共享，构建两区一体化人才信息库，搭建高层次人才引进平台，打造人才集聚高地。要大力开展人才引进工作，采取更有力的激励政策吸引大学生来两区创业就业，与省内外优秀大专院校开展合作，为高校毕业生来两区创业提供技术咨询、资金补贴、减免场地租金等支持。以便利化为目标，努力提升人才公共服务质量，构建两区联动人才综合服务中心，推动两区人力资源服务产业发展，提升人力资源市场对外开放水平。要鼓励金融服务主体多元化发展，在两区内引进风险与创业投资、私募基金等多元投资机构，支持各类金融机构在两区内设立分支，为企业生产经营提供充足的资金支持和专业化金融服务。推动产业链金融服务模式创新，探索开展“1+N”（一家龙头企业+一批产业链上下游企业）综合授信、“投贷联动”以及产业链金融合作等金融服务新模式。

（四）尽快构建制度化的联动发展机制

河南自贸区与郑州航空港实验区要着力构建制度化的联动发展机

制。目前，实现两区在管理体制上的整体联动和协调仍存在较大难度。两区管理体制尚存在部门分割等体制机制障碍，导致两区难以很好地实现要素资源的集中共享，对政策的相互借鉴、落地执行等形成严重阻滞，限制了两区联动发展的合力。除此之外，两区管理体制在联动发展全面性方面也存在诸多缺陷，尚无法适应新发展阶段的需求，在某些领域存在“机制空白”，缺乏科学的前瞻性思考和协调布局。因此，两区要尽快构建起制度化的联动机制，在制度层面对两区联动发展的方向、模式、状态、保障等进行合理规划与引导，把联动的相关平台、运作流程、协商机制等尽可能制度化，使两区联动事务都能够实现依规章办理、依流程运行。要进行周密详细的规划设计，构建大数据管理平台，将两区市场准入要求、实施细则、运行规定清单与流程、区间连通网络设计等纳入大数据管理平台，各项事务均按照数据管理平台制度化运行。在联动机制具体运行过程中，要提升主管部门的监督作用，保证两区联动涉及的利益主体均能按照制度化流程办事，规避公职人员滥用职权、厂商不遵守规章制度等问题的出现。要积极探索以立法形式支持两区联动发展，全面贯彻落实《郑州航空港经济综合实验区条例》，尽快制定出台《中国（河南）自由贸易试验区条例》。要对现行的规章制度进行调整、修改，构建动态的法律法规调整体系，适用两区联动发展的要求。要探索形成“1+n”的法律协调机制，“1”是指法律条款，“n”是指在两区内实施的新政策措施，两区各职能部门要强化与法律部门的对接，及时反馈、沟通，确保法律先行、有法可依①。

---

① 汤凯：《河南自由贸易试验区与临空经济区联动发展研究》，载于王海杰《中国（河南）自由贸易试验区发展报告（2017—2020）》，经济管理出版社 2021 年版，第 225—234 页。

第六章

临空经济对区域经济高质量发展的影响

中国经济已由高速增长阶段转向高质量发展阶段。在基于国内发展形势、把握国际发展大势的基础上，中央进一步提出“加快构建以国内大循环为主体、国内国际双循环相互促进的新发展格局”，这进一步为中国经济高质量转型指明了方向。为探究临空经济是否会对我国区域经济高质量发展产生影响，本章将从区域发展规模、发展结构、发展动力和发展成果四个维度构建高质量发展评价体系，从航空客运、航空货运、飞机起降架次等方面构建临空经济发展评价体系。在此基础上，探究临空经济与区域经济高质量发展的耦合关系，并运用普通面板回归模型和分位数模型，实证检验临空经济对中国区域经济高质量发展的作用效果及其影响因素。

第一节　临空经济与区域发展全球耦合现象

从全球临空经济与区域发展的历史脉络与现实情况看，二者并非顺沿各自轨道而孤立发展，在特定范围内二者常在时间上相伴而生、空间上高度融合、速度上相互推拽，从而呈现出融合性发展的三维耦合现象①。

① 汤凯：《临空经济促进区域协调发展的机制研究》，中国社会科学出版社 2020 年版，第 41—45 页。

一　时间上相伴而生

从时间维度分析，以临空经济促进区域发展的实践最先出现在西方发达国家，并从 20 世纪 90 年代开始相继在一些工业化、城市化及对外开放水平较高的发展中国家或地区出现。临空经济的萌芽、成长会吸引大量的资金、技术、劳动力、信息、贸易等各类生产要素和企业在机场周边集聚，首先直接推动了机场周边区域经济发展，从而形成经济高度集中的临空经济区；随后伴随临空经济区的扩张蔓延，各类生产要素不断向外扩散，不断推动腹地城市以及更大范围内的区域经济的发展；而腹地城市能在更大空间吸引企业、生产要素在临空经济区汇聚，一方面会促进区域内临空经济的快速成长，另一方面也有利于临空经济发展环境的改善，从而构建良好的临空产业发展生态。因此，可以说临空经济与区域发展是相互依托和支撑、在时间上相互伴随和共同发展的。

二　空间上高度融合

从空间维度分析，临空经济与区域发展存在高度交叉的现象，往往临空经济较发达的地区其区域经济也较发达。

临空经济的形成与高端产业、对外贸易的发展密切相关，需要高度发达的区域经济支撑；区域经济发展也并非其区域范围内不同功能区的简单加总与物理式集聚，而是各子区域、各子经济系统间产业紧密关联、生产要素高速流动的自组织系统，需要临空经济提供引领。所以，在世界范围内，发达的临空经济区常位于对外开放和高端产业发展水平较高的区域。全球最大的五个航空大都市（伦敦、迪拜、东京、巴黎、新加坡）中有四个位于发达国家；全球排名第 6—10 位的航空大都市虽然都位于亚洲发展中经济体中，但是所在城市均为区域性经济中心，如中国北京市、上海市及香港特别行政区，泰国曼谷市，韩国仁川市等。图 6-1 显示了美国 50 大航空客运枢纽的分布情况，大部分分布于美国大西洋沿岸波士顿—华盛顿城市群、五大湖芝加哥—匹茨堡城市群、圣地亚哥—旧金山城市群等区域发展水平较高的城市群内，其临空经济与区域发展呈现出高度空间融合的现象。

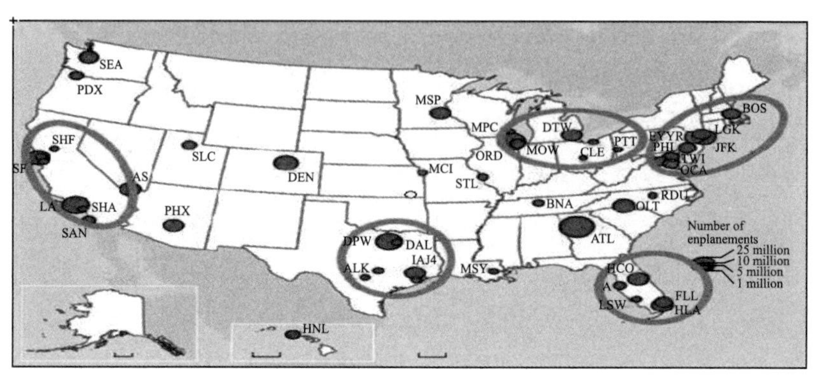

图 6-1　美国 50 大航空客运枢纽分布

资料来源：赵巍：《我国打造三大世界级机场群的机遇与挑战》，《中国民航报》2017 年 9 月 7 日第 1 版。

三　速度上相互推拽

从速度维度分析，临空经济与区域发展往往相互适应、相互促进，而且因为航空运输业具有高弹性特征，所以以航空运输业为核心的临空经济的增长速度一般快于区域经济。

西方发达国家临空经济发展起步较早，从 1959 年世界上第一个临空经济区——爱尔兰香农国际航空港自由贸易区建立至今已 60 余年，期间虽然各大临空经济区发展速度与区域经济常不一致，但是两者大体上表现出速度上相互协调的情况，当区域经济发展放缓时，临空经济发展速度也会减缓，且减缓幅度更大；当区域经济迅速增长时，临空经济也会迅速增长，且增长速度更大。空中客车公司的研究表明，世界航空客运周转量的增长变化明显受到区域经济危机的影响。在经济危机发生期间，客运周转量都呈现出不同程度的下降。但是，航空运输相比区域经济来说更具有弹性，能更快从衰退中恢复，例如 2008 年国际金融危机发生后，航空客运周转量受到明显冲击，但短暂性的下滑之后很快就能恢复增长态势，2008—2013 年客运周转量年均增长 5. 8%。除此之外，根据空客公司的测算，世界航空运输与实际 GDP 增长保持大致一致的上升或下降的变化趋势，但航空运输增长的波动幅度明显大于实际 GDP 的变动。整体而言，航空运输增长率大于实际 GDP 增长率，但随着时间的推移也呈现出不同的比例变化，以每十年的平均水平计算，1970—2015 年，航空运输量增长率与实际 GDP 增长率的比分别为 3. 1 倍、1. 9 倍、1. 8 倍、1. 4 倍和 2. 1 倍①。就中国而言（如图 6-2 所示），普遍认为航空需求与 GDP 增速之间存在明显的弹性关系，其弹性系数约为 1. 3—1. 5 倍。

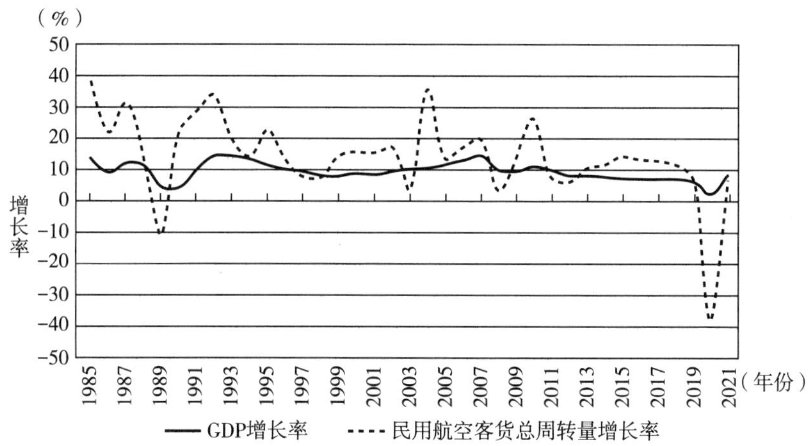

图 6-2　民用航空客货总周转量增长率与中国 GDP 增长率比较

资料来源：笔者整理绘制。

第二节　临空经济与区域经济高质量发展的耦合关系及跃升路径

提升临空经济与区域经济高质量发展的耦合度，对促进区域协调、形成区域发展新格局具有重要意义。但因制度背景约束与数据可得性限制，现有对临空经济与区域经济高质量发展二者关系的研究缺乏系统性、精确化。研究方法局限于运用投入产出法、经典回归法探

① 资料来源于空中客车公司（AIRBUS）发布的“Global Market Forecast-Flying by Numbers（2015-2034）”报告，详情参见空客公司网站，http：//www. airbus. com.

讨临空经济与区域发展间某一单向影响，缺乏二者间内在作用机制的互证，即存在循环论证的不足；研究单元侧重于单个临空经济区或空港城市，缺少宏观尺度的区域性对比；研究视角缺乏系统性，鲜有区域协调和高质量发展视角下对二者耦合发展的深入思考。故本节尝试从以下两方面进行拓展：第一，从二者互促模式探讨临空经济的增长效应，进而构建展现二者关系的新架构。第二，以系统耦合演进原理论证上述新架构，进而得出区域发展新格局视角下的新结论[①]。

一　模型构建与适宜性理论解析

耦合最初是物理学术语，指“两个或两个以上的系统或运动形式之间存在紧密配合与相互影响，并通过相互作用从一侧向另一侧传输能量的现象”[②]。近些年来，人文学者将其运用到社会经济系统的研究中，尤其是用来分析不同系统间的协同关系，并常能得到一些较为新颖的结论[③]。与传统实证研究相比，耦合实证分析侧重于以系统学思想来对不同变量间的协同变动关系进行衡量，而并非重点探讨变量间的因果关系。就本书研究而言，假若暂且不考虑因果关系的束缚，能否大胆地假设在“临空经济—区域经济高质量发展”系统中，临空经济与区域经济高质量发展两子系统间存在相互渗透、相互作用的耦合关系？

耦合主要涉及“发展”和“协调”两大内容：“发展”强调各系统由低级向高级、从简单到复杂的演进过程；“协调”强调不同系统间、系统内部不同要素间相互协同的水平。因此，系统间耦合关系蕴含着发展的“量增”以及协调的“质升”两大核心思想。在此两种思想下构建实证模型。

（一）耦合度测算模型构建

耦合所反映的发展与协调两种状态主要通过以下三个模型来

① 王海杰、汤凯：《临空经济与区域发展的耦合关系及跃升路径研究：基于新结构经济学视角》，载于林毅夫等《新结构经济学视角下区域经济高质量发展和产业升级》，格致出版社 2022 年版，第 331—355 页。

② 谢炳庚等：《耦合协调模型在“美丽中国”建设评价中的运用》，《经济地理》2016 年第 7 期。

③ 逯进、周惠民：《中国省域人力资本与经济增长耦合关系的实证分析》，《数量经济技术经济研究》2013 年第 9 期。

反映。

1. 系统发展模型

假设“临空经济—区域经济高质量发展”系统函数是严格的拟凹函数且规模报酬不变，在此假设基础上分别构建区域经济高质量发展、临空经济两个子系统发展指数测度模型。

区域经济高质量发展子系统发展指数：$s(y)=\sum_{j} a_j y_j$　　(6-1)

临空经济子系统发展指数：$q(x)=\sum_{j} b_j x_j$；　　(6-2)

其中，y_j、a_j 分别代表区域经济高质量发展指标及其相应权重；x_j、b_j 分别代表临空经济指标及其相应权重。

用 T 代表“临空经济—区域经济高质量发展”总系统发展度，即反映两个子系统所组合形成的总系统的发展水平，并假设其函数遵循柯布—道格拉斯生产函数形式，即：

$T=\lambda s(y)^{\theta} q(x)^{1-\theta}$　　(6-3)

其中，λ 为外生变量，θ、$1-\theta$ 分别表示区域经济高质量发展与临空经济子系统的产出弹性，反映两个子系统在总系统中的相对重要程度。利用式（6-3）可以定义由 $s(y)$、$q(x)$ 所构建形成的在二维平面坐标中的总系统等发展线，如图 6-3（a）所示。图 6-3（a）中 T_1、T_2、T_3，…分别表示不同水平的总系统等发展线，离坐标原点越远，其总系统发展水平越高，即 $T_1<T_2<T_3$；每一条总系统等发展水平线都是向右下方倾斜，即在保持总系统发展不变的前提下，临空经济与区域经济高质量发展存在一定替代关系，且边际替代率递减。

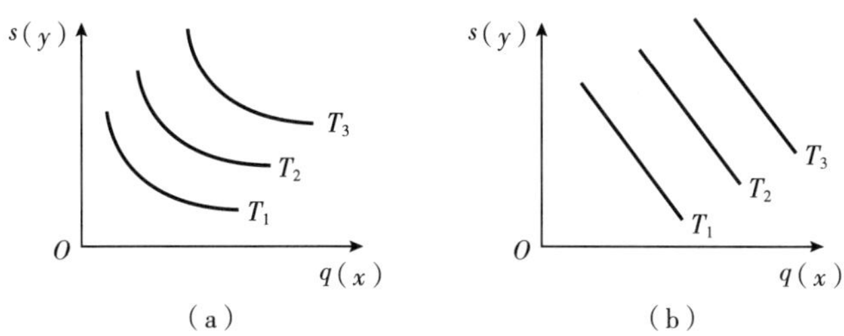

图 6-3　总系统发展度解析

资料来源：笔者绘制。

当然，总系统发展度的测算也可以采用线性生产函数的方式处理①②，即：

$$T=\alpha s(y)+\beta q(x) \tag{6-4}$$

其中，α、β 分别表示两个子系统在总系统中的相对重要程度。采用线性生产函数处理时，总系统等发展线在坐标系中表现为一条向右下方倾斜的直线，如图 6-3（b）所示，意味着临空经济与区域经济高质量发展之间的替代比例不变，两子系统间是完全的替代关系。

2. 系统协调模型

根据协调思想，$s(y)$ 与 $q(x)$ 的离差越小，则其协调性也就越好。因此，引入离差系数的概念并将其设定为：

$$C_v=\frac{2\sqrt{\frac{[s(y)-q(x)]^2}{2}}}{\frac{1}{2}[s(y)+q(x)]} \tag{6-5}$$

式（6-5）中 Cv 表示的是临空经济与区域经济高质量发展两个子系统的平均偏离程度，Cv 值越小，意味着两个子系统间的偏差越小，整个“临空经济—区域经济高质量发展”系统的协调性越好。尤其是当 $Cv=0$ 时，意味着 $s(y)=q(x)$，即临空经济、区域经济高质量发展两子系统的坐标点数列正好位于二维平面坐标 45°射线上，如图 6-4（a）所示。射线上方表示的是 $q(x)<s(y)$ 的点的集合，即相对于临空经济而言区域经济高质量发展子系统偏离较大；射线下方表示的 $q(x)>s(y)$ 的点的集合，即相对于区域经济高质量发展而言临空经济子系统偏离较大。E 点位于从原点出发的 45°射线 OO' 上，在该点上离差系数 $Cv=0$，即 $q(x)=s(y)$，两子系统发展同步，处于最优协调状态；E' 点位于 OO' 上方的 AA' 线上，在该点处 $Cv\neq0$ 且 $q(x)<s(y)$，意味着两个子系统处于不协调状态，相对于临空经济子系统而言，区

① 廖重斌：《环境与经济协调发展的定量评判及其分类体系——以珠江三角洲城市群为例》，《热带地理》1999 年第 2 期。

② 逯进等：《中国区域能源、经济与环境耦合的动态演化》，《中国人口·资源与环境》2017 年第 2 期。

域经济高质量发展子系统发展水平更高、速度更快，其偏离程度可用线段 EE' 表示；E'' 点位于 OO' 下方的 BB' 线上，在该点处 $Cv\neq0$ 且 $q(x)>s(y)$，也表示两子系统处于不协调状态，相对于区域经济高质量发展子系统而言，临空经济子系统发展水平更高、速度更快，其偏离程度可用线段 EE'' 表示。

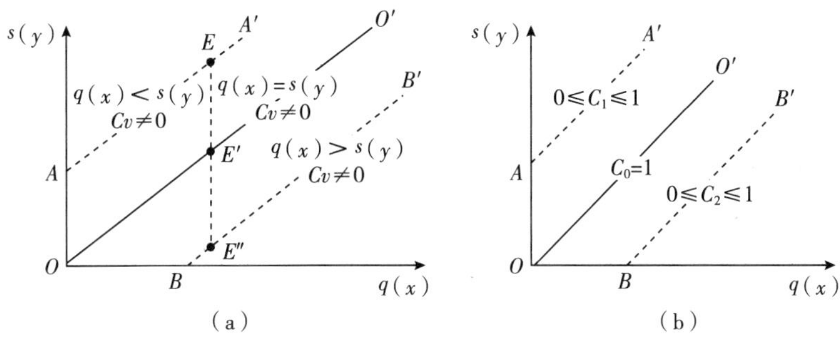

图 6-4　协调度图形解析

资料来源：笔者绘制。

为了更好显示系统协调度特点且使不同研究对象的“临空经济—区域经济高质量发展”系统具有可比性，对式（6-5）进行一定程度的变形将其转化为：

$$C_v=\sqrt{2(1-C)}\text{，其中，}0\leqslant C\leqslant 1\text{ 且 }C=\frac{4s(y)q(x)}{[s(y)+q(x)]^2} \tag{6-6}$$

一般把式（6-6）定义为系统的协调度，用于描述子系统间的协同状况，也能反映子系统间由无序向有序发展的趋势状态，可以看出 Cv 越小越好等价于 C 越大越好。如图 6-4（b）所示，AA'、OO'、BB' 三条斜率为 1 的射线代表着三个不同的协调度，其中，每一条射线上协调度相同，由原点出发的 OO' 射线代表最优协调度（$Cv=0$，$C=1$），若 AA'、BB' 射线关于最优协调线 OO' 线对称，则 AA'、BB' 两射线协调度相同（$C_1=C_2$）。

3. 系统耦合模型

耦合是对系统间发展、协调形态的综合反映，而上述系统发展模型或系统协调模型都无法反映耦合的“质升”与“量增”的综合性要求：如果只注重发展的耦合，则有可能出现系统协调性偏低的情况，如图 6-5 所示，*F* 点、*E* 点虽然处于同一条等发展线上，但是 *F* 点的协调度明显低于 *E* 点，即在 *F* 点临空经济与区域经济高质量发展存在一定程度的偏离，两个子系统间的配合情况较差，难以反映耦合“质升”的演进要求；如果仅强调协调的耦合，则有可能会出现“低发展陷阱”的虚假性、低水平的协调情况，如图 6-5 所示，*D* 点、*E* 点虽然都处于最优协调状态，但是 *E* 点位于更高的等发展线上，如果缺乏外力的推动，两系统发展可能陷入“低发展陷阱”，难以反映耦合“量增”的演进要求。

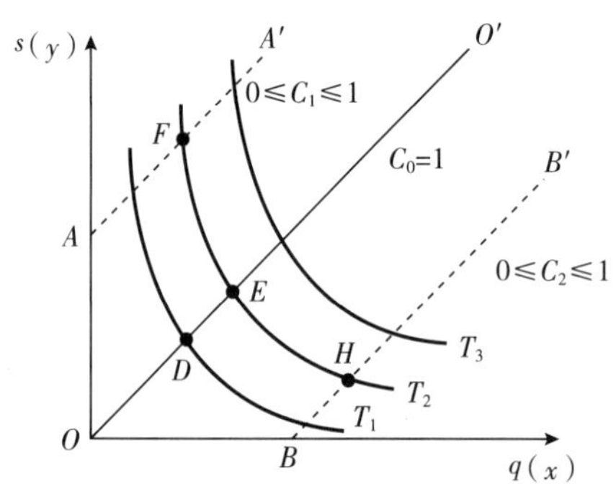

图 6-5　耦合度图形解析

资料来源：笔者绘制。

由此可见，协调线与等发展线的交点较为形象地刻画了系统的耦合状态，并且根据以上分析，*E* 点的耦合状态要高于 *F* 点、*H* 点和 *D* 点。所以，系统耦合度的测度应该能够综合反映出系统“发展”和“协调”两大维度，鉴于此，本书将耦合度设定为：

$$D = \sqrt{C \cdot T} \tag{6-7}$$

其中，*D* 表示系统的耦合度；*C*、*T* 如式（6-4）、式（6-6），分别表示系统的协调度、发展度。系统耦合度模型表达形式较为简单，但有效综合了临空经济与区域经济高质量发展的协调情况 C 和发展情况 T，与单一的协调度模型或发展度模型相比，其稳定性、适应性更强。根据耦合度 D 的大小可把临空经济与区域经济高质量发展的耦合状态划分为 2 种类型、10 个层次，判断标准如表 6-1 所示。

表 6-1　　临空经济与区域经济高质量发展耦合类型及划分标准

失调衰退类		协调发展类	
耦合度（D 值）	层次	耦合度（D 值）	层次
0.01—0.10	极度失调衰退	0.51—0.60	勉强协调发展
0.11—0.20	重度失调衰退	0.61—0.70	初级协调发展
0.21—0.30	中度失调衰退	0.71—0.80	中级协调发展
0.31—0.40	轻度失调衰退	0.81—0.90	良好协调发展
0.41—0.50	濒临失调衰退	0.91—1.00	优质协调发展

资料来源：逯进、周惠民：《中国省域人力资本与经济增长耦合关系的实证分析》，《数量经济技术经济研究》2013 年第 9 期。

（二）适宜性分析

上文探讨了系统耦合所蕴含的内容以及作用机制，且利用图 6-5 对不同点的耦合情况进行了静态比较分析。那么，对于较低水平耦合点而言（如 D 点）如何才能实现向更高水平耦合点（如 E 点）的跃升呢？本部分利用适宜性理论对此问题展开讨论。

国内外学者在研究发展中国家经济赶超战略时，发现“根据西方主流理论指导转型和发展的国家并不成功，而少数成功国家的转型和发展道路却违背了西方主流的经济理论”①，主流经济学理论认为发展中国家同发达国家之间的差距会不断缩减，但是现实情况却与之相

① 林毅夫：《照搬西方主流经济理论是行不通的》，《学习月刊》2017 年第 1 期。

反，两者间仿佛存在“难以逾越的鸿沟”①。理论的适用性取决于条件的相似性，所以，一些学者从经济发展政策的适宜性角度进行深入探讨，认为发展中国家与发达国家间具有不同的要素禀赋结构，只有产业和技术结构的变化与要素禀赋、基础设施、制度安排相适宜，经济体才有可能实现长期可持续性的、包容性的发展，而且这种经济发展并不是“非黑即白”“非穷即富”，而是一种连续的、非线性的动态发展过程，需要有效的市场、有为的政府在产业升级以及基础设施改善中发挥积极的作用②。

将上述思路引入本书中，可以认为临空经济与区域经济高质量发展系统若想走出低水平耦合陷阱从而实现耦合的协调演进，应该采取与各子系统组合相适宜的耦合跃升路径，那么该怎样选择呢？

图6-6显示了临空经济与区域经济高质量发展所可能的耦合跃升模式。观察可知，点 A、B、C、D、E、F 协调度相同且处于最优的协调状态，但是其发展度呈不断上升趋势，因此两系统的耦合度也逐渐增加。这反映了系统耦合模式的演进路径总貌，但其演进过程并非一蹴而就。

首先，假设某个落后区域临空经济与区域经济高质量发展初始耦合点为发展度较低的 A 点，然后该区域开始大力实施区域经济高质量发展政策，并有效地将耦合点由 A 点推进跃升至 G 点，这意味着这段时间区域经济高质量发展得到了快速增长，但是临空经济增长相对缓慢，从而使临空经济与区域经济高质量发展出现了失调。当然，需要强调的是从 A 点跃升至 G 点意味着单纯只是区域经济高质量发展增长

① 例如，流行于“第二次世界大战”后至20世纪80年代的结构主义认为，发展中国家应实施“进口替代战略”“重工业优先发展战略”，而实行这一战略的发展中国家大部分在前期投资拉动下出现短暂快速增长后便陷入了长期的停滞、危机的境地，同发达国家间的差距不断扩大；20世纪80年代开始流行的新自由主义认为发展中国家应遵循“华盛顿共识”，以“休克疗法”推行私有化、市场化、自由化，建立像发达国家那样完善的市场经济体制，但这一思想推行的结果是使大部分发展中国家出现了经济停滞、金融危机，经济增速比推行结构主义的六七十年代更慢、危机也更为频繁，甚至面临崩溃，一些经济学家将实施华盛顿共识改革的八九十年代称之为发展中国家“遗失的二十年”。

② 林毅夫：《产业政策与我国经济的发展：新结构经济学的视角》，《复旦学报》（社会科学版）2017年第2期。

而临空经济发展水平不变，这种假设纯粹是为了分析上的方便，实际上临空经济也会出现一定程度的增长，只是增长的速度有可能会慢于区域经济高质量发展，意味着跃升点有可能是落在 G 点与 B 点之间的曲线上。

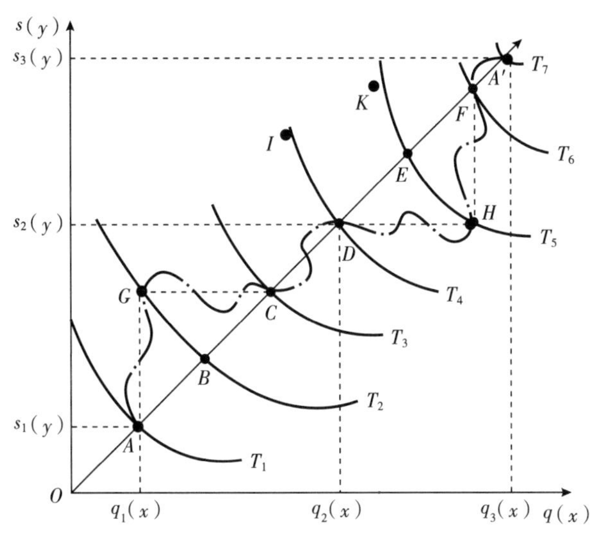

图 6-6　适宜性耦合跃升路径解析

资料来源：笔者绘制。

其次，区域经济高质量发展为临空经济的增长提供了丰富的物质保障，同时对交通等硬件基础设施、制度环境等提出更高需求，推动地方政府加强机场等交通基础设施建设，进一步扩大开放、发展对外贸易、改善营商环境。在这种情况下，临空经济会得到快速发展，可有效将耦合点由 G 点推升至 C 点。临空经济的提升会不断促进区域禀赋结构升级、产业结构优化、对外开放度提升等，从而使区域经济高质量发展获得新的内生动能，实现新一轮的增长，与此同时也进一步拉动临空经济的发展，使两系统呈现协调发展的演进态势，推动耦合点从 C 点跃升至 D 点。

最后，到达 D 点以后，假设此时区域经济高质量发展刺激政策已全面实施，各种制度红利已完全发挥，前期临空经济发展所引致的区域经济高质量发展增长动能已经消失殆尽，临空经济与区域经济高质量发展更进一步的耦合发展必须寻求新的刺激点。如果此时该区域能够强化发展临空经济的投入力度，完善以航空运输为主导的综合交通体系建设，增强区域科技创新能力，更注重高附加值临空指向型产业的培育，将会推动耦合点从 D 点跃升至 H 点。随后具有极高带动、辐射作用的临空经济将成为区域经济高质量发展的又一新的动能，推动区域经济高质量发展持续性演进，耦合点从 H 点跃升至 E 点，并最终会再一次推动“临空经济—区域经济高质量发展”系统朝着更高层次、更优质的耦合水平跃升，如从 E 点到 F 点。长期来说上述演进过程若能持续，就能够保证临空经济与区域经济高质量发展在相互促进的作用下实现良性耦合发展。

综合以上分析，将点 A、G、C、D、H 等用虚线 AA' 串接起来，可以看出在整个耦合点的跃升进程中，两系统间的协调度是动态变化的，虽然波动方向、幅度不一，但其长期趋势则是顺延最优协调曲线向上跃升，整体上呈现出协调发展的演进形态。与此同时，进一步根据主导力量的差异把整个耦合点的演进过程划分为 $q_1(x)—q_2(x)$、$q_2(x)—q_3(x)$ 两个阶段，来演绎两种相异的耦合演进模式[①]。前一阶段是以区域经济高质量发展子系统为主导的、强调区域经济高质量发展对临空经济支撑作用的欠发达阶段；后一阶段是以临空经济子系统为主导的、强调临空经济对区域经济高质量发展辐射带动作用的发达阶段。其中，D 点是耦合水平从欠发达向发达阶段跃升的“门槛点”，C 点、E 点分别是临空经济的集聚、辐射能力的“门槛点”。

二　指标体系构建与数据处理

（一）指标体系结构

“临空经济—区域经济高质量发展”耦合系统是两者相互作用而形成的具有特定结构和功能的自组织系统，涉及产业、人口、生态环

---

① 欠发达与发达两阶段的划分只是为了简化分析，实际上每个阶段的内部都有着更多的波动阶段。

境、空间布局等多方面，且两者间关系性质及测评过程复杂，故要从中提炼出主要因素，搭建一个能够科学反映二者耦合水平的指标体系，具有极大的难度。遵循科学性、可操作性、代表性等原则，把系统耦合理念贯穿于指标体系构建中，采用频度统计法、理论分析法筛选出最重要的指标，力求构建的指标体系具备描述、解释、评价、预测、预警功能，科学反映“临空经济—区域经济高质量发展”系统耦合状况、刻画两者耦合的要素优化组合本质、体现两者耦合动态进程。最终构建了临空经济与区域经济高质量发展两个子系统、8 个系统要素、14 个代表指标的指标体系（见表 6-2），具体说明如下。

表 6-2“临空经济—区域经济高质量发展”耦合系统指标体系及权重

<table>
<tr><th>目标</th><th>子系统</th><th>维度</th><th>系统要素</th><th>指标</th><th>单位</th><th>权重</th><th>属性</th></tr>
<tr><td rowspan="14">临空经济与区域经济高质量发展耦合关系评价</td><td rowspan="8">区域经济高质量发展子系统</td><td rowspan="2">发展规模</td><td rowspan="2">经济增长</td><td>地区生产总值（Y_1）</td><td>亿元</td><td>0. 167</td><td>正</td></tr>
<tr><td>地区生产总值增速（Y_2）</td><td>%</td><td>0. 034</td><td>正</td></tr>
<tr><td rowspan="2">发展结构</td><td rowspan="2">产业结构</td><td>第一产业增加值占 GDP 的比重（Y_3）</td><td>%</td><td>0. 079</td><td>负</td></tr>
<tr><td>社会消费品零售总额占 GDP 的比重（Y_4）</td><td>%</td><td>0. 161</td><td>正</td></tr>
<tr><td rowspan="2">发展动力</td><td rowspan="2">支撑能力</td><td>固定资产投资额（Y_5）</td><td>亿元</td><td>0. 139</td><td>正</td></tr>
<tr><td>公共财政收入（Y_6）</td><td>亿元</td><td>0. 175</td><td>正</td></tr>
<tr><td rowspan="2">发展成果</td><td rowspan="2">富裕程度</td><td>人均地区生产总值（Y_7）</td><td>元</td><td>0. 156</td><td>正</td></tr>
<tr><td>在岗职工平均工资（Y_8）</td><td>元</td><td>0. 089</td><td>正</td></tr>
<tr><td rowspan="6">临空经济子系统</td><td rowspan="3">规模水平</td><td rowspan="3">航空运输业规模</td><td>航空客运量（X_1）</td><td>人次</td><td>0. 257</td><td>正</td></tr>
<tr><td>航空货运量（X_2）</td><td>吨</td><td>0. 388</td><td>正</td></tr>
<tr><td>飞机起降架次（X_3）</td><td>架</td><td>0. 103</td><td>正</td></tr>
<tr><td rowspan="3">增长速度</td><td rowspan="3">航空运输业规模</td><td>航空客运量增速（X_4）</td><td>%</td><td>0. 077</td><td>正</td></tr>
<tr><td>航空货运量增速（X_5）</td><td>%</td><td>0. 111</td><td>正</td></tr>
<tr><td>飞机起降架次增速（X_6）</td><td>%</td><td>0. 064</td><td>正</td></tr>
</table>

资料来源：笔者绘制。

1. 区域经济高质量发展指标体系构建

以 GDP 为核心的政绩考核体系是驱动中国经济高速增长的重要

原因[①]，但这种粗放的发展方式是以生态环境破坏、经济结构失衡等为代价的。随着中国经济进入新的发展阶段，不应再继续沿用原先的以数量型为主的考核体系，而需构建新的质量型考核体系。高质量发展，是指能够更好地满足人民不断增长的真实需要的经济发展方式、结构和动力状态[②]。区域经济高质量发展要基于区域要素禀赋的比较优势，从差异化的功能定位为出发点，以实现区域间综合效益等值化为目标。中国地域辽阔，不同的地域单元其经济高质量发展路径千差万别，但实现区域经济高质量发展的目标是相同的。因此，科学评估区域经济高质量发展，要充分考虑区域特色以及高质量发展的目标要求，要将投入性指标和产出性指标均纳入评估框架中。基于此，本书从发展规模、发展结构、发展动力和发展成果四个维度构建了区域经济高质量发展的评估体系，其中，发展动力是区域经济高质量发展的支撑，发展结构和发展规模是区域经济高质量发展的着力点，发展成果是区域经济社会发展的结果体现，这四大维度要素相互影响、相互制约，共同影响区域经济高质量发展目标的实现。其中，借鉴吴玉鸣和张燕[③]、余洁[④]等学者的研究，选择机场所属地级及以上空港城市以下经济指标表征：用地区生产总值（GDP）、GDP 增长率等反映经济增长的指标来综合代表区域发展规模；用第一产业占 GDP 的比重、社会消费品零售总额占 GDP 的比重等反映产业结构的指标来综合代表区域发展结构；用固定资产投资额、公共财政收入反映区域经济高质量发展的推动、支撑能力；用人均 GDP、在岗职工平均工资反映区域经济高质量发展的效益和整体生活水平。

2. 临空经济指标体系构建

临空经济在中国起步较晚且发展尚不成熟，在统计上尚未有专门

① 郭芸等：《我国区域经济高质量发展的实际测度与时空演变特征研究》，《数量经济技术经济研究》2020 年第 10 期。

② 金碚：《关于“高质量发展”的经济学研究》，《中国工业经济》2018 年第 4 期。

③ 吴玉鸣、张燕：《中国区域经济增长与环境的耦合协调发展研究》，《资源科学》2008 年第 1 期。

④ 余洁：《山东省旅游产业与区域经济协调度评价与优化》，《中国人口·资源与环境》2014 年第 4 期。

的数据资料，从而为其指标体系构建带来极大困难。因航空运输业是临空经济的核心，其典型的时效性、易达性和产业带动性特征能深刻反映临空经济的发展特点，同时临空经济的发展结果最终也都会体现在航空运输业的发展上[①]，故学术界多采用航空运输业相关指标如航空客、货运吞吐量、周转量、飞机起降架次以及相应的增长率等来表征临空经济[②]，本书选取航空运输业三大核心指标即航空旅客吞吐量、航空货邮吞吐量、飞机起降架次来表征临空经济发展规模，并用相应的增长率来表征临空经济发展速度。

需要再次强调的是，作为一个新的经济概念，临空经济所蕴含的内容远大于航空运输，就产业方面而言除了航空运输业以外，还应包括受航空运输吸引聚集于“机场附近区域”的航空关联产业、引致产业等。但“机场附近区域”是一个较为模糊的地域概念，难以对其空间范围做严格界定，从而带来操作上的极大困难；同时，航空关联产业、引致产业发展情况最终都能通过航空运输量来反映。因此，仅用航空运输三大指标及其相应的增长率来表征临空经济虽然显得相对单薄，但在一定程度上满足了指标体系构建的原则和功能要求，是立足于当前统计体系下的一个较为理想的选择。除此之外，机场的硬件设施情况如停机坪数量、航站楼面积、跑道数量等也是反映临空经济发展水平的重要因素，但是机场的迁建、修建、扩建等工程极为浩大，一般而言均需较长建设周期，在短期内常难有显著改变，从而无法在时间序列中凸显其作用，因此并未选取机场硬件设施等相关方面指标。

（二）样本选择与资料来源

以机场所在的地级及以上空港城市为腹地样本城市，共选取样本35个，主要是：中国大陆22个省的省会城市、4个直辖市、4个自治

---

① 例如，学术界对临空产业的层次划分是以各产业对航空运输的依附程度为依据、对临空经济影响的量化研究主要通过每百万航空客运量的影响来测度、对临空经济发展阶段的界定主要是以航空客运吞吐量为划分标准。

② 沈丹阳、曹允春：《临空经济区经济效率评价与提高策略研究》，《技术经济与管理研究》2014年第2期。

区首府城市（西藏自治区因数据缺失严重，故未计入样本）；根据2015年国家发改委发布的《关于临空经济示范区建设发展的指导意见》中对临空经济示范区的设定标准，2015年机场客流量达到1000万人次以上或货运量在10万吨以上的5个机场所在地级城市也被选为样本①；样本城市机场2015年旅客吞吐量、货邮吞吐量分别占到了全国所有空港城市机场的86.3%和94.8%，且其分布在全国各个省、区、市（除西藏自治区），所以样本具有极强的整体代表性。时间起点为机场属地化改革全部完成的2004年，区间为2004—2018年，最终采集原始样本数据共7350个。

区域经济高质量发展指标数据主要来源于历年《中国城市统计年鉴》与《中国区域经济统计年鉴》，少数城市缺失的部分数据，通过查阅其相关年份的《国民经济与社会发展统计公报》进行补全，仍无法搜集到的数据通过线性插值法进行补齐；临空经济指标资料来源于2005—2019年《从统计看民航》。考虑到价格变化的影响，为保证实证研究的科学性并强化政策指导意义，本书利用环比指数乘积等于同比指数的方式将所有年份居民消费价格指数统一换算为以2004年为基期的居民消费价格指数，然后利用该指数把指标体系中有关名义“产值”“收入”“工资”等涉及价格因素的数据转换为以2004年为基期的实际值；用同样的方法换算商品零售价格指数、固定资产投资价格指数，并基于此分别把指标体系中社会消费品零售总额、全社会固定资产投资额换算成以2004年为基期的实际值。因国家统计部门尚未公布统一的地级城市居民消费价格指数、商品零售价格指数、固定资产投资指数，所以以其所在省区相应的指数代替并进行换算。

（三）评价指标数据标准化处理

因各指标数据具有不同量纲、数量级，故需进行标准化处理。本书运用Min-max法对原始数据进行标准化处理，具体方式为：

正向指标：$h_{tij}=\dfrac{x_{tij}-\min(x_j)}{\max(x_j)-\min(x_j)}$；逆向指标：$h_{tij}=\dfrac{\max(x_j)-x_{tij}}{\max(x_j)-\min(x_j)}$

① 这5个城市分别是大连、青岛、深圳、厦门、三亚。

其中，x_{tij} 表示的是第 t 年腹地 i 的第 j 项指标的原始量值，h_{tij} 表示第 t 年腹地 i 第 j 项指标经标准化后量值，max（x_j）表示第 j 项指标原始数据中的最大量值，min（x_j）表示第 j 项指标原始数据中的最小量值。通过这种标准化处理，有效地消除了各指标原始数据量纲，并将其数量级转化于（0，1）区间内。

（四）评价指标权重确定

主要采用熵值法确定各指标权重，并进行一定程度的调整。熵值法是一种通过判断指标离散程度来确定其权重的客观赋权法，基本原理是：指标信息量越大，不确定性就越小，其熵也就越小，相应的权重就越大。为便于进行不同时期的比较，引入时间变量改进熵值法，以使分析结果更加科学。熵值法确定指标权重主要步骤为[①]：

首先，将原始数据标准化处理为 h_{tij} 后，测算第 t 年腹地 i 第 j 项评价指标在此 j 项评价指标中的特征比重：$f_{tij}=h_{tij}/\sum_{t=1}^{k}\sum_{i=1}^{m}h_{tij}$，此处 $m=35$，$k=15$；为后续测度需要，将标准化后为 0 的 h_{tij} 统一赋值为 0.00001，因 $0<h_{tij}\leqslant 1$，故 $0<f_{tij}\leqslant 1$。其次，测算第 j 项指标的熵值：$e_j=-\ln(km)^{-1}\sum_{t=1}^{k}\sum_{i=1}^{m}f_{tij}\ln(f_{tij})$（$0\leqslant e_j\leqslant 1$）；并在熵值的基础上测算第 j 项指标的信息效用值：$D_j=1-e_j$（$0\leqslant D_j\leqslant 1$），信息效用值越大，表明指标反映的信息量也就越大。最后，测算出第 j 项指标的权重：$w_j=D_j/\sum_{j=1}^{n}D_j$。由以上测算过程可以看出，熵值 e_j 越小，信息效用值 D_j 越大，权重 w_j 也就越大。权重测度结果如表 6-2 所示。

三　实证结果分析

（一）区域经济高质量发展度分析

根据区域经济高质量发展系统指数计算公式，计算出的样本城市区域经济高质量发展指数如表 6-3 所示。

---

① 高友才、汤凯：《“丝绸之路经济带”节点城市竞争力测评及政策建议》，《经济学家》2016 年第 5 期。

表 6-3　　中国四大板块主要中心城市区域经济高质量发展指数

	年份 区域	2004年	2006年	2008年	2010年	2012年	2014年	2015年	2016年	2017年	2018年	均值
东部	上海	0.33	0.41	0.48	0.57	0.62	0.70	0.75	0.80	0.86	0.91	0.61
	北京	0.25	0.35	0.41	0.52	0.60	0.69	0.75	0.80	0.85	0.91	0.57
	天津	0.18	0.23	0.29	0.39	0.47	0.57	0.61	0.66	0.69	0.71	0.44
	深圳	0.22	0.37	0.40	0.45	0.50	0.55	0.60	0.63	0.68	0.73	0.49
	广州	0.23	0.27	0.31	0.39	0.44	0.49	0.53	0.57	0.61	0.65	0.42
	杭州	0.18	0.21	0.23	0.28	0.31	0.37	0.40	0.43	0.46	0.50	0.31
	南京	0.17	0.20	0.22	0.27	0.32	0.37	0.38	0.41	0.44	0.47	0.30
	青岛	0.15	0.18	0.21	0.25	0.29	0.34	0.37	0.40	0.43	0.46	0.28
	济南	0.14	0.16	0.18	0.21	0.24	0.28	0.30	0.32	0.34	0.36	0.23
	福州	0.12	0.13	0.15	0.20	0.23	0.27	0.29	0.31	0.34	0.37	0.22
	厦门	0.14	0.18	0.19	0.22	0.24	0.26	0.27	0.29	0.32	0.34	0.23
	石家庄	0.11	0.12	0.14	0.18	0.20	0.23	0.25	0.27	0.28	0.30	0.19
	海口	0.09	0.10	0.11	0.13	0.13	0.14	0.15	0.16	0.18	0.19	0.13
	三亚	0.02	0.06	0.08	0.11	0.10	0.11	0.12	0.13	0.14	0.15	0.09
	均值	0.17	0.21	0.24	0.30	0.34	0.38	0.41	0.44	0.47	0.50	0.32
东北	大连	0.15	0.18	0.22	0.27	0.31	0.34	0.32	0.32	0.33	0.35	0.27
	沈阳	0.15	0.18	0.22	0.27	0.30	0.32	0.31	0.31	0.32	0.34	0.26
	长春	0.11	0.13	0.16	0.19	0.22	0.24	0.26	0.27	0.29	0.30	0.20
	哈尔滨	0.10	0.12	0.14	0.19	0.21	0.23	0.25	0.26	0.28	0.29	0.19
	均值	0.13	0.15	0.19	0.23	0.26	0.28	0.28	0.29	0.30	0.32	0.23
中部	武汉	0.14	0.17	0.20	0.26	0.31	0.36	0.39	0.42	0.45	0.49	0.30
	长沙	0.12	0.15	0.18	0.22	0.26	0.30	0.32	0.35	0.38	0.40	0.25
	郑州	0.13	0.15	0.17	0.21	0.24	0.28	0.31	0.34	0.36	0.39	0.24
	合肥	0.10	0.13	0.16	0.20	0.22	0.25	0.27	0.29	0.32	0.35	0.21
	南昌	0.11	0.12	0.14	0.17	0.19	0.21	0.23	0.25	0.27	0.30	0.18
	太原	0.11	0.13	0.14	0.16	0.18	0.18	0.20	0.21	0.22	0.24	0.17
	均值	0.12	0.14	0.17	0.20	0.23	0.26	0.29	0.31	0.33	0.36	0.22

续表

区域	年份	2004年	2006年	2008年	2010年	2012年	2014年	2015年	2016年	2017年	2018年	均值
西部	重庆	0.13	0.17	0.21	0.31	0.38	0.47	0.52	0.57	0.63	0.66	0.36
	成都	0.14	0.17	0.20	0.25	0.30	0.35	0.37	0.40	0.43	0.47	0.28
	西安	0.12	0.14	0.17	0.20	0.23	0.27	0.27	0.29	0.32	0.34	0.22
	昆明	0.11	0.12	0.13	0.17	0.20	0.22	0.23	0.25	0.27	0.30	0.19
	贵阳	0.09	0.11	0.12	0.14	0.17	0.20	0.21	0.23	0.26	0.28	0.17
	乌鲁木齐	0.12	0.13	0.14	0.16	0.18	0.20	0.21	0.22	0.24	0.25	0.17
	呼和浩特	0.12	0.14	0.15	0.17	0.18	0.20	0.20	0.22	0.23	0.24	0.18
	南宁	0.08	0.10	0.11	0.14	0.16	0.18	0.20	0.21	0.23	0.24	0.15
	兰州	0.10	0.11	0.12	0.14	0.15	0.17	0.18	0.20	0.20	0.22	0.15
	银川	0.09	0.10	0.12	0.13	0.15	0.15	0.16	0.18	0.19	0.20	0.14
	西宁	0.09	0.10	0.11	0.12	0.13	0.15	0.15	0.16	0.17	0.18	0.13
	均值	0.11	0.13	0.14	0.17	0.20	0.23	0.25	0.27	0.29	0.31	0.19
全国均值		0.13	0.17	0.19	0.23	0.27	0.3	0.32	0.35	0.37	0.39	0.25

资料来源：笔者计算。

1. 从时间维度考察区域经济高质量发展趋势

因所选取的样本城市一般为所在省区的经济中心城市，所以在一定程度上也代表了所在省区的经济发展水平。按照东部、东北、中部、西部四大板块划分，可以看出整体上全国各板块中心城市经济都处于不断增长的趋势中，但是，增长的速度上则存在较大区别（见图6-7）。东部的增速最快，与其他三大板块间的差距仍在不断拉大；西部增长速度最慢，与其他三大板块间的差距呈扩大趋势；总体而言中心城市经济发展水平呈东部>东北>中部>西部格局；东部中心城市区域经济高质量发展水平长期处于全国平均水平之上，其他三大板块则长期处于全国平均水平之下，东北虽然长期接近于全国平均水平，但是近年来东北中心城市经济急速下降，尤其是2015年东北中心城市发展开始落后于中部，如2015年东北中心城市发展指数为0.284，而中部为0.287；中部中心城市与全国平均水平的差距正不断缩小。

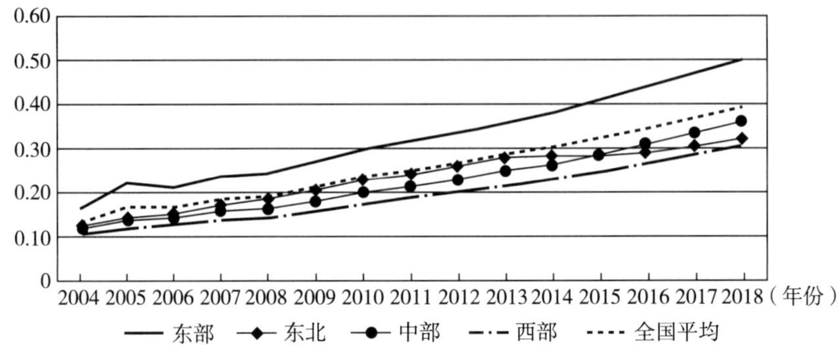

图6-7 中国四大板块主要中心城市区域经济高质量发展趋势

资料来源：笔者绘制。

2. 从空间维度考察区域经济高质量发展分布特点

分别测度35个样本城市区域经济高质量发展指数15年的平均值（见表6-3中最后一列均值），然后利用全国平均值以及三分位数分类法把区域经济高质量发展指数按大小将其划分为两大类型三个层次，以此直观反映区域经济高质量发展的空间分布特征（见图6-8）。

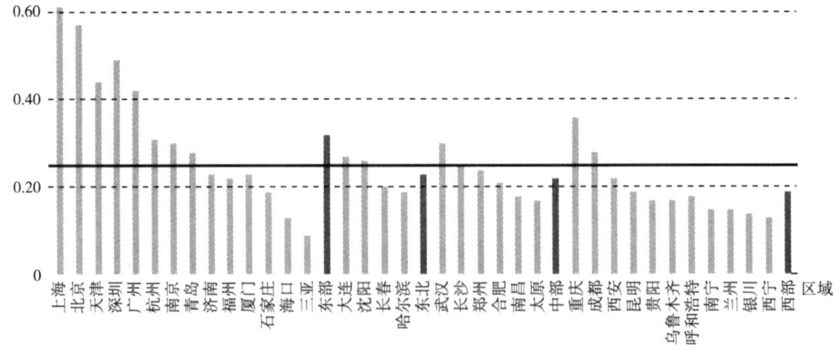

图6-8 中国主要中心城市区域经济高质量发展空间分布特征

注：图中横实线表示全国平均水平；横虚线为按照三分位数法进行的等级划分。

资料来源：笔者绘制。

从图 6-8 可以看出，整体而言中国区域经济高质量发展仍然表现出东部、东北、中部、西部阶梯状空间分布。

东部地区：第一层次共有上海、北京、深圳、天津、广州五个城市，这五个城市全部为东部沿海城市和中国三大经济圈核心城市[①]。东部中心城市差异化程度最大，分属于三个层次，其中，上海市的区域经济高质量发展指数均值为 0.61，排名全国第 1 位，位于第三层次的海口、三亚的区域经济高质量发展指数均值为 0.13、0.09，排名全国最后两位。与北京、天津同属于京津冀经济圈的石家庄也位于第三个层次中。

东北地区：长春和哈尔滨位列第三层次，且低于全国平均水平，大连和沈阳位于第二层次。需要注意的是，东北地区也是近年来四大板块中唯一一个城市经济发展出现下降的区域。例如，虽然大连、沈阳两城市区域经济高质量发展水平在东北城市中较高，但是近两年来却出现了急速下降的情况，2014 年大连、沈阳的区域经济高质量发展指数分别为 0.34、0.32，而到了 2015 年则降为 0.32、0.31，从而拉低东北的城市经济发展水平。

中部地区：武汉、长沙、郑州、合肥已处于第二层次，但仅有武汉一个城市经济超过全国中心城市经济平均水平。

西部地区：除了重庆、成都、西安处于第二层次，其余各城市均处于第三层次。除此之外，位于全国平均水平之上的共有上海、北京、深圳、天津、广州、重庆、杭州、南京、武汉、沈阳、大连、青岛、成都共 13 个城市。

（二）临空经济发展度分析

根据临空经济发展系统指数计算公式，计算出的样本城市临空经济发展指数如表 6-4 所示。

---

① 中国三大经济圈分别指京津冀经济圈、长三角经济圈、珠三角经济圈，其中，北京、天津为京津冀经济圈核心城市；上海为长三角经济圈核心城市；深圳、广州为珠三角经济圈核心城市。

表 6-4　　中国四大板块主要中心城市临空经济发展指数

	年份 区域	2004年	2006年	2008年	2010年	2012年	2014年	2015年	2016年	2017年	2018年	均值
东部	上海	0.43	0.47	0.51	0.67	0.62	0.69	0.72	0.76	0.81	0.55	0.60
	北京	0.27	0.39	0.37	0.46	0.51	0.52	0.53	0.55	0.56	0.58	0.46
	天津	0.16	0.12	0.14	0.14	0.12	0.14	0.13	0.16	0.18	0.16	0.14
	深圳	0.19	0.20	0.19	0.26	0.24	0.28	0.29	0.31	0.32	0.34	0.25
	广州	0.21	0.22	0.24	0.32	0.34	0.38	0.38	0.41	0.44	0.46	0.33
	杭州	0.16	0.14	0.13	0.18	0.17	0.20	0.21	0.23	0.26	0.25	0.18
	南京	0.16	0.12	0.12	0.15	0.14	0.17	0.17	0.18	0.20	0.19	0.15
	青岛	0.15	0.12	0.12	0.14	0.13	0.15	0.15	0.17	0.16	0.16	0.14
	济南	0.13	0.10	0.10	0.12	0.09	0.11	0.11	0.14	0.13	0.15	0.11
	福州	0.09	0.09	0.09	0.12	0.11	0.11	0.11	0.12	0.12	0.13	0.11
	厦门	0.13	0.12	0.12	0.16	0.15	0.16	0.16	0.17	0.18	0.18	0.15
	石家庄	0.06	0.07	0.11	0.19	0.11	0.10	0.09	0.10	0.11	0.12	0.11
	海口	0.12	0.09	0.11	0.12	0.11	0.13	0.15	0.15	0.16	0.16	0.12
	三亚	0.16	0.10	0.09	0.12	0.11	0.14	0.13	0.13	0.14	0.14	0.13
	均值	0.17	0.17	0.17	0.23	0.21	0.23	0.24	0.26	0.27	0.26	0.21
东北	大连	0.13	0.11	0.11	0.13	0.12	0.12	0.12	0.14	0.15	0.14	0.12
	沈阳	0.13	0.11	0.10	0.12	0.11	0.12	0.11	0.14	0.14	0.15	0.12
	长春	0.08	0.12	0.09	0.12	0.10	0.10	0.11	0.12	0.12	0.11	0.11
	哈尔滨	0.10	0.09	0.10	0.10	0.12	0.14	0.13	0.14	0.14	0.14	0.12
	均值	0.11	0.11	0.10	0.12	0.11	0.12	0.12	0.13	0.14	0.13	0.12
中部	武汉	0.11	0.12	0.11	0.12	0.13	0.15	0.15	0.16	0.16	0.18	0.14
	长沙	0.12	0.12	0.10	0.14	0.12	0.15	0.13	0.16	0.16	0.17	0.14
	郑州	0.12	0.11	0.10	0.13	0.17	0.20	0.17	0.20	0.21	0.21	0.16
	合肥	0.12	0.10	0.09	0.10	0.10	0.10	0.10	0.11	0.12	0.13	0.10
	南昌	0.11	0.12	0.07	0.12	0.10	0.10	0.10	0.09	0.13	0.18	0.11
	太原	0.09	0.09	0.10	0.11	0.10	0.09	0.10	0.11	0.12	0.12	0.10
	均值	0.11	0.11	0.09	0.12	0.12	0.13	0.13	0.14	0.15	0.16	0.12

续表

	年份 区域	2004年	2006年	2008年	2010年	2012年	2014年	2015年	2016年	2017年	2018年	均值
西部	重庆	0.12	0.13	0.13	0.14	0.18	0.20	0.21	0.23	0.22	0.23	0.17
	成都	0.17	0.17	0.16	0.21	0.22	0.24	0.25	0.27	0.28	0.29	0.22
	西安	0.14	0.13	0.12	0.17	0.16	0.19	0.21	0.22	0.24	0.25	0.17
	昆明	0.15	0.16	0.14	0.16	0.16	0.21	0.24	0.25	0.26	0.26	0.19
	贵阳	0.12	0.11	0.08	0.11	0.12	0.13	0.12	0.14	0.15	0.15	0.12
	乌鲁木齐	0.12	0.12	0.07	0.15	0.15	0.14	0.14	0.15	0.15	0.15	0.13
	呼和浩特	0.11	0.11	0.09	0.13	0.11	0.10	0.10	0.10	0.12	0.12	0.10
	南宁	0.12	0.11	0.10	0.12	0.11	0.11	0.11	0.12	0.13	0.13	0.12
	兰州	0.09	0.12	0.06	0.11	0.11	0.11	0.11	0.15	0.12	0.12	0.11
	银川	0.16	0.10	0.09	0.12	0.10	0.09	0.10	0.11	0.12	0.12	0.11
	西宁	0.11	0.12	0.09	0.14	0.12	0.09	0.08	0.10	0.11	0.11	0.10
	均值	0.13	0.13	0.10	0.14	0.14	0.15	0.15	0.17	0.17	0.18	0.14
	全国均值	0.14	0.14	0.13	0.17	0.16	0.17	0.18	0.19	0.20	0.20	0.16

资料来源：笔者计算。

1. 从时间维度考察临空经济发展趋势

从图 6-9 可以看出，整体而言中国四大板块中心城市临空经济发展也均呈现缓慢上升的趋势，但是除了东部临空经济发展水平长期高于全国平均水平以外，其他三大板块均长期低于全国平均水平；东部地区临空经济增长最快、发展水平最高，东北地区增长速度最慢、发展水平最低，总体而言临空经济发展水平呈东部>西部>中部>东北的格局；各板块临空经济在 2008 年均出现短期性明显下降的情况，主要是因为受到了 2008 年国际金融危机的影响，尤其是境外航线受到的影响最大，如当年中国各机场国际航线共实现旅客吞吐量 3778 万人次，比 2007 年降低了 4.42%，内地至香港、澳门的航线货运吞吐量为 43.9 万吨，比 2007 年降低了 6.49%；同时，临空经济发展指数均值主要围绕 0.15 上下浮动，这说明近年来中国临空经济发展的强度较为稳定，对比图 6-7 区域经济高质量发展指数情况，其总体均值从 2004 年的

0.13 保持上涨趋势增长到 2018 年的 0.39，这表明近些年来区域经济快速增长并未带来临空经济发展强度的较大改变，这一判断在四大板块临空经济、区域经济高质量发展指数均值的对比分析中依然成立。

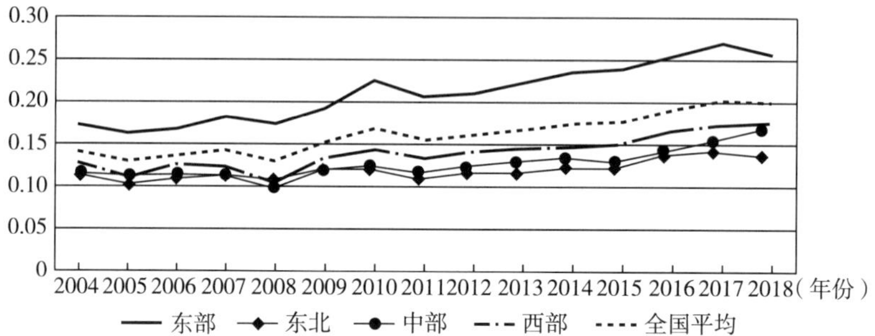

图 6-9　中国四大板块主要中心城市临空经济发展趋势

资料来源：笔者绘制。

2. 从空间维度考察临空经济发展分布特点

分别测度 35 个样本城市临空经济发展指数 15 年的平均值（见表 6-4 中最后一列均值），然后利用全国平均值以及三分位数分类法把临空经济发展指数按大小将其划分为两大类型三个层次，以此直观反映临空经济发展的空间分布特征（见图 6-10）。

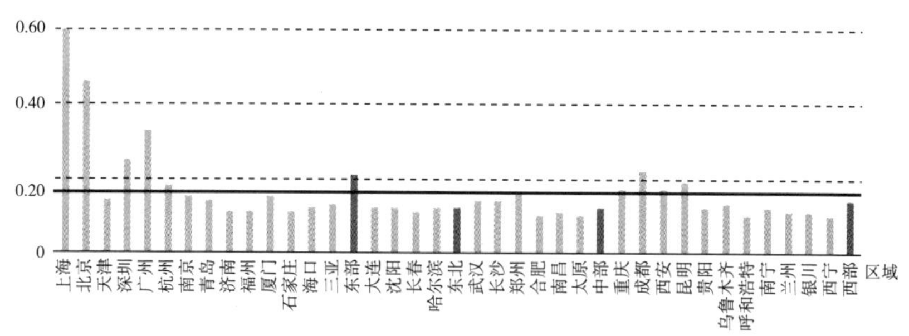

图 6-10　中国主要中心城市临空经济发展空间分布特征

注：图中横实线表示全国平均水平；横虚线为按照三分位数法进行的等级划分。

资料来源：笔者绘制。

从图 6-10 可以看出，整体而言中国临空经济发展表现出东部>西部>中部>东北空间分布形态。具体而言：第一层次上海、北京两个城市，第二层次仅有广州、深圳、成都三个城市，其余城市全部位于第三层次。四大板块中仅有东部整体临空经济发展水平在全国平均水平之上；35 个城市中仅有上海、北京、广州、深圳、成都、昆明、杭州、重庆、西安、郑州共 10 个城市在全国平均水平以上，其中有 5 个城市位于东部沿海，4 个分布在西部，1 个分布在中部，东北无一个城市达到平均水平。这反映了中国临空经济发展所存在的严重不平衡性问题，临空经济主要集中于东部沿海特别是三大经济圈区域，如 2016 年东部地区旅客吞吐量、货邮吞吐量分别占到了全国总量的 54. 2%、74. 9%，而其中仅上海、北京、广州三大机场的旅客吞吐量、货邮吞吐量就分别占到了全国总量的 26. 2%、49. 6%。东部临空经济发展差异性最大，分属于三个层次。东北整体临空经济水平最低，全部为第三层次，且未达到全国平均水平，趋同趋势明显。中部地区郑州临空经济发展水平最高，但刚达到全国平均水平。成都在西部城市中临空经济发展水平最高，尤其是随着成都国家级临空经济示范区的获批、“蓉欧+空港”战略的实施和成都第二机场建设的加快推进，成都在全国临空经济发展中的地位将有可能进一步得到巩固和提升。

综合来看，对比临空经济与区域经济高质量发展指数可以发现，不管是从时间维度的发展趋势，还是从空间维度的分布状态考察，都存在一致性与差异性并存的特点。一致性方面：时间维度上，2004—2018 年区域经济高质量发展指数、临空经济发展指数整体上都呈现出上升的趋势；空间维度上，都是东部地区发展水平最高且主要是东部三大经济圈中心城市。差异性方面：时间维度上，临空经济的波动幅度比区域经济高质量发展更为明显，例如，根据表 6-3、表 6-4 中数据，对中国四大板块两系统指数按照四年一个时段计算均值增长率（见表 6-5），可以清楚地发现，各板块 15 年的增长率均表现为区域经济增长高于临空经济；空间维度上，区域经济高质量发展水平整体呈东部>东北>中部>西部阶梯状格局，而临空经济发展水平整体呈东部>西部>中部>东北空间形态，具体到样本城市则差异性更大。以上一致性与差异性并存的特点也决定了其耦合度将呈现出多元化的状态。

表 6-5　　　　中国四大板块临空经济与区域经济高质量发展指数分时段增长率　　　　单位:%

区域	指数	2004—2006 年	2007—2009 年	2010—2012 年	2013—2015 年	2016—2018 年
东部	区域经济高质量发展	27.88	14.47	12.42	14.17	13.87
	临空经济	−2.53	6.40	−6.78	7.28	0.40
东北	区域经济高质量发展	20.63	20.47	14.47	1.07	10.42
	临空经济	−2.51	6.54	−3.49	5.51	0.10
中部	区域经济高质量发展	20.34	16.03	14.43	14.80	16.42
	临空经济	−1.59	5.90	0.21	−0.55	19.21
西部	区域经济高质量发展	17.76	16.91	17.24	14.42	15.55
	临空经济	−1.32	9.37	−1.58	4.62	5.88
全国	区域经济高质量发展	23.88	15.85	14.10	12.94	14.31
	临空经济	−2.05	7.13	−4.21	5.36	4.27

资料来源：笔者计算。

（三）临空经济与区域经济高质量发展的耦合度分析

基于上述测算的区域高质量与临空经济发展指数，选择线性生产函数式核算总系统发展度，并假定区域经济高质量发展与临空经济两子系统在发展度中具有相同的重要程度，即运用式（6-4）进行核算，其中 α、β 取值均为 0.5。在此基础上，运用式（6-6）测算系统协调度，最后再运用式（6-7）测度系统耦合度，测度结果见表 6-6。

表 6-6　　中国主要空港城市临空经济与区域经济高质量发展耦合度变化

区域	年份	2004 年	2006 年	2008 年	2010 年	2012 年	2014 年	2015 年	2016 年	2017 年	2018 年	均值
东部	上海	0.61	0.66	0.70	0.78	0.79	0.83	0.86	0.88	0.91	0.83	0.77
	北京	0.51	0.61	0.63	0.70	0.74	0.77	0.79	0.81	0.82	0.84	0.70
	天津	0.41	0.39	0.43	0.46	0.43	0.48	0.47	0.51	0.54	0.52	0.45
	深圳	0.45	0.51	0.50	0.57	0.57	0.61	0.63	0.65	0.66	0.68	0.57
	广州	0.47	0.50	0.52	0.60	0.62	0.65	0.66	0.69	0.72	0.73	0.60
	杭州	0.41	0.41	0.41	0.46	0.47	0.51	0.52	0.55	0.57	0.58	0.47

续表

	年份 区域	2004年	2006年	2008年	2010年	2012年	2014年	2015年	2016年	2017年	2018年	均值
东部	南京	0.40	0.38	0.39	0.44	0.44	0.48	0.49	0.50	0.52	0.52	0.44
	青岛	0.38	0.38	0.39	0.42	0.42	0.46	0.46	0.48	0.49	0.48	0.42
	济南	0.36	0.35	0.36	0.40	0.36	0.40	0.40	0.44	0.43	0.46	0.39
	福州	0.32	0.33	0.34	0.39	0.39	0.40	0.40	0.41	0.42	0.44	0.38
	厦门	0.37	0.38	0.38	0.43	0.43	0.45	0.45	0.47	0.48	0.49	0.42
	石家庄	0.28	0.30	0.35	0.43	0.38	0.37	0.36	0.38	0.40	0.42	0.36
	海口	0.32	0.30	0.33	0.35	0.34	0.37	0.39	0.40	0.41	0.42	0.35
	三亚	0.18	0.27	0.29	0.34	0.32	0.35	0.36	0.36	0.37	0.37	0.32
	均值	0.39	0.41	0.43	0.48	0.48	0.51	0.52	0.54	0.55	0.56	0.48
东北	大连	0.37	0.37	0.39	0.41	0.42	0.41	0.42	0.44	0.46	0.44	0.41
	沈阳	0.37	0.36	0.37	0.40	0.40	0.42	0.41	0.44	0.44	0.45	0.40
	长春	0.30	0.35	0.34	0.39	0.37	0.38	0.39	0.40	0.42	0.40	0.37
	哈尔滨	0.32	0.32	0.34	0.36	0.39	0.41	0.42	0.43	0.43	0.44	0.38
	均值	0.34	0.35	0.36	0.39	0.40	0.41	0.41	0.43	0.44	0.43	0.39
中部	武汉	0.35	0.38	0.37	0.40	0.43	0.46	0.47	0.48	0.49	0.51	0.43
	长沙	0.34	0.37	0.36	0.42	0.41	0.44	0.43	0.46	0.48	0.49	0.41
	郑州	0.35	0.36	0.35	0.40	0.44	0.49	0.47	0.50	0.51	0.52	0.43
	合肥	0.33	0.33	0.33	0.37	0.37	0.38	0.39	0.40	0.42	0.43	0.37
	南昌	0.33	0.35	0.31	0.38	0.36	0.37	0.37	0.37	0.42	0.48	0.36
	太原	0.31	0.32	0.34	0.36	0.36	0.35	0.37	0.38	0.40	0.40	0.35
	均值	0.34	0.35	0.34	0.39	0.40	0.41	0.42	0.43	0.45	0.47	0.39
西部	重庆	0.35	0.38	0.40	0.44	0.50	0.53	0.54	0.57	0.57	0.59	0.47
	成都	0.39	0.41	0.42	0.48	0.50	0.54	0.55	0.57	0.58	0.60	0.49
	西安	0.35	0.37	0.37	0.43	0.44	0.47	0.49	0.50	0.52	0.54	0.43
	昆明	0.36	0.37	0.37	0.41	0.42	0.46	0.48	0.50	0.51	0.52	0.43
	贵阳	0.33	0.33	0.31	0.35	0.38	0.40	0.39	0.41	0.43	0.44	0.37
	乌鲁木齐	0.34	0.35	0.31	0.39	0.41	0.40	0.41	0.42	0.43	0.44	0.38
	呼和浩特	0.33	0.34	0.33	0.39	0.37	0.36	0.36	0.37	0.40	0.40	0.36
	南宁	0.30	0.32	0.32	0.36	0.36	0.37	0.38	0.39	0.41	0.41	0.36
	兰州	0.31	0.34	0.29	0.34	0.35	0.36	0.37	0.41	0.39	0.39	0.35

续表

	区域 年份	2004年	2006年	2008年	2010年	2012年	2014年	2015年	2016年	2017年	2018年	均值
西部	银川	0. 34	0. 32	0. 32	0. 36	0. 34	0. 34	0. 35	0. 36	0. 38	0. 39	0. 34
	西宁	0. 31	0. 33	0. 31	0. 36	0. 35	0. 33	0. 32	0. 35	0. 36	0. 37	0. 33
	均值	0. 34	0. 35	0. 34	0. 39	0. 40	0. 41	0. 42	0. 44	0. 45	0. 46	0. 39
	全国	0. 36	0. 38	0. 38	0. 43	0. 43	0. 45	0. 46	0. 47	0. 49	0. 50	0. 42

资料来源：笔者计算。

根据表6-6，结合表6-1进行基本特征分析，可以发现：首先，从各空港城市耦合度时序变化趋势看，均以不同速度处于增长趋势中，且大部分空港城市保持了连续性的增长。上海各年耦合度均为最高，15年来共提升了两个层次，从2004年的初级协调发展提升到了2018年的良好协调发展，并在2017年达到了优质协调发展层；北京共提升了三个层次，但是直到2015年才进入良好协调发展层，比上海延迟了五年；上海、北京、广州、深圳、杭州、重庆、成都等13个城市进入协调发展类；其余城市仅是在耦合度绝对值上有所增加，但并未实现发展层次的跃升，长期处于轻度失调或濒临失调层。其次，从全国耦合度时序均值看，整体上呈波动式上升趋势，耦合度不断提升，从2004年的0. 36提升到了2018年的0. 50，增幅为38. 5%；但是耦合水平仅提升一个层次，从轻度失调层提升为濒临失调层，耦合水平仍相对偏低。再次，从四大板块耦合度时序均值看，与全国耦合发展趋势相一致，整体上各板块也都呈现增强的趋势；东部板块耦合度均值及增速最高，其他三个板块大致相当，东部、东北、中部、西部各耦合度分别从2004年的0. 39、0. 34、0. 34、0. 34增长到2018年的0. 56、0. 43、0. 47、0. 46，分别增长了42. 56%、29. 55%、41. 87%、38. 62%，东部从轻度失调层提升到勉强协调层，其他三大板块均从轻度失调层提升到濒临失调层。另外，表6-7反映了四大板块耦合度按照三年一个时段所测算的均值增长率情况，可以发现各板块耦合度均呈增长态势，但增长速度存在显著差异，可以预计，未来四大板块耦合度增长率仍将呈现区域异质性，但是其耦合度绝对值水

平有可能呈趋同态势。最后，从空间层面看，为探究耦合度的区域性分布差异，对各空港城市的耦合度求 15 年的平均值（见表 6-6 最后一列），并绘制耦合度空间分布图（见图 6-11）。从图 6-11 可以看出，各空港城市间耦合度差异性极为明显。35 个空港城市中仅有上海处于中级协调发展层、北京处于初级协调发展层、广州与深圳处于勉强协调发展层①，其他 31 个空港城市全部处于失调衰退类中的轻度失调衰退层或濒临失调衰退层；板块间耦合度差异明显，东部耦合度水平最高且显著高于其他三大板块；高于全国平均水平的有上海、北京、天津、深圳、广州、杭州、南京、青岛、厦门、武汉、郑州、重庆、成都、西安、昆明共 15 个城市，其中 9 个位于东部，4 个位于西部，2 个位于中部，东北无一空港城市达到全国平均水平。

表 6-7　中国四大板块临空经济与区域经济高质量发展耦合度分时段增长率

单位：%

区域	2004—2006 年	2007—2009 年	2010—2012 年	2013—2015 年	2016—2018 年
东部	5.36	4.34	-1.07	4.24	3.61
东北	3.43	5.45	0.87	2.15	1.47
中部	3.96	4.81	2.24	2.96	9.10
西部	4.28	5.83	2.81	3.34	4.60

资料来源：笔者计算。

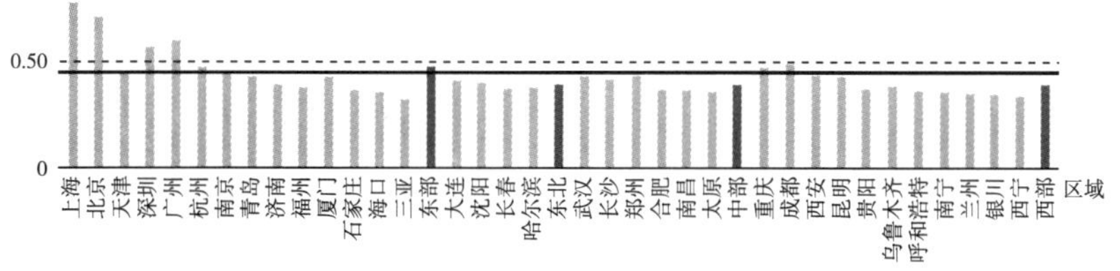

图 6-11　中国主要空港城市临空经济与区域经济高质量发展耦合度空间分布特征

注：图中横实线为全国平均水平线，横虚线为失调衰退类与协调发展类分界线。

资料来源：笔者绘制。

① 需要强调的是此处是根据各城市 15 年耦合度的平均值做的判断，但实际上如果按照各城市耦合度时序值看，上海、北京、广州、深圳、杭州、重庆、成都均已进入协调发展层次，上海、北京甚至已进入良好协调发展层次。

综合而言，15 年来中国临空经济与区域经济高质量发展的耦合状态不容乐观，35 个样本空港城市中有 13 个城市进入协调发展类，占比仅为 37.14%；若根据 15 年均值判断，则仅有 4 个空港城市进入协调发展类；四大板块中仅有东部整体已进入了协调发展类，若根据 15 年均值判断则全部为失调衰退类。

四　扩展分析——适宜性跃升构想

中国临空经济与区域经济高质量发展两系统间的耦合度整体上表现出不断提升的态势，协同演化趋势逐渐强化，但是耦合水平仍然较低，不同板块两子系统的耦合度也存在明显差异。同时，区域间正呈现出耦合趋同的现象，这也为探究两子系统耦合的跃升模式提供了可能。

图 6-12 显示了中国主要空港城市临空经济发展指数、区域经济高质量发展指数和两子系统耦合度 15 年均值变化情况。可以发现：中国大部分空港城市区域经济高质量发展指数高于临空经济发展指数，结合图 6-5 可知，这意味着大部分空港城市耦合点位于最优协调线的左上方，即相对于临空经济，大部分空港城市区域经济高质量发展子系统存在一定程度的偏离，临空经济发展并未跟上区域经济高质量发展的步伐；三条曲线呈现大致相似的波动形态，这意味着临空经济与区域经济高质量发展水平相对保持稳定，故根据两者离差所决定的各城市耦合度也会保持相对稳定性。

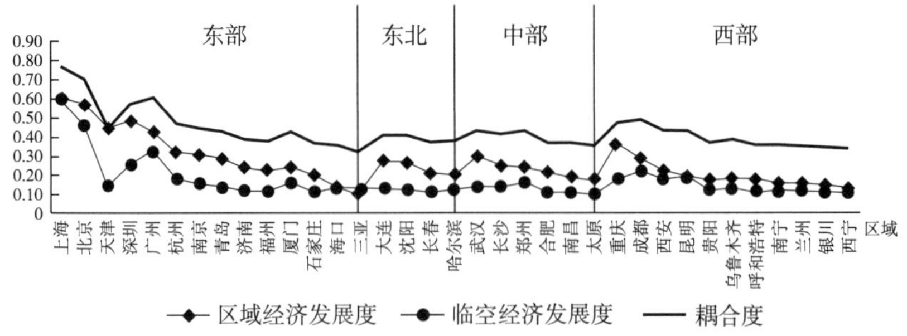

图 6-12　中国主要空港城市临空经济、区域经济高质量发展指数与耦合度比较

资料来源：笔者绘制。

依据前文的研究结论并结合图 6-12，各空港城市临空经济与区域高质量两子系统耦合度表现出明显的分化性特征，而这也正鲜明地反映了中国区域经济发展不平衡、不充分的矛盾。那么，各城市该如何由低水平耦合向高水平耦合跃升？已经处于较高水平耦合的城市又当如何进一步提升耦合度？这些已成为解决区域发展不平衡问题，提升区域经济整体发展水平，实现区域经济可持续性、包容性及协调性发展的关键。下文将根据图 6-6 所描述的适宜性耦合跃升路径对各类城市的耦合跃升路径进行解析。

首先，东部地区两极分化最严重。其中，上海、北京、广州、深圳、杭州处于临空经济、区域经济高质量发展水平以及系统耦合度均较高的三高区域，尤其是上海和北京已经进入了良好协调层，所以可以认为这些城市已经迈过 $q_1(x)$ —$q_2(x)$ 的欠发达阶段而进入相对发达的 $q_2(x)$ —$q_3(x)$ 阶段，并且非常靠近最优协调线 OA'；海口、三亚、石家庄临空经济、区域经济高质量发展水平以及系统耦合度相对较低且低于全国平均水平，可以认为其仍处于 $q_1(x)$ —$q_2(x)$ 的欠发达阶段，而且海口、三亚因临空经济发展指数长期大于区域经济高质量发展，故位于 OA'的右下方，而石家庄正好相反；东部其他城市临空经济、区域经济高质量发展以及系统耦合度相对较高，所以可以认为这些城市即将迈过 D 点进入 $q_2(x)$ —$q_3(x)$ 的发达阶段，且因大部分城市都是区域经济高质量发展强于临空经济，故位于 OA'的左上方。整体而言，整个东部地区 2013 年已进入了勉强协调发展层，所以，当前需更侧重于临空经济子系统对总系统协调发展的推动作用，应不断强化对机场等基础设施建设、航线拓展与优化、临空产业引进、临空经济区营商环境优化、临空经济管理人才培养等，从而推动系统耦合水平向更高层次演进。需要强调的是，东部北京、天津、石家庄三个城市同属京津冀经济圈，但是其耦合水平分属不同的发展阶段和层次，北京区域高质量和临空经济发展水平最高，并已进入发达阶段，但是也面临着人口膨胀、环境污染、“大城市病”等区域经济高质量发展以及机场时刻资源饱和、航运发展空间受限等临空经济发展瓶颈问题；天津虽然具有相对较高的区域经济高质量发展水平，但是其临空经济发展严重滞后于区域经济高质量发展，这也是造成天津两子系统耦合度不高、仅处在即将进入发达阶段的重要原因；而石家庄临空经济、区域经济高质量发展以及系统耦合度均较低仍位于欠发达阶段。这种情况也在一定程度上反映了整个京津冀区域在航空运输上的不平衡、不协调的发展窘境。所以，要根据三个城市不同的发展阶段特点，立足三地比较优势强化分工合作，制定差异性的措施来推动区域经济高质量发展与临空经济的耦合，并以此推动整个京津冀区域的协同，如在区域经济高质量发展方面要不断疏解北京非首都功能，理顺三地产业发展链条，推动产业转移和优化升级；在临空经济发展上要实施各机场差异性经营措施，协调好三地的客、货源，北京应侧重于盘活存量，将其非国际航空枢纽功能疏解至其他两市，天津应侧重于强化区域枢纽功能和航空物流业发展，石家庄应侧重于培育枢纽功能并强化航空快件集散及低成本航空发展，还要完善三地轨道交通等交通体系建设，从而为京津冀区域“空中协同”提供有力支撑。

其次，东北和中部两板块所有空港城市耦合度均处于失调衰退类，其中东北的长春，中部的合肥、南昌、太原长期处于轻度失调衰退层，其他城市已进入濒临失调衰退层，故可以认为东北和中部地区整体上均处于不发达的 q_1（x）—q_2（x）阶段，只不过长春、合肥、南昌、太原处于 q_1（x）—q_2（x）阶段的较低端，其他城市位于 q_1（x）—q_2（x）阶段的较高端，并有可能即将迈过 D 点进入发达的 q_2（x）—q_3（x）阶段。究其原因，主要是由于该两大板块存在严重的产业结构问题。中部是中国重要的粮食生产基地，第一产业比重过大并长期高于全国平均水平，城镇化率及质量普遍偏低，第二产业发展不充分、第三产业虚高①，且黄河南北分化严重，整体上仍处于工业化中后期，从而对各类资源和生产要素、投资驱动有较强的依赖；东北是中国重工业基地，长期以来产业结构单一和畸形发展的局面尚

① 胜刚、朱红：《中部塌陷、金融弱化与中部崛起的金融支持》，《经济研究》2007 年第 5 期。

未有根本转变，各类体制机制问题仍然突出，人口流失严重，营商环境较差，民间甚至有“投资不过山海关”的说法[①]。以上问题不但抑制了区域经济高质量发展，同时也不符合发展临空经济的产业要求，从而使区域经济高质量发展子系统难以对临空经济子系统以及两子系统的耦合形成有力支撑。因此，基于对两大板块处于失调衰退类以及欠发达阶段的判断，当前需更加侧重于区域发展对临空经济的支撑作用，要进一步深化改革、扩大开放，优化产业结构，推动新旧动能转换，完善腹地与临空经济区的交通网络，强化人员、资金、货物等要素流动，积极发展新业态、新模式和新经济，培育壮大以临空经济区为中心的区域经济高质量发展新的增长极，推动两系统向更高层次协调发展迈进。

最后，西部空港城市也表现出明显的分化特征，整体上处于失调衰退类，位于 q_1（x）—q_2（x）的不发达阶段。其中，重庆、成都已于 2012 年进入协调发展类，且各指数均较高，已位于 q_2（x）—q_3（x）的发达阶段，西安、昆明其耦合度于 2018 年已达到 0.52、0.54，已将跨越 D 点进入协调发展类和发达阶段，其余城市各指标普遍较低，仍处在 q_1（x）—q_2（x）的不发达阶段和轻度失调衰退层。究其原因，虽然西部大开发战略有力推动了西部地区经济发展，但以大规模实物投资特别是基础设施投资、自然资源开发为主要渠道的发展模式容易导致投资饥渴或资源诅咒等问题，而且西部地区基础设施欠账太多、体制机制改革及软环境建设乏力、人力资本挤出严重、产业优化升级滞后，造成西部大开发政策效力难以充分发挥，西部地区内生增长动力不足，尚未有效改变与其他板块间不平衡的格局[②]。鉴于此，西部地区要继续大力实施西部大开发战略，促进区域经济高质量发展跨越性增长，要更加侧重于推动同其他板块的产业联动与优势互补、强化人力资本投资和软环境建设、减轻对资源开发的依赖度并优化产业结构，为临空经济发展提供愈加丰富的客、货源；要继续强

① 资料来源于 2016 年 10 月 19 日李克强在国务院振兴东北地区等老工业基地推进会议上的讲话。

② 刘生龙等：《西部大开发成效与中国区域经济收敛》，《经济研究》2009 年第 9 期。

化机场、铁路等基础设施建设与联通，并着力推进成都、贵阳、重庆、西安等国家级临空经济示范区的发展，充分发挥其实验、示范以及辐射带动作用，培育建成区域经济发展新的战略高地并以此为西部大开发战略的深入实施提供有力的突破口①②。

第三节　临空经济影响区域经济高质量发展的实证检验分析

新发展阶段下，中国各区域正积极打造高质量发展的强劲引擎，以此推动形成优势互补高质量发展的区域经济布局。那么，临空经济能否推动区域经济高质量发展呢？在上节分析临空经济与区域经济高质量发展的耦合关系基础上，本书将构建回归分析模型，探讨临空经济对区域经济高质量发展的因果关系。

一　理论框架与模型构建

（一）理论框架

临空经济区设立后，地方政府常期望能通过特殊优惠政策、相关基础设施建设、产业集聚以及技术创新效应，使其成为资金、劳动力、产业和创新要素的集聚地，进而促进区域经济高质量发展。第一，作为地方政府促进区域产业转型升级和经济发展的重要措施，临空经济区所享受的税收、财政、资金信贷、土地和人才引进等特殊优惠政策成为众多企业集聚临空经济区、促进区域经济高质量发展的重要原因。第二，临空经济区这种区位导向性政策必然推动机场等综合交通、产业园区、城市生产生活等大规模基础设施建设，直接促进地区经济增长。第三，临空经济区的设立为高端制造业、航空运输业和

① 王海杰、汤凯：《临空经济与区域发展的耦合关系及跃升路径研究：基于新结构经济学视角》，载于林毅夫等《新结构经济学视角下区域经济高质量发展和产业升级》，格致出版社2022年版，第331—355页。

② Kai Tang, et al.,“The Relationship between the Airport Economy and Regional Development in China”, *Emerging Markets Finance and Trade*, 2022, 58 (3): 812-822.

现代服务业等高附加值产业及关联产业集聚提供了载体，而这些产业具有极强的辐射带动作用，推动区域经济高质量发展。第四，临空经济区主要偏好具有科技含量高、附加值大、重量轻、体积小、时效性强的高新技术企业，往往具有极高的技术创新效应，能通过创新驱动区域经济高质量发展。

需要注意的是，因中国不同区域要素禀赋差异显著，常导致同样的经济政策或制度设计会呈现出不同的经济效果，发达区域在基础设施、政策优惠等方面都更为优越，且有更多的区域增长点，因此，临空经济在这些地区可能更多的是扮演“锦上添花”的作用，而对于基础设施较为落后、对位开放度偏低的欠发达区域而言，临空经济区可能更多地起到“雪中送炭”的作用，对当地经济高质量发展的带动作用更大。此外，临空经济区政策优惠待遇和交通等基础设施并非决定企业集聚的唯一因素，地理区位、腹地经济发展水平、区域产业链供应链、制度与市场环境等因素也会对企业区位选择产生重要影响。同时，临空经济区常是多行政主体权力“套叠”的政治空间，其管理模式和协调治理能力会直接影响政策效果。因此，临空经济区所处城市或区域的空间差异有可能会导致政策效果的差异，即临空经济对区域经济高质量发展的影响可能存在区域异质性。

临空经济对区域经济高质量发展政策预期目标的完全实现需要两个阶段（见图 6-13）：一是形成“核心”，即在机场周边附近率先形成要素集聚空间，临空经济区自身实现快速发展；二是带动“外围”，即通过临空经济区的辐射带动效应，促进外围地区经济高质量发展。完全实现临空经济政策效应需要较长周期，而中国大部分临空经济区成立时间较短，因此，仅考察临空经济区在带动“外围”初始阶段对政策覆盖地即临空经济区所在城市经济高质量发展的影响①。

① 晁恒等：《国家级新区设立对城市经济增长的影响分析》，《经济地理》2018 年第 6 期。

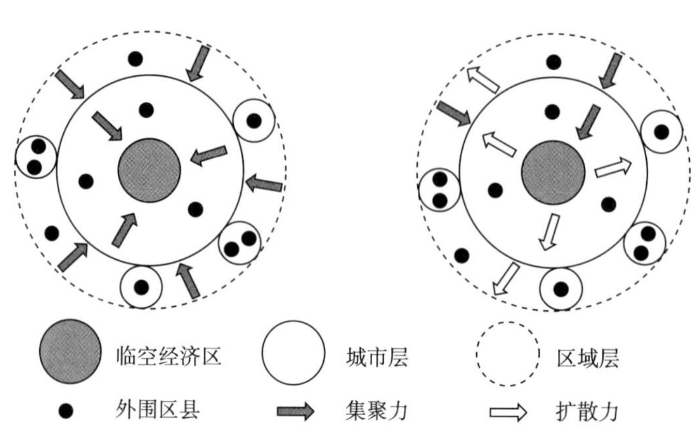

图 6-13 临空经济政策实现阶段划分

资料来源：笔者绘制。

（二）模型构建

为了检验临空经济对区域经济高质量发展的影响及其路径，构建如下基准模型：

$$Y_{it}=\alpha+\beta X_{it}+\theta Z_{it}+\mu_i+\lambda_t+\varepsilon_{it} \tag{6-8}$$

式（6-8）中，y 为被解释变量，指区域经济高质量发展指数；x 为解释变量，指临空经济发展指数；Z 为控制变量，以控制每个城市的经济特征，主要有全要素生产率（TFP）、资本（K）、劳动力（L）、实际利用外资（F）、全社会固定资产投资（I）、人力资本（H）、出口贸易额（O）等；i 和 t 分别表示城市和时间；μ 是城市固定效应；λ 是时间固定效应；ε 是随机扰动项；α 是常数项。β 和 θ 是模型要估计的主要参数。其中，如果 $\beta>0$，意味着临空经济对区域经济高质量发展有正向影响；如果 $\beta<0$，意味着临空经济对区域经济高质量发展有负向影响；如果 $\beta=0$，意味着临空经济对区域经济高质量发展没有影响。

在控制变量中，全要素生产率（TFP）采用索洛余值法计算，计算公式为：

$$TFP=\frac{Y}{K^{\alpha}L^{\beta}} \tag{6-9}$$

其中，Y 代表经济产出，用以 2004 年为基期的各城市实际 GDP 代表；K、L 分别代表资本投入与劳动投入，α、β 分别表示资本与劳动的产出弹性，借鉴刘思明等[①]、王伟[②]等学者的设定，假定 $\alpha=0.4$，$\beta=0.6$。

资本（K），因统计部门尚未有对城市资本存量作专门统计，本书研究采用永续盘存法进行测算。首先，以 2004 年为基期，界定各样本城市 2004 年的资本存量，借鉴柯善咨[③]等的做法，先是用各样本城市 2004 年全市限额以上工业企业流动资产和固定资产年平均余额总和估算全市限额以上工业资本存量，然后用此全市限额以上工业增加值占全市 GDP 的比例估算各城市总的资本存量；其次，用如下公式测算 2004 年以后各样本城市的资本存量：

$$K_{i,(t+1)} = (1-\delta_{i,t})K_{i,t}+I_{i,(t+1)}/P_{i,(t+1)} \tag{6-10}$$

$K_{i,(t+1)}$ 表示 i 城市第 $t+1$ 年的资本存量；δ 为资本存量的折旧率，借鉴单豪杰[④]的做法将其设定为 10.96%；I 为地区名义投资总额，用全社会固定资产投资额指代；P 为固定资产投资价格指数，因无统一的城市层面固定资产投资价格指数，故用以 2004 年为基期的样本城市所在省区固定资产投资价格指数指代。

劳动力（L）用各样本城市全市单位从业人员与私营、个体从业人员总和反映；实际利用外资（F）、出口贸易额（O）均是先将各样本城市当年相应的总额换算为当年汇率下的人民币，然后折算成以 2004 年不变价为基准的实际额；全社会固定资产投资也折算成以 2004 年不变价为基准的实际额；人力资本（H）用样本城市每万人在校大学生数代表。

---

① 刘思明等：《国家创新驱动力测度及其经济高质量发展效应研究》，《数量经济技术经济研究》2019 年第 4 期。

② 王伟：《交通基础设施与全要素生产率》，博士学位论文，吉林大学，2019 年。

③ 柯善咨：《中国城市与区域经济增长的扩散回流与市场区效应》，《经济研究》2009 年第 8 期。

④ 单豪杰：《中国资本存量 K 的再估算：1952—2006 年》，《数量经济技术经济研究》2008 年第 10 期。

二 面板回归结果分析

通过测算各变量的方差膨胀因子值（VIF），发现最大值为 5.76，远小于经验值 10，因此判定各变量间不存在严重的多重共线性问题。通过 Hausman 检验测算其值为 96.88，p 值约等于 0，因此判定应选择固定效应模型。

表 6-8 报告了基本回归结果。从表 6-8 的结果可知，在不引入控制变量的情况下，临空经济对区域经济高质量发展有显著的正向影响。临空经济发展水平每提升 1%，会促进区域经济高质量发展提升 0.047%。这说明，在区域发展由原先的数量型向现在的质量型转换的条件下，地方政府部门应该继续推动临空经济发展，以便为当地高质量发展提供动力。区域经济高质量发展不只是简单的 GDP 的增长，而应是基于新阶段各地发展实际，努力实现发展规模、发展结构、发展动力和发展成果的全方位的发展。引入临空经济不仅能推动地区产业结构的升级，倒逼营商环境的改善，还能推动地区对外开放水平，促进对外贸易的发展，增加就业岗位，这些都有利于促进区域经济基本面维度优化提升，推动区域经济高质量发展的实现。

表 6-8　　全样本面板回归结果

	(1)	(2)	(3)	(4)	(5)	(6)	(7)	(8)
	lnY	lnY	lnY	lnY	lnY	lnY	lnY	lnY
lnX	0.067*** (0.02)	0.051** (0.02)	0.071*** (0.02)	0.074*** (0.02)	0.078*** (0.02)	0.081*** (0.02)	0.086*** (0.02)	0.088*** (0.02)
lnL		0.031 (0.02)	0.095*** (0.03)	0.109*** (0.03)	0.119*** (0.03)	0.127*** (0.03)	0.127*** (0.03)	0.126*** (0.03)
lnK			0.108*** (0.02)	0.138*** (0.02)	0.157*** (0.02)	0.149*** (0.02)	0.149*** (0.02)	0.188*** (0.03)
lnTFP				0.041*** (0.01)	0.035** (0.01)	0.039** (0.01)	0.039** (0.01)	0.037** (0.01)
lnF					0.027*** (0.01)	0.026*** (0.01)	0.026*** (0.01)	0.025*** (0.01)

续表

	(1)	(2)	(3)	(4)	(5)	(6)	(7)	(8)
	lnY	lnY	lnY	lnY	lnY	lnY	lnY	lnY
lnH						-0.011 (0.02)	-0.011 (0.02)	-0.017 (0.02)
lnO							-0.001 (0.01)	-0.001 (0.01)
lnI								0.040* (0.02)
cons	3.578*** (0.08)	2.843*** (0.11)	3.246*** (0.14)	3.547*** (0.14)	3.235*** (0.14)	3.592*** (0.19)	3.777*** (0.18)	3.892*** (0.18)

注：***、**、*分别表示通过了1%、5%、10%水平下的显著性检验，括号内表示p值；下同。

资料来源：笔者计算。

从控制变量来看，劳动力（*L*）、资本（*K*）、全要素生产率（*TFP*）、实际利用外资（*F*）、全社会固定资产投资（*I*）对区域经济高质量发展均有正向影响，且都通过显著性检验，这与现实情况也基本符合。例如，一个地区的全要素生产率水平越高，则意味着这个地区的生产力水平、科技水平和教育水平等都较为先进，经济相对而言也会更加发达，从而越容易吸引临空经济等高科技含量的经济活动的聚集，从而带动产业优化升级，提升当地高质量发展水平。但人力资本（*H*）以及对外开放水平（*O*）没有通过显著性检验，这可能与我们变量的选取以及数据的处理有关。不过总体而言，控制变量的加入，对临空经济促进当地高质量发展是有积极作用的。这说明我们在引入临空经济的同时，应该要加快当地劳动力的集聚，扩大利用外资的规模，提升当地的全要素生产率水平等，通过这些因素与临空经济的有效互动，共同促进区域经济高质量发展。

三　区域异质性分析

为检验临空经济对区域经济高质量发展影响的区域异质性，本书进一步将样本城市划分为东部、中部、西部、东北四大区域，然后分别进行回归，结果如表6-9所示。

表 6-9　临空经济影响区域经济高质量发展的异质性分析

	东部地区		中部地区		西部地区		东北地区	
	lnY	lnY	lnY	lnY	lnY	lnY	lnY	lnY
lnX	0.194*** (0.03)	0.200*** (0.03)	0.083 (0.03)	0.137** (0.04)	0.099 (0.03)	0.150** (0.04)	0.258*** (0.02)	0.251*** (0.03)
lnL		0.130*** (0.03)		-0.174 (0.20)		0.053 (0.05)		-0.022 (0.05)
lnK		0.148*** (0.03)		0.186 (0.29)		0.040 (0.10)		-0.028 (0.07)
lnTFP		0.113*** (0.03)		0.087 (0.17)		0.079** (0.04)		-0.188*** (0.05)
lnF		0.083*** (0.01)		-0.036 (0.03)		0.039** (0.01)		-0.019 (0.01)
lnH		-0.116*** (0.03)		-0.042 (0.03)		-0.067** (0.03)		-0.122 (0.09)
lnO		-0.055*** (0.02)		0.036 (0.03)		-0.042 (0.02)		0.081** (0.03)
lnI		-0.011 (0.02)		0.035 (0.13)		-0.165 (0.07)		0.037 (0.02)
cons	3.098*** (0.05)	3.365*** (0.31)	3.178*** (0.05)	2.673* (1.39)	3.512*** (0.05)	3.975*** (0.44)	2.823*** (0.03)	3.652*** (0.62)

资料来源：笔者计算。

从表 6-9 中可知，临空经济对我国四大区域经济高质量发展的影响存在明显的异质性。其原因可能是不同地区在基础设施、经济集聚、制度和市场环境等方面存在差异，从而影响了临空经济的边际效用。具体而言，在未加入控制变量的情况下，临空经济对东北地区经济高质量发展的影响最大，其次为东部地区，且都通过了显著性检验；而临空经济对中部地区和西部地区的影响均未通过显著性检验。加入控制变量后，临空经济对我国四大区域经济高质量发展均有正向影响，且都通过了显著性检验，这与全样本回归结果一致。临空经济对区域经济高质量发展的影响度排序为：东北地区>东部地区>西部地区>中部地区。由此可知，对高质量发展水平落后于全国平均水平的中西部地区来说，临空经济可以推动当地产业结构的升级，促进外向型经济的发展，提升当地技术创新效率，从而带动当地高质量发展。因此，为了更好地促进当地经济转型，政府应该进一步促进临空经济大发展，提供宽松有利的营商环境，发展外向型经济，加快中西部地区向高质量发展转型的速度。

四　临空经济不同维度影响分析

为检验临空经济不同维度对区域经济高质量发展的影响，进一步将航空客运量、航空货运量和飞机起降架次作为解释变量，然后分别进行回归，结果如表 6-10 所示。

表 6-10　　临空经济不同维度对区域经济高质量发展的影响

	$\ln Y$	$\ln Y$	$\ln Y$	$\ln Y$	$\ln Y$	$\ln Y$
$\ln x_1$	0.756*** (0.07)	0.698*** (0.08)				
$\ln x_2$			0.806*** (0.08)	0.738*** (0.08)		
$\ln x_3$					0.842*** (0.07)	0.787*** (0.08)
$\ln L$		0.064** (0.03)		0.076** (0.03)		0.062** (0.02)
$\ln K$		0.099*** (0.03)		0.135*** (0.03)		0.114*** (0.03)
$\ln TFP$		0.027 (0.01)		0.040** (0.01)		0.025 (0.01)
$\ln F$		0.021* (0.01)		0.026*** (0.01)		0.021* (0.01)
$\ln H$		-0.003 (0.02)		-0.003 (0.02)		-0.002 (0.02)
$\ln O$		0.008 (0.01)		-0.003 (0.01)		0.003 (0.01)

续表

	lnY	lnY	lnY	lnY	lnY	lnY
lnI		0.038*		0.046**		0.042**
		(0.02)		(0.01)		(0.01)
cons	3.257***	3.576***	3.328***	3.982***	3.799***	3.896***
	(0.02)	(0.19)	(0.02)	(0.21)	(0.02)	(0.19)

资料来源：笔者计算。

从表 6-10 中可以看出，不管有没有控制变量，临空经济规模水平的三个变量对区域经济高质量发展均有显著影响，其中，飞机起降架次的影响最大，其次是航空货运，最后是航空客运。飞机起降架次反映了机场的繁忙程度、机场的大小、航线网络密度和运输服务能力。因此，机场的规模越大、运输服务能力越强，飞机的起降架次就越多，也就越能促进区域经济高质量发展。航空货运是国家重要的战略性资源，具有承运货物附加值高、快捷高效等特点，不但能为地区高端产业发展提供重要支撑，在地区应急处突、抢险救灾、军事保障等方面也具有重要作用。由于航空运输速度快、空间跨度大、安全准确、不受地面限制等特点，航空货运是国际贸易中贵重物品、鲜活货物和精密仪器运输所不可或缺的方式。因此，一般而言，一个地区航空货运水平越高，其地区产业附加值和经济外向度也就越高。航空客运能为一个地区的远距离商务活动和人员流动提供支撑，也能反映一个地区商务活动和居民的生活水平。一般而言，一个地区居民收入水平越高，商务活动越高端，其对时间也就越敏感，出行也就越倾向于选择更节省时间的交通方式。同时，航空客运也能有效促进当地旅游业的发展。

五　面板分位回归结果分析

区域经济高质量发展水平并不等价于经济增长水平，经济增长较快的城市其发展质量不一定较高。为了探究在不同发展质量分布下，临空经济对当地高质量发展的影响情况，有必要进行面板分位研究，结果如表 6-11 所示。

表 6-11　　分位数回归结果

	(10)	(20)	(30)	(40)	(50)	(60)	(70)	(80)	(90)
	lnY	lnY	lnY	lnY	lnY	lnY	lnY	lnY	lnY
lnX	0. 171***	0. 186***	0. 217***	0. 256***	0. 272***	0. 283***	0. 288***	0. 285***	0. 262***
	(0. 01)	(0. 01)	(0. 01)	(0. 01)	(0. 01)	(0. 01)	(0. 01)	(0. 01)	(0. 02)
lnL	0. 041*	0. 053**	0. 031	0. 017	-0. 008	-0. 019	0. 015	-0. 066*	-0. 088***
	(0. 02)	(0. 02)	(0. 02)	(0. 02)	(0. 02)	(0. 01)	(0. 02)	(0. 03)	(0. 03)
lnK	0. 067***	0. 050*	0. 040	0. 031	0. 056**	0. 049**	0. 052*	0. 019	0. 032
	(0. 02)	(0. 02)	(0. 02)	(0. 02)	(0. 02)	(0. 02)	(0. 02)	(0. 03)	(0. 02)
lnTFP	0. 126***	0. 127***	0. 126***	0. 127***	0. 106***	0. 098***	0. 121***	0. 149***	0. 135***
	(0. 02)	(0. 01)	(0. 02)	(0. 02)	(0. 02)	(0. 01)	(0. 01)	(0. 02)	(0. 06)
lnF	0. 002	-0. 005	-0. 004	-0. 003	-0. 005	0. 002	0. 009*	0. 017**	0. 016**
	(0. 01)	(0. 01)	(0. 01)	(0. 01)	(0. 01)	(0. 01)	(0. 00)	(0. 01)	(0. 01)
lnH	-0. 076	-0. 072**	-0. 069**	-0. 067**	-0. 064*	-0. 060	-0. 057	-0. 054	-0. 050
	(0. 05)	(0. 04)	(0. 03)	(0. 03)	(0. 04)	(0. 05)	(0. 06)	(0. 08)	(0. 09)
lnO	-0. 005	-0. 008	-0. 011	-0. 013	-0. 016	-0. 019	-0. 022	-0. 026	-0. 029
	(0. 02)	(0. 02)	(0. 01)	(0. 01)	(0. 02)	(0. 02)	(0. 03)	(0. 03)	(0. 04)
lnI	0. 061	0. 053	0. 048	0. 043	0. 036	0. 030	0. 023	0. 015	-0. 006
	(0. 04)	(0. 03)	(0. 03)	(0. 03)	(0. 03)	(0. 04)	(0. 05)	(0. 06)	(0. 07)
cons	3. 534***	3. 597***	3. 526***	3. 793***	3. 925***	3. 821***	3. 875***	3. 980***	3. 998***
	(0. 18)	(0. 18)	(0. 16)	(0. 20)	(0. 19)	(0. 15)	(0. 20)	(0. 18)	(0. 36)

资料来源：笔者计算。

从解释变量看，在各分位点下，临空经济对区域经济高质量发展均有显著的正向影响。临空经济每增加1%，区域经济高质量发展水平提升范围为0.171%—0.288%。从整体趋势看，临空经济对区域经济高质量发展的影响有先升后降的趋势，这表明临空经济促进区域经济高质量发展的效应存在“边际递减”的现象。其原因可能是，在发展质量不高的地区，其发展的动力、结构、模式和结果都相对落后，基础设施相对薄弱，发展的外向性程度偏低。而临空经济具有显著的高成长性、高带动性、高外向性等特征，能迅速通过改变落后地区不利的初始条件、制度创新与要素数量扩张，促进区域经济高质量发展。而在发展质量较高的地区，临空经济的边际效应相对较弱。因此，同样的临空经济规模，对先进地区而言主要扮演着“锦上添花”的角色，而对于欠发达地区则更多地发挥着“雪中送炭”的作用，对落后地区经济高质量发展的带动作用更大。

在10%—70%分位点下，临空经济对区域经济高质量发展水平有一个相对稳定上升的趋势。这说明在区域经济高质量发展分布逐步提升的情况下，临空经济对当地高质量发展的影响也在逐渐加重，能给当地高质量发展带来明显的促进作用。在70%—90%分位点下，临空经济对区域经济高质量发展水平有一个相对稳定下降的趋势。这说明在区域经济高质量发展分布逐步提升的情况下，临空经济对当地高质量发展的促进作用显著降低，这可能是因为临空经济对当地高质量发展的影响达到瓶颈，此时我们应该考虑除了临空经济以外的其他因素对经济质量发展的影响。

从控制变量来看，全要素生产率在全部分位点下均通过了显著性检验，说明全要素生产率会对区域经济高质量发展长期产生显著的正向影响。在40%—60%分位点下，全元素生产率的影响程度逐渐减弱，这说明在控制其他变量的情况下，一个地区的高质量发展水平越高，则这个地区全要素生产率对当地高质量发展的影响就越小。在10%—60%分位点下，实际利用外资对区域经济高质量发展的影响并不显著，只在70%—90%分位点下才通过显著性检验，这说明，一个地区的高质量发展只有达到极高水平时，实际利用外资才能促进当地高质量发展水平的提升。在10%—20%的分位点下，劳动力通过了显著性检验，这说明在区域经济高质量发展的初期阶段，劳动力对区域经济高质量发展具有重要的促进作用。随着区域经济高质量发展水平的提升，劳动力的作用在逐渐减弱，尤其是在80%—90%分位点下，劳动力通过了显著性检验且为负值，这说明在高级阶段，区域经济高质量发展应更加依赖于劳动力综合素质的提升，而非单纯劳动力数量的增加。资本在30%—40%以及80%—90%分位点下未通过显著性检验，这表明在这两个阶段物质资本存量并未处于最佳投资状态，表现出规模不经济现象特征，应更加强调人力资本的扩张。在大多数情况下，对外开放水平、投资水平和人力资本水平都未能通过显著性检验。

整体而言，通过以上的实证分析，可以得出以下结论：①提升临空经济与区域经济高质量发展的耦合度对实现区域协调、构建区域发展新格局具有重要意义。中国临空经济与区域经济高质量发展耦合度呈波动式上升趋势，但整体上仍处于失调衰退类的低水平状态；临空经济与区域经济高质量发展耦合度在空间上由东至西依次递减，东部地区已进入勉强协调发展层，未来中国四大板块临空经济与区域经济高质量发展间存在耦合趋同的可能；每个城市都已应该根据其临空经济与区域经济高质量发展的耦合状态，探索适宜的耦合跃升路径。②临空经济能显著促进区域经济高质量发展，并呈现出空间异质性，对东部、东北地区经济高质量发展的促进作用明显高于中部和西部地区；从临空经济发展规模水平的各维度影响看，飞机起降架次对区域经济高质量发展的促进作用最强，其次是航空货运，最后是航空客运；临空经济对区域经济高质量发展的影响在各个分位数上都是显著的，呈现出先升后降的倒“U”形态，反映出临空经济对区域经济高质量发展的影响存在“边际效应递减”的特征。

第七章

研究结论与对策建议

第一节 研究结论

临空经济是国家通过促进民航业与区域经济融合以优化经济发展格局、全方位深化对外开放以及加快转变区域发展方式而采取的重要举措。从1992年中国第一个临空经济区“西南航空港经济开发区”成立至今，经过30余年的逐步完善和推广，临空经济已成为全国各地有机场的地区激发其比较优势、促进产业转型升级、增强辐射带动作用的重要基地，如何准确地认知和评价临空经济对区域发展新格局的影响成为社会各界关注的重要问题。本书系统梳理了临空经济相关文献，评述了关于临空经济与中国区域发展新格局的研究进展与不足，以中国大规模临空经济区建设实践为现实背景，构建了临空经济影响区域发展新格局的理论体系。在此基础上，本书探讨了临空经济的演生、内涵、动力体系、产业特征、空间特征等，基于这些特征体系，分别从区域创新、对外开放、经济高质量发展三个方面，研究了临空经济对区域发展新格局的影响机理，并进行了相应的实证检验。主要得出以下结论。

一 发展临空经济是大空间时代适应新一轮科技革命和产业变革、融入全球价值链的必然选择

新一轮科技革命和产业变革加速重构全球价值链，而在价值链重

构、航空运输、移动互联网等的综合作用下，人类经济活动从“点空间时代”进入了“大空间时代”。发展临空经济是“大空间时代”区域对外开放和参与全球竞争的重要抓手，能通过遍及全球的航空运输网络实现各类要素的全球易达，适应了全球价值链重构、消费需求新变革、产业结构升级等发展趋势，推动全球资源配置大空间格局的形成，正成为世界各国抢占全球资源的战略制高点。

二　临空经济使区域发展摆脱原先沿重要交通线分布的形态，拓展了传统区域经济理论

中国正大力构建高水平对外开放新格局，中西部内陆和沿边地区的对外开放成为重中之重。发展临空经济，内陆和延边地区能以较低的成本与外部世界实现高效互联，拉近与世界的距离，推动内陆和延边地区融入全球价值链体系，使原先闭塞的开放洼地转变为开放前沿。临空经济使区域发展逐渐摆脱对海岸线、大江大河、重要交通线的依赖，产业也不必然沿着“发达国家—发展中国家沿海地区—发展中国家内陆地区”的路径进行梯度转移，内陆和延边地区可与沿海地区平等享有开放机遇，实现了对传统区域经济理论的重要拓展。

三　临空经济较为独特的属性系统是临空经济赋能区域发展新格局的技术基础

临空经济是交通运输方式、企业生产方式、大众生活方式变革的必然结果，是以航空枢纽为依托，以现代综合交通运输体系为支撑，提供高时效、高质量、高附加值产品和服务并参与国际市场分工，吸引航空运输业、高端制造业和现代服务业集聚发展而形成的一种新的经济形态，具有明确的区位指向和产业指向，其关键影响因素有机场条件、机场周边环境、地面交通网络、产业结构、经济腹地、政府政策等。从实践指导角度，可用客运吞吐量、区域经济发展水平、市场与政府的关系等特征向量来识别临空经济的初创、成长、成熟等发展阶段，基础性动力、内生性动力、外源性动力三大动力系统依次在三大阶段中发挥主导作用，推动临空经济向高阶演进。临空经济产业构成可分为核心产业、关联产业、引致产业三大类，临空产业集群化发

展常具有空间上的机场枢纽指向性、演进上的长期性和阶段性、类型上的多样性和层次性、主体上的多维互动性、系统上的复杂性等特点。从理论上讲，依据经济活动对机场的依赖程度，以机场为核心向外依次可将临空经济区空间结构划分为机场区、机场紧邻区、机场相邻区和机场交通走廊沿线高可达性区域、外围辐射区四大圈层，但受现实条件限制，常会变形为组团圈层、偏侧、轴带、指状、卫星等形态。基于空间结构构成要素，可将临空经济区空间系统划分为城市空间、产业空间、交通空间和生态空间四维子空间，各子空间在不同阶段具有不同的形态，以渐进式、跨越式或更新式等模式演进。

四　临空经济区能通过与自贸区的融合或联动发展，引领区域嵌入全球经济网络，形成区域对外开放新格局

开放性是临空经济区和自由贸易区共同的基因。从两区融合的角度看，临空型自贸区是自贸区由原先的沿海港、河港转为向航空港周边延伸而形成的结果，临空型自贸区产业发展模式主要可划分为转口贸易类、贸工结合类、出口加工类、科技服务类、航空产业类、综合类等类型，空间上常可划分为园区类、城市类两种类型，建设“自贸区+空港”的临空型自贸区正成为众多区域探索改革开放新模式的重要选择。从两区联动的角度看，两者联动有着科学的理论与现实逻辑，理论上它们均是面向新发展阶段的开放政策创新、是开放功能互补的新经济集聚区、联动的实质是制度创新与产业创新、科技创新的联动，现实上两者的联动可以拓展先行先试的试验舞台、放大改革创新的示范效应、形成双轮驱动的发展格局。两区联动推动形成区域开放新格局主要涉及开放主体、开放要素、开放环境与开放文化四大内容。现实实践表明，任务相合、优势互补、空间相近是两区联动发展的重要基础，要重点在区域治理、负面清单管理、产业、平台建设等方面高效联动，要推动两区空间融合以激发开发叠加优势，要以自贸区的改革理念推动临空经济区建设，强化产业集群发展与要素供给协同，形成制度化的联动发展机制，以此才能更好地推动形成区域对外开放新格局。

五　临空经济能为区域创新提供经济、交通、空间等要素基础，激发竞争、溢出、国际投资、集聚等创新效应，影响区域创新层级结构、空间结构和动力结构，形成区域创新新格局

临空经济能为区域创新提供经济、交通、空间等多层次的要素支撑：临空经济能以独特的“技术—制度—产业”经济属性，通过技术支撑、制度安排、产业集聚等方式为区域创新提供经济要素支撑；依托航空枢纽和现代综合交通运输体系，能压缩时空距离、提升网络连接度，促进创新要素流动和知识溢出，影响区域创新能力及区域间的创新差距；吸引创新要素在机场周边空间集聚，在循环累计因果的作用下，形成“核心—外围”的创新空间格局。在要素支撑的基础上，临空经济能通过竞争效应、溢出效应、国际投资效应、集聚效应等，提升创新资源的可得性和流动性，形成并提升区域的创新优势。从“制度创新+空间动力”的视角看，临空经济能通过提升城市通达度和交通枢纽地位，影响城市创新层级结构；能通过缩小城市间知识密集型服务业的差距，使城市群向创新多中心空间结构演化；能为城市群创新发展提供集聚与扩散叠加动力、制度创新变迁动力、政府与市场双向互动激活动力、中心极核与外围互补引领协同动力，影响区域创新的动力结构。

六　临空经济能显著促进区域经济高质量发展，作用强度呈倒“U”形态、存在“边际效应递减”的特征，影响区域经济高质量发展新格局

临空经济与区域经济发展之间并非顺沿各自轨道而孤立发展，全球范围看两者常呈现时间上相伴而生、空间上高度融合、速度上相互推拽的三维耦合现象。构建内含“发展”与“协调”思想的耦合模型以及“临空经济—区域经济高质量发展”指标体系，对两者的耦合状况进行测度分析，发现两者耦合度呈波动式上升趋势，但整体上仍处于失调衰退类的低水平状态，在空间上由东至西依次递减，东部地区已进入协调发展类，未来存在耦合趋同的可能。构建面板回归模型进行因果关系分析，发现临空经济能显著促进区域经济高质量发展，空间异质性、作用因素异质性明显，作用强度呈现先升后降的倒

"U"形态，反映出临空经济对区域经济高质量发展的影响存在"边际效应递减"的特征。

第二节　对策建议

一　明确临空经济在区域发展中的战略地位，强化临空经济区顶层设计，优化临空经济区空间布局，构建分类施策的政策工具体系

临空经济对构建区域发展新格局的显著作用决定了中国各区域大力发展临空经济是正确的选择。在国家层面要进一步明确临空经济在区域发展中的战略地位，树立"要想强，上民航"的理念，尤其是对于不靠海不沿边的中西部内陆地区，要探索以临空经济引领区域对外开放的新模式。要加大中央扶持力度，把临空经济纳入中国基本建设支出的重点投资领域，促进地方公共资源向临空经济区倾斜。要强化顶层设计，完善临空经济发展政策执行中的绩效评估机制，构建中央顶层制度设计和地方先行先试的良性互动新机制。要推动临空经济区增量调整和存量优化，对新设国家级临空经济示范区要进行科学论证、严格评审，重点向中西部欠发达区域倾斜。要加强对存量临空经济区的政策绩效考评，以临空经济区的高质量发展引领区域向高质量发展层次跃升。要破解北京大兴国际机场临空经济区等跨行政区的临空经济区协同治理难题，创新体制机制和治理模式，推动临空经济区与行政区适度分离。要构建推动临空经济区发展的跨行政区、跨部门协调机制，提升府际协作水平，形成多区域协同、多部门联动、整体性推进的临空经济协同发展新模式。要激发临空经济区改革创新、先行先试的政策优势，实现从"政策洼地"到"体制机制创新高地"的转变，为临空经济区对区域发展新格局影响效应的发挥提供制度保障，并及时归纳总结创新发展的路径、模式、经验和做法，为其他地区临空经济发展提供经验参考。各临空经济区应根据自身功能定位、产业优势、发展阶段和资源禀赋特征，结合中国区域发展战略布局，发挥其在区域发展新格局中的关键节点作用，提升内生发展动能和空

间网络优势，引领更广阔区域高质量发展。要构建分类施策的政策工具体系，根据临空经济区的区位、级别、规模、发展阶段和面临的特殊问题，因地制宜、因时制宜地制定针对性的改革举措。东部区域应重点优化现有的临空经济资源；中部、东北区域应更加注重以临空经济来引领区域改革开放和产业转型升级，将临空经济区培育成区域发展新增长极；西部区域要更注重强化临空经济区内航空港、综合交通、信息通讯等基础设施建设与连通，承接其他发达区域产业转移，根据自身资源禀赋和资源环境承载情况，构建“专精特新”的特色临空产业集群[①]。

二　强化临空经济区改革创新、先行先试试验田功能，加快推进管理体制和运行机制等重点领域和关键环节改革，激发临空经济区制度红利

临空经济是探索中国区域发展新模式的重要制度设计，是区域对外开放的窗口，通过引进国外投资和先进技术，为区域发展提供了大量前沿企业管理经验和经济运行机制，对推动区域经济转型发展和产业升级发挥了积极作用。要根据构建区域发展新格局的新时代要求，推动临空经济区发展由最初的外贸导向型向技术创新产业平台、临空产业链构建、系统性制度创新和数字化升级转变。要紧跟中国产业体系建设步伐和经济功能区发展趋势，把临空经济区原先高度依赖优惠政策招商引资的发展模式转向更加注重临空经济区综合配套服务和建设上来，把原先以提供园区服务为主转向提升整体服务能力和治理能力现代化上来。要更注重拓展多层次人才体系，以高科技临空产业吸引高端技术创新人才。要科学制定产业遴选制度，根据临空产业发展规律严格进行产业遴选，杜绝非临空指向型产业入驻临空经济区，构建以航空运输业、高端制造业、现代服务业等为主的绿色低碳、高科技含量的临空产业体系。要将制度创新贯穿于“港—产—城—域”四位一体建设的全过程，建设系统、有机的集“产业—居住—文化”于

① 柳天恩等：《国家级新区影响地区经济发展的政策效果评估——基于双重差分法的实证研究》，《财贸研究》2019 年第 6 期。

一体的高水平航空城。要大力推行“链长制”，强化临空经济区内企业对当地产业链供应链的延链补链强链作用，提升临空经济区内外产业间的关联度和协同度，改善区域整体产业链生态。要适应数字化、智能化发展趋势，加强数字基础设施建设，利用5G、人工智能、物联网、大数据等数字技术推动临空经济区管理数字化，提高要素配置效率，推动临空产业集群数字化转型，提升临空经济区在技术、数据、数字平台、供应链等方面的要素供给能力，吸引各类要素加快向机场周边区域集聚。要持续优化营商环境，提升临空经济区在全球范围内集聚与优化配置要素的能力。要以系统思维优化临空产业链及临空产业集群，重视时间偏好型企业对区域产业链的影响，提升资源利用率和整合度。地方政府要充分利用临空经济专门性发展政策以及其他相关叠加政策，推动临空经济区与城市融合发展，防止人为造成临空经济区与腹地城市的割裂①。

三　探索在城市群等更大区域空间尺度上临空经济区建设模式，提升其创新辐射带动功能

要强化城市群或更大区域范围内城市间的创新协作，基于临空经济区这一制度性安排，根据城市是否设有临空经济区，差异化构建超越城市行政与地理边界的跨空间创新协作网络，以临空经济区建设为城市创新发展提供“技术—制度—产业”基础、交通网络基础和空间基础，激发临空经济创新的竞争效应、溢出效应、国际投资效应和集聚效应，拓展创新空间、优化创新结构，促进知识、信息、人力资本、数据等创新要素在城市间的流动和共享。要探索实施以创新能力为导向的临空经济区绩效考核评估机制，既考核临空经济区对所依附的单个城市的创新贡献度，也要对其在城市群或更大区域空间尺度上的创新带动能力进行考核，尤其是要审视其是否能推动城市群或更大创新多中心空间的形成，以推动城市间创新协调发展，提升区域整体创新能力。各城市群要以临空经济区为重要引领区和跳板，激发临空

① 王曙光等：《中国工业化进程中的产业园区制度演进与模式创新》，《改革》2022年第5期。

经济区知识、信息、数据、人才等创新要素的集聚效应，积极嵌入全球创新网络，优化创新资源配置，探索以临空经济区建设来推动城市群形成创新多中心空间结构的发展模式。要对接全球高水平临空经济区创新发展经验，强化临空产业市场培育与技术提升，紧跟全球临空经济区和临空产业创新发展的新趋势。要完善开放式临空经济区创新系统，优化各种激励政策和制度设计，以吸引全球创新要素集聚，扩大释放临空经济区带来的制度红利和创新红利。要调整临空经济区的改革创新战略发展方向，由重视临空经济区政策落地转向把航空运输、高端制造以及知识密集型现代服务业等协同嵌入区域空间，贯通国家制度力量与区域产业发展间的联系。要完善临空经济区交通通信等基础设施，营造良好的创新创业环境，吸引航空运输、高端制造等产业集聚，强化知识密集型现代服务业等对城市群创新多中心空间结构的塑造功能，为知识密集型现代服务业发展以及各类产业创新活动提供市场支撑，以临空型高端产业助力区域创新。

四　发挥临空经济对区域开放型经济发展的推动作用，探索建设临空型自贸区，促进临空经济区与自贸区融合或联动发展，以临空经济区的高水平开放引领区域形成对外开放新格局

各级政府要高度重视临空经济在区域开放型经济发展以及投资自由化、贸易便利化、金融等现代服务业开放等方面的引领作用，推动临空经济战略与区域开放发展战略的协同。要利用临空经济扩大开放的新动能，拓展区域开放发展新领域、新模式、新空间。要利用临空经济区改革创新、先行先试的制度红利，推动管理体制、运行机制、对外开放体制机制等方面的经验共享，强化临空经济区的开放引领作用。要探索临空经济区与自贸区融合或联动发展的新模式，在郑州、成都、西安等内陆地区尝试布局“内陆空港型自贸区”，改变“先沿海再内陆”的传统开放时序格局，引领内陆地区融入全球开放体系。全面复制自贸区经验，对接高标准国际经贸规则，实施负面清单制度，放宽市场准入，让“法无禁止皆可为”的理念成为临空经济区开放发展的共识。以临空经济区为服务贸易主要承载地，扩大服务业开放领域，将服务贸易放在临空经济区建设的重点位置，推动金融科技服务临空经济发展，探索利用数字技术提升服务可贸易性新模式。要强化临空经济区的区域开放门户功能，优化民航管理，持续推进民航业开放和航空口岸建设，扩大第五航权、第七航权等的应用，提升通关便利化水平，构建国际化营商环境，引领区域参与更高层次的国际产业分工，构建富有活力的区域对外开放新高地①。要发挥临空经济在交通、产业和开放等方面的优势，强化国内外大型枢纽机场、临空经济区与其他经济功能区、空港城市以及其他区域间的开放合作，构建多层次的开放合作新机制，延伸面向临空经济区周边更大空间的产业链、服务链、创新链、开放链，实现更大范围、更广领域、更高层次开放发展。各级政府要发挥好“守夜人”而不是“裁判长”的角色，赋予临空经济区更大的开放自主权，激发临空经济区更大的开放热情②。要高质量建设“空中丝绸之路”，优化航线、增加航班，以内外联通的航空运输大循环引领区域融入“双循环”开放体系③。

五　完善航空运输与其他运输方式高效衔接的现代综合交通运输体系，实施临空经济“以点带面”或“以网带面”的区域发展战略，带动全国层面的经济高质量发展

临空经济高度依赖航空枢纽和现代综合交通运输体系，需要不同交通方式的支撑，才能最大化发挥其在区域经济高质量发展中的效应。因此，要强化航空枢纽建设，完善航线、陆路、水路等综合交通网络体系，提升航空运输与其他运输方式的组合效率和整体效能，形成联程联运结构，打造“门到门”快速运输系统，实现各种交通方式协同发展。交通建设要从重“规模”转向重“质量”，优化存量航空运输等交通网络结构，统筹未来综合交通网络布局④。要以航空枢纽

---

① 国家发展和改革委员会、中国民用航空局：《关于临空经济示范区建设发展的指导意见》，中央政府网站，http：//www.gov.cn/xinwen/2015－07/05/content_ 2890443.htm，2015年7月。

② 王爱俭等：《中国自由贸易试验区建设与区域经济增长：传导路径与动力机制比较》，《财贸经济》2020年第8期。

③ 汤凯：《临空经济促进中国区域协调发展的效应研究》，博士学位论文，郑州大学，2018年。

④ 陈晓佳等：《交通结构、市场规模与经济增长》，《世界经济》2021年第6期。

为主导，向下延伸至高速铁路、一般铁路、城铁、地铁、水运、高速公路、一般公路等，构建立体化交通体系，全面提升临空经济区内外联通水平，以临空经济区与腹地城市的交通同网、信息与数据共享，实现整个区域的资源优化、要素协同和整体集群优势提升。要继续加强处于综合交通体系较高层次的北京、上海、广州、郑州、武汉、西安等综合交通枢纽城市建设，推动鄂州等新兴航空城发展，引领城市群和区域融合发展。要根据中国目前临空经济发展的空间分布，实施差异化的区域带动战略。在临空经济区较为密集、临空经济发展较为成熟、航空运输网络较为完善的发达区域，要侧重于实施“以网带面”区域战略，以市场为主导，减少政府干预，借助临空经济对区域间经济联系和高质量发展的促进作用，提升城市网络化、集群化发展水平；在航空运输网络和临空经济发展水平偏低的欠发达区域，要侧重于实施“以点带面”区域战略，综合考虑经济与非经济因素，强化政策扶持，提升临空经济区的要素吸引能力，为城市从经济边缘跃升为经济中心提供引擎、从封闭边缘跃升为开放前沿提供载体①。因临空经济对落后地区经济高质量发展的作用更加显著，要特别重视革命老区、少数民族聚居区以及西部相对落后地区临空经济发展，以此来引领这些落后地区实现经济社会的跨越式跃升，实现缩小区域差距、推动区域协调和共同富裕的目标。要推广《郑州航空港经济综合实验区条例》实施经验，加快完善临空经济统一规划和协同发展的相关政策法规，将临空经济发展纳入法制轨道。要不遗余力地推进临空经济区健康发展，鼓励各级临空经济区和其他类似政策实验区的经验探索和推广，带动全国层面的区域经济高质量发展。

① 王雨飞、倪鹏飞：《高速铁路影响下的经济增长溢出与区域空间优化》，《中国工业经济》2016 年第 2 期。

参考文献

［美］艾伯特·赫希曼：《经济发展战略》，曹征海、潘照东译，经济科学出版社 1991 年版。

艾美芳、魏丽华：《临空经济：发达地区经验与河北发展路径选择》，《河北学刊》2015 年第 5 期。

安虎森、蒋涛：《块状世界的经济学——空间经济学点评》，《南开经济研究》2006 年第 5 期。

安虎森：《空间经济学：新视角　新解读——空间经济学（新经济地理学）专栏点评》，《西南民族大学学报》（人文社会科学版）2008 年第 8 期。

班奕：《临空经济区—自贸区耦合关系的实证分析》，《统计与决策》2018 年第 16 期。

卞元超等：《高铁开通是否促进了区域创新?》，《金融研究》2019 年第 6 期。

蔡潇彬：《诺斯的制度变迁理论研究》，《东南学术》2016 年第 1 期。

蔡云楠等：《空港经济区“港—产—城”协同发展的策略研究》，《城市发展研究》2017 年第 7 期。

曹小曙、廖望：《全球多机场区域空间格局与类型划分》，《地理科学进展》2018 年第 11 期。

曹允春等：《临空经济区开放发展的路径研究》，《区域经济评论》2020 年第 1 期。

曹允春等：《提高临空经济区核心竞争力研究》，《经济纵横》2006 年第 15 期。

曹允春等：《新经济地理学视角下的临空经济形成分析》，《经济问题探索》2009 年第 2 期。

曹允春：《机场发展临空产业的思考》，《中国民用航空》2013 年第 6 期。

曹允春：《临空经济——速度经济时代的增长空间》，经济科学出版社 2009 年版。

曹允春：《临空经济演进的动力机制分析》，《经济问题探索》2009 年第 5 期。

曹允春：《中枢机场在区域经济发展中的作用》，《经济地理》2001 年第 2 期。

柴晔：《爱尔兰：香农国际航空港自由贸易区》，《国际市场》2014 年第 6 期。

晁恒等：《国家级新区设立对城市经济增长的影响分析》，《经济地理》2018 年第 6 期。

陈甜：《“一带一路”下郑州航空港区经济优势与溢出效应》，《经济地理》2017 年第 6 期。

陈晓佳等：《交通结构、市场规模与经济增长》，《世界经济》2021 年第 6 期。

陈振明：《政治与经济的整合研究——公共选择理论的方法论及其启示》，《厦门大学学报》（哲学社会科学版）2003 年第 2 期。

褚衍昌、吴育华：《机场循环经济研究》，《北京理工大学学报》（社会科学版）2009 年第 3 期。

崔强等：《中国空港可持续发展能力评价研究》，《科研管理》2012 年第 4 期。

邓向荣、曹红：《产业升级路径选择：遵循抑或偏离比较优势——基于产品空间结构的实证分析》，《中国工业经济》2016 年第 2 期。

范斐等：《城市层级对中国城市创新绩效的影响研究》，《中国软科学》2022 年第 1 期。

方颖：《郑州航空港区建设与推进》，《经济研究参考》2013 年第

41 期。

［英］弗里德里希·哈耶克：《个人主义与经济秩序》，邓正来译，生活·读书·新知三联书店 2003 年版。

付才辉：《构建我国自主创新的新结构经济学学科体系——综述、架构与展望》，《制度经济学研究》2015 年第 4 期。

付才辉：《新结构经济学理论及其在转型升级中的应用》，《学习与探索》2017 年第 5 期。

付超奇：《推进“一带一路”战略　发展现代航空运输》，《宏观经济管理》2015 年第 4 期。

傅毓维、李栋梁：《基于国际竞争力理论的临空经济研究》，《学习与探索》2010 年第 3 期。

高传华：《河南临空产业体系构建与政策设计》，《开放导报》2013 年第 5 期。

高友才、汤凯：《临空经济与供给侧结构性改革——作用机理和改革指向》，《经济管理》2017 年第 10 期。

高友才、汤凯：《临空经济与区域经济阶段性耦合发展研究》，《经济体制改革》2017 年第 6 期。

耿明斋、张大卫：《论航空经济》，《河南大学学报》（社会科学版）2017 年第 3 期。

顾哲、夏南凯：《空港物流园功能区块布局》，《经济地理》2008 年第 2 期。

管驰明：《从“城市的机场”到“机场的城市”——一种新城市空间的形成》，《城市问题》2008 年第 4 期。

郭璟珅、胡赵征：《北京新航城临空经济区发展规划研究》，《规划师》2012 年第 12 期。

郭芸等：《我国区域经济高质量发展的实际测度与时空演变特征研究》，《数量经济技术经济研究》2020 年第 10 期。

国家发展和改革委员会、中国民用航空局：《关于临空经济示范区建设发展的指导意见》，中央政府网，http：//www. gov. cn/xinwen/2015-07/05/content_ 2890443. htm.

何枭吟、吕荣艳：《空港型自贸区发展趋势与我国内陆空港自贸区战略抉择》，《国际经济合作》2018 年第 8 期。

何枭吟：《内陆地区“自贸区+临空经济”模式研究述评》，《技术经济与管理研究》2019 年第 12 期。

何枭吟：《“一带一路”建设中内陆节点城市临空经济发展建议》，《经济纵横》2015 年第 9 期。

何艳、张瑜：《临空经济区发展的动力因素研究》，《地域研究与开发》2012 年第 2 期。

胡剑芬等：《基于自组织与他组织理论的临空经济系统协同发展研究》，《系统科学学报》2016 年第 3 期。

胡袆秋：《临空经济区空间规划策略研究》，硕士学位论文，武汉大学，2018 年。

胡赵征、李守旭：《临空经济区空间发展模式及趋势展望》，《规划师》2014 年第 11 期。

黄由衡等：《临空经济发展探索——以长沙为例》，中国财富出版社 2012 年版。

江崇莲：《中国临空经济发展的影响因素及策略选择》，《学术交流》2010 年第 11 期。

蒋荷新、任敏媛：《航空运输对地区产业结构影响的研究——以上海浦东机场为例》，《城市发展研究》2018 年第 3 期。

金碚：《关于“高质量发展”的经济学研究》，《中国工业经济》2018 年第 4 期。

金忠民：《空港城研究》，《规划师》2004 年第 2 期。

靳琳琳：《中国临空经济区发展质量评价与提升路径研究》，博士学位论文，郑州大学，2019 年。

柯善咨：《中国城市与区域经济增长的扩散回流与市场区效应》，《经济研究》2009 年第 8 期。

李斌：《习近平参观曼彻斯特空港城项目》，新华网，http：//www. xinhuanet. com/world/2015-10/23/c_ 1116924571. htm.

李栋梁、曹允春：《行业发展与区域经济振兴——基于航空运输业效应的分析》，《求是学刊》2010 年第 3 期。

李非等：《临空经济区形成机理与区域产业结构升级——以广州新白云国际机场为例》，《学术研究》2012 年第 1 期。

李国政：《从城市的边缘到经济的中心：临空经济演进的动力机制与圈层结构》，《现代城市研究》2013 年第 4 期。

李晖：《湖南临空经济科学跨越的战略思考》，《湖南社会科学》2010 年第 4 期。

李健：《临空经济发展的若干问题探讨与对策建议》，《科技进步与对策》2005 年第 9 期。

李兰冰等：《交通基础设施通达性与非中心城市制造业成长：市场势力、生产率及其配置效率》，《经济研究》2019 年第 12 期。

李秀香：《建设临空经济区，促进贸易新增长》，《国际贸易》2012 年第 3 期。

李旭红等：《临空经济税收问题研究——以北京临空经济核心区为例》，《税务研究》2018 年第 1 期。

李义鹏：《京津冀协同发展背景下临空经济区对产业结构升级的对策与路径研究》，《宏观经济管理》2017 年第 S1 期。

李煜伟、倪鹏飞：《外部性、运输网络与城市群经济增长》，《中国社会科学》2013 年第 3 期。

李政、杨思莹：《国家高新区能否提升城市创新水平?》，《南方经济》2019 年第 12 期。

连玉明：《中国临空经济发展报告（2016—2017）》，社会科学文献出版社 2017 年版。

练振中： 《临空经济论》，博士学位论文，中共中央党校，2011 年。

梁琦、黄卓：《空间经济学在中国》，《经济学（季刊）》2012 年第 3 期。

梁琦：《空间经济学：过去、现在与未来——兼评〈空间经济学：城市、区域与国际贸易〉》，《经济学（季刊）》2005 年第 3 期。

廖重斌：《环境与经济协调发展的定量评判及其分类体系——以

珠江三角洲城市群为例》，《热带地理》1999 年第 2 期。

［俄］列宁：《列宁全集》（第 34 卷），中共中央编译局编译，人民出版社 1985 年版。

林毅夫：《比较经济系统的现状与未来：新结构经济学的视角》，《江南大学学报》（人文社会科学版）2022 年第 4 期。

林毅夫：《产业政策与我国经济的发展：新结构经济学的视角》，《复旦学报》（社会科学版）2017 年第 2 期。

林毅夫：《从西天取经走向自主创新：中国经济学科发展方向探索》，《中国科学基金》2021 年第 3 期。

林毅夫、付才辉：《基于新结构经济学视角的吉林振兴发展研究——〈吉林报告〉分析思路、工具方法与政策方案》，《社会科学辑刊》2017 年第 6 期。

林毅夫：《关于中国经济学理论体系建设的思考与建议》，《社会科学文摘》2021 年第 12 期。

林毅夫：《新结构经济学》，北京大学出版社 2012 年版。

林毅夫：《新结构经济学的理论基础和发展方向》，《经济评论》2017 年第 3 期。

林毅夫：《〈新结构经济学〉评论回应》，《经济学（季刊）》2013 年第 3 期。

林毅夫：《新结构经济学——重构发展经济学的框架》，《经济学（季刊）》2011 年第 1 期。

林毅夫：《新结构经济学、自生能力与新的理论见解》，《武汉大学学报》（哲学社会科学版）2017 年第 6 期。

林毅夫：《照搬西方主流经济理论是行不通的》，《学习月刊》2017 年第 1 期。

林毅夫：《中国改革开放 40 年与北大建校 120 年：反思与前瞻》，《北京大学学报》（哲学社会科学版）2018 年第 2 期。

刘秉镰、王钺：《自贸区对区域创新能力的影响效应研究——来自上海自由贸易试验区准实验的证据》，《经济与管理研究》2018 年第 9 期。

刘波：《航空城的空间结构、要素与规划策略研究》，《城市规划学刊》2015 年第 4 期。

刘国宏：《深圳大空港地区开发策略》，《开放导报》2014 年第 5 期。

刘莉雪、徐寿波：《临空经济发展的阶段性特征与产业布局：以郑州为例》，《河南师范大学学报》（哲学社会科学版）2015 年第 4 期。

刘千瑜：《山西临空经济发展：问题与对策》，《理论探索》2012 年第 5 期。

刘瑞明、赵仁杰：《国家高新区推动了地区经济发展吗？——基于双重差分方法的验证》，《管理世界》2015 年第 8 期。

刘瑞、伍琴：《首都经济圈八大经济形态的比较与启示：伦敦、巴黎、东京、首尔与北京》，《经济理论与经济管理》2015 年第 1 期。

刘生龙等：《西部大开发成效与中国区域经济收敛》，《经济研究》2009 年第 9 期。

刘思明等：《国家创新驱动力测度及其经济高质量发展效应研究》，《数量经济技术经济研究》2019 年第 4 期。

刘伟：《正确认识中国临空经济发展的五个性质》，载于《临空经济发展战略研究》课题组《临空经济理论与实践探索》，中国经济出版社 2006 年版。

刘霞、孟雪珂：《临空经济对区域金融影响的差异分析》，《华东经济管理》2018 年第 8 期。

刘修岩等：《城市空间结构与地区经济效率——兼论中国城镇化发展道路的模式选择》，《管理世界》2017 年第 1 期。

刘雪妮等：《发展临空产业集群的动力机制研究》，《现代经济探讨》2007 年第 1 期。

刘雪妮等：《价值链转移对我国临空经济发展的影响》，《企业经济》2008 年第 3 期。

刘雪妮等：《临空经济与供应链的相互作用研究》，《科技进步与对策》2007 年第 12 期。

刘雪妮等：《区域间民航发展与经济增长关系的比较分析》，《管理评论》2007 年第 7 期。

刘雪妮等：《首都机场临空产业集群的评估分析》，《软科学》2008 年第 3 期。

刘雪妮：《基于引力模型的临空经济区流量经济研究》，《管理评论》2009 年第 6 期。

刘雪妮：《临空经济对区域经济的影响研究——以首都机场临空经济为例》，《经济经纬》2009 年第 3 期。

刘雪妮：《我国临空经济的发展机理及其经济影响研究》，博士学位论文，南京航空航天大学，2008 年。

柳坤等：《机场周边地区生产性服务业与制造业空间布局特征——以首都机场为例》，《地域研究与开发》2015 年第 4 期。

柳天恩等：《国家级新区影响地区经济发展的政策效果评估——基于双重差分法的实证研究》，《财贸研究》2019 年第 6 期。

龙玉等：《时空压缩下的风险投资——高铁通车与风险投资区域变化》，《经济研究》2017 年第 4 期。

陆大道：《区位论及区域研究方法》，科学出版社 1988 年版。

逯进等：《中国区域能源、经济与环境耦合的动态演化》，《中国人口·资源与环境》2017 年第 2 期。

逯进、周惠民：《中国省域人力资本与经济增长耦合关系的实证分析》，《数量经济技术经济研究》2013 年第 9 期。

吕斌、彭立维：《我国空港都市区的形成条件与趋势研究》，《地域研究与开发》2007 年第 2 期。

［德］马克思：《马克思恩格斯全集》（第 30 卷），中共中央编译局编译，人民出版社 1995 年版。

［德］马克思：《马克思恩格斯全集》（第 34 卷），中共中央编译局编译，人民出版社 1972 年版。

马同光、齐兰：《中国临空经济发展影响因素研究——基于地区面板数据的实证分析》，《宏观经济研究》2018 年第 4 期。

马晓科：《临空经济与区域经济发展的耦合作用机理——以郑州航空港为例》，《技术经济与管理研究》2017 年第 7 期。

［英］马歇尔：《经济学原理》（上册），朱志泰译，商务印书馆1981年版。

马学广、鹿宇：《基于航空客运流的中国城市空间格局与空间联系》，《经济地理》2018年第8期。

苗毅等：《中国民航机场结构的时空演变特征及优化选择》，《经济地理》2017年第11期。

［澳］欧文·E. 休斯：《公共管理导论》（第四版），张成福、马子博等译，中国人民大学出版社2022年版。

彭聚珍等：《内陆临空经济区建设与政策探究——主导航空公司的作用机制分析》，《西南大学学报》（社会科学版）2015年第1期。

钱彤、熊思浩：《习近平参观考察爱尔兰香农开发区》，新华网，http：//www. xinhuanet. com//world/2012-02/19/c_ 111542251. htm.

荣朝和：《交通—物流时间价值及其在经济时空分析中的作用》，《经济研究》2011年第8期。

阮菊明：《临空经济：理论解析与上海航空城战略行动》，上海三联书店2017年版。

上海世博会高峰论坛：《上海宣言》，《人民日报》2010年11月1日第5版。

申振东、戴添华：《贵州机场群对民族地区经济发展的影响研究——基于灰色关联度理论》，《贵州民族研究》2017年第9期。

申振东：《西部内陆地区对外开放大通道建设：机遇、挑战与路径——以贵州省机场业为例》，《贵州大学学报》（社会科学版）2017年第6期。

沈丹阳、曹允春：《临空经济区经济效率评价与提高策略研究》，《技术经济与管理研究》2014年第2期。

沈露莹：《世界空港经济发展模式研究》，《世界地理研究》2008年第3期。

胜刚、朱红：《中部塌陷、金融弱化与中部崛起的金融支持》，《经济研究》2007年第5期。

史普润等：《区域资源整合视角下临空经济的效率——基于DEA

窗口分析法和灰色预测的江苏临空经济区的实证研究》，《系统工程》2012 年第 4 期。

《首都空港自由贸易区发展战略研究》课题组：《空港自由贸易区理论与实践探索》，中国经济出版社 2000 年版。

单豪杰：《中国资本存量 K 的再估算：1952—2006 年》，《数量经济技术经济研究》2008 年第 10 期。

宋伟、杨卡：《民用航空机场对城市和区域经济发展的影响》，《地理科学》2006 年第 6 期。

苏屹、林周周：《区域创新活动的空间效应及影响因素研究》，《数量经济技术经济研究》2017 年第 11 期。

孙建国、高岩：《金融集聚对技术进步的影响机制研究——基于城市与空港经济区比较视角》，《经济经纬》2019 年第 5 期。

孙娟、蔡震：《面向政府与市场的控制性详细规划探索——以上海虹桥临空经济园区为例》，《城市规划》2009 年第 4 期。

孙波等：《临空经济产生的机理研究——以首都国际机场为例》，《理论探讨》2006 年第 6 期。

谭淑霞、逯宇铎：《区域经济中机场拉动效率的评价指标体系研究》，《科技管理研究》2013 年第 13 期。

汤凯：《河南自由贸易试验区与临空经济区联动发展研究》，载于王海杰《中国（河南）自由贸易试验区发展报告（2017—2020）》，经济管理出版社 2021 年版。

汤凯：《临空经济促进区域经济发展的市场效应研究》，《华东经济管理》2019 年第 11 期。

汤凯：《临空经济促进区域协调发展的机制研究》，中国社会科学出版社 2020 年版。

汤凯：《临空经济促进中国区域协调发展的效应研究》，博士学位论文，郑州大学，2018 年。

汤凯：《临空经济对区域发展的重构效应研究》，《云南财经大学学报》2019 年第 7 期。

汤凯：《我国临空经济区对地区经济增长的影响——基于离散型

空间溢出效应》，《中国流通经济》2020 年第 8 期。

汤宇卿等：《临空经济区的发展及其功能定位》，《城市规划学刊》2009 年第 4 期。

汪雪峰等：《郑州航空港经济综合实验区建设与郑汴许成长三角空间组织研究》，《地域研究与开发》2013 年第 6 期。

汪洋：《推动形成全面开放新格局》，《人民日报》2017 年 11 月 10 日第 4 版。

王爱俭等：《中国自由贸易试验区建设与区域经济增长：传导路径与动力机制比较》，《财贸经济》2020 年第 8 期。

王海杰、孔晨璐：《临空经济示范区与腹地中心城市的耦合发展》，《郑州大学学报》（哲学社会科学版）2020 年第 6 期。

王海杰、孔晨璐：《“双循环”视角下临空经济对区域经济增长的空间溢出效应研究》，《管理学刊》2021 年第 3 期。

王海杰、汤凯：《临空经济与区域发展的耦合关系及跃升路径研究：基于新结构经济学视角》，载于林毅夫等《新结构经济学视角下区域经济高质量发展和产业升级》，格致出版社 2022 年版。

王巧义：《临空产业集群实施路径研究》，《河北经贸大学学报》2014 年第 2 期。

王全良：《基于动态空间模型的中国临空经济区与空港城市经济关系研究》，《地理研究》2017 年第 11 期。

王曙光等：《中国工业化进程中的产业园区制度演进与模式创新》，《改革》2022 年第 5 期。

王伟：《交通基础设施与全要素生产率》，博士学位论文，吉林大学，2019 年。

王为人：《临海与临空经济区发展的国际经验与上海南汇东滩开发的产业定位》，《世界地理研究》2001 年第 4 期。

王晓川：《国际航空港近邻区域发展分析与借鉴》，《城市规划汇刊》2003 年第 3 期。

王晓东等：《交通基础设施对经济增长的影响——基于省际面板数据与 Feder 模型的实证检验》，《管理世界》2014 年第 4 期。

王晓玲:《自贸试验区视阈下城市群发展动力与机制研究》,《经济学家》2020 年第 12 期。

王旭:《空港都市区:美国城市化的新模式》,《浙江学刊》2005 年第 5 期。

王旭:《美国城市史》,中国社会科学出版社 2000 年版。

王旭升等:《郑州航空都市区空间发展战略研究》,《地域研究与开发》2013 年第 6 期。

王学东:《国际空港城市:全球化生存和发展的平台》,经济管理出版社 2020 年版。

王学东:《国际空港城市:在大空间中构建未来》,社会科学文献出版社 2014 年版。

王学东:《社会进入"大空间"时代,空港城市将成新中心》,《市场观察》2015 年第 7 期。

王瑛:《国际外包服务基地的爱尔兰发展模式》,《管理观察》2008 年第 12 期。

王勇等:《新结构经济学视角下产业结构的绿色转型:事实、逻辑与展望》,《经济评论》2022 年第 4 期。

王勇、华秀萍:《详论新结构经济学中"有为政府"的内涵——兼对田国强教授批评的回复》,《经济评论》2017 年第 3 期。

王勇、刘毅:《都市航空港区域经济效应分析——基于中国 10 城市空港面板模型实证》,《经济问题》2011 年第 6 期。

王雨飞等:《交通距离、通勤频率与企业创新——高铁开通后与中心城市空间关联视角》,《财贸经济》2021 年第 12 期。

王雨飞、倪鹏飞:《高速铁路影响下的经济增长溢出与区域空间优化》,《中国工业经济》2016 年第 2 期。

王章留等:《航空经济理论与实践》,经济科学出版社 2013 年版。

王志清等:《京津冀地区发展民航产业集群研究》,《中国工业经济》2006 年第 3 期。

[美] 威廉·阿朗索:《区位和土地利用》,梁进社等译,商务印书馆 2010 年版。

韦森：《探寻人类社会经济增长的内在机理与未来道路——评林毅夫教授的新结构经济学理论框架》，《经济学（季刊）》2013 年第 3 期。

魏后凯：《中国制造业集中与利润率的关系》，《财经问题研究》2003 年第 6 期。

魏丽华、李书锋：《京津冀协同发展战略下河北省产业布局分析——以临空产业为例》，《中国流通经济》2014 年第 12 期。

魏晓芳等：《现代空港经济区的产业选择与空间布局模式》，《经济地理》2010 年第 8 期。

吴国飞、陈功玉：《广州临空经济发展模式和具体思路研究》，《国际经贸探索》2014 年第 12 期。

吴海瑾：《空港经济发展与南京城市转型》，《南京社会科学》2013 年第 1 期。

吴建军、高燕菲：《临空经济、区域创新与经济增长——基于中国 37 个大型空港城市的经验研究》，《湖南科技大学学报》（社会科学版）2020 年第 6 期。

吴威等：《民用机场区域服务能力的结构与空间格局——以长江经济带民用机场体系为例》，《地理研究》2019 年第 6 期。

吴玉鸣、张燕：《中国区域经济增长与环境的耦合协调发展研究》，《资源科学》2008 年第 1 期。

［美］小艾尔弗雷德·D. 钱德勒：《看得见的手——美国企业的管理革命》，重武译，商务印书馆 1987 年版。

肖若晨：《内陆城市空港经济发展的瓶颈与策略——以洛阳空港区为例》，《区域经济评论》2020 年第 1 期。

谢炳庚等：《耦合协调模型在“美丽中国”建设评价中的运用》，《经济地理》2016 年第 7 期。

谢伏瞻：《新中国 70 年经济与经济学发展》，《中国社会科学》2019 年第 10 期。

徐鑫等：《沈阳空港经济区产业布局规划研究》，《城市规划》2016 年第 S1 期。

杨友孝、程程：《临空经济发展阶段划分与政府职能探讨——以国际成功空港为例》,《国际经贸探索》2008 年第 10 期。

杨深、陆超:《我国临空经济区管理体制研究——兼论揭阳空港经济区的管理体制》,《城市发展研究》2014 年第 10 期。

姚士谋等:《国际空港的大区位及其规划布局问题——以广州新白云机场为例》,《人文地理》2006 年第 1 期。

殷广卫:《空间经济学对称核心—边缘模型解读》,《西南民族大学学报》(人文社会科学版)2008 年第 8 期。

尹建华、王兆华:《北京市临空经济发展战略研究》,《生产力研究》2009 年第 11 期。

于德泉、白旭飞:《北京高端产业功能区管理体制研究》,《现代管理科学》2016 年第 9 期。

余洁:《山东省旅游产业与区域经济协调度评价与优化》,《中国人口·资源与环境》2014 年第 4 期。

余永定:《发展经济学的重构——评林毅夫〈新结构经济学〉》,《经济学(季刊)》2013 年第 3 期。

袁航、朱承亮:《国家高新区推动了中国产业结构转型升级吗》,《中国工业经济》2018 年第 8 期。

袁堃:《我国临空经济区发展策略及对武汉临空经济区发展的启示》,《理论月刊》2010 年第 4 期。

[美] 约翰·卡萨达、格雷格·林赛:《航空大都市:我们未来的生活方式》,曹允春、沈丹阳译,河南科学技术出版社 2013 年版。

[美] 约翰·卡萨达、史蒂芬·阿波德、陈萍:《规划有竞争力的航空大都市》,《区域经济评论》2014 年第 3 期。

[美] 约翰·卡赛德:《航空大都市:21 世纪的商业流动性与城市竞争力》,《城市观察》2013 年第 2 期。

[美] 詹姆斯·M. 布坎南:《公共物品的需求与供给》,马珺译,上海人民出版社 2009 年版。

曾刚、胡森林:《百年未有之大变局下中国区域发展格局演变》,《经济地理》2021 年第 10 期。

张凡、宁越敏:《全球生产网络、航空网络与地方复合镶嵌的战略耦合机理》，《南京社会科学》2019 年第 6 期。

张军扩等：《临空经济的内涵及发展中国临空经济的重要性》，《中国经济时报》2007 年 2 月 6 日第 4 版。

张军扩：《临空经济发展的战略与对策：以首都国际机场为例》，经济科学出版社 2008 年版。

张可云：《中国区域城市化管理水平比较研究》，《中国人民大学学报》2015 年第 5 期。

张蕾：《1999—2013 年长三角主要空港经济区产业结构与空间分异特征研究》，《地理科学》2018 年第 5 期。

张蕾、陈雯：《空港经济区产业结构演变特征——以长三角枢纽机场为例》，《地理科学进展》2012 年第 12 期。

张蕾等：《空港经济区范围界定——以长三角枢纽机场为例》，《地理科学进展》2011 年第 10 期。

张蕾：《基于范围界定的长三角主要空港经济区综合发育比较研究》，《地理研究》2016 年第 5 期。

张蕾、史威：《空港经济区空间结构演变及驱动机制——以上海虹桥国际机场为例》，《地理研究》2014 年第 1 期。

张蕾：《世界临空型自由贸易区发展模式研究》，《世界地理研究》2018 年第 6 期。

张蕾、周瑞琴：《长三角主要空港经济区产业结构演变与优化》，《地域研究与开发》2016 年第 5 期。

张林、高安刚：《国家高新区如何影响城市群创新空间结构——基于单中心—多中心视角》，《经济学家》2019 年第 1 期。

张明莉：《临空产业集群化的系统分析及实践导向》，《河北学刊》2013 年第 6 期。

张明莉：《系统视角下的临空产业集群研究》，北京交通大学出版社 2013 年版。

张衔春等：《空港经济区法定空间规划体系内容识别与优化策略》，《地理科学进展》2015 年第 9 期。

张晓平：《发展临空经济：东北振兴的新机遇》，《宏观经济管理》2013 年第 8 期。

张雄：《临空经济的思考》，《人民日报》1997 年 12 月 19 日。

张学良：《中国交通基础设施促进了区域经济增长吗——兼论交通基础设施的空间溢出效应》，《中国社会科学》2012 年第 3 期。

张勋等：《交通基础设施促进经济增长的一个综合框架》，《经济研究》2018 年第 1 期。

张占仓等：《郑州航空港临空经济发展对区域发展模式的创新》，《中州学刊》2016 年第 3 期。

赵冰、曹允春：《多机场临空经济区差异化发展经验及对北京临空经济区的启示》，《企业经济》2018 年第 2 期。

赵冰等：《港—产—城视角下临空经济的新模式》，《开放导报》2016 年第 2 期。

赵明亮、臧旭恒：《国际贸易新动能塑造与全球价值链重构》，《改革》2018 年第 7 期。

赵文：《临空经济与区域经济发展的耦合作用机理——以首都第二国际机场兴建为例》，《经济社会体制比较》2011 年第 6 期。

郑彬：《2020 年世界航空运输统计报告近日发布——全球航空业努力克服挑战》，《人民日报》2021 年 8 月 23 日第 16 版。

中共中央宣传部：《习近平新时代中国特色社会主义思想三十讲》，学习出版社 2018 年版。

中国民用航空局：《2020 年民航行业发展统计公报》，中国民用航空局网，http：//www. caac. gov. cn/XXGK/XXGK/TJSJ/2021 06/t20210610_ 207915. html.

中华人民共和国驻爱尔兰大使馆经济商务参赞处：《浅析爱尔兰香农开发区今与昔》，中华人民共和国商务部网，http：//ie. mofcom. gov. cn/article/ztdy/200705/20070504698144. shtml.

周安伟：《对我国中心城市航空城规划建设的思考》，《城市规划汇刊》1996 年第 4 期。

周柯：《航空港经济区（郑州）产业选择与人才战略研究》，中国社会科学出版社 2018 年版。

周少华、韦辉朕：《临空经济的主要发展模式》，《中国国情国力》2009 年第 11 期。

周文：《要想富，先修路？——不同交通运输发展在贫困地区经济发展效应的差异》，《首都经济贸易大学学报》2019 年第 5 期。

周子勋：《新结构经济学何以引领第三波发展思潮》，《中国经济时报》2016 年 3 月 11 日第 9 版。

朱前鸿：《国际空港经济的演进历程及对我国的启示》，《学术研究》2008 年第 10 期。

朱有志、张胜军：《湖南临空经济区的战略定位与产业发展——以长沙黄花国际机场为例》，《湘潭大学学报》（哲学社会科学版）2010 年第 3 期。

Albert O. Hirschman, *The Strategy of Economic Development*, New Haven: Yale University Press, 1958.

ATAG, "Aviation: Benefits beyond Borders", https://aviationbenefits.org/media/149668/abbb2016_full_a4_web.pdf, 2016.6.

Fritsch, M., Slavtchev, V., "Determinants of the Efficiency of Regional Innovation Systems", *Regional Studies*, 2011, 45 (7): 905-918.

Francois Perroux, "Economic Space: Theory and Applications", *Quaterly Journal of Economics*, 1955, 64 (1): 89-104.

Garreau, J., *Edge City: Life on the New Frontier*, New York: Doubleday, 1992: 103.

Glen E. Weisbrod, et al., "Airport Area Economic Development Model", The PTRC International Transport Conference, Manchester, England, 1993: 1-12.

Gunnar Myrdal, *Economic Theory and Underdeveloped Regions*, London: Gerald Duck Worth and Co., 1957.

IATA, "COVID-19 Updated Impact Assessment", https://www.iata.org/en/iata-repository/publications/economic-reports/covid-fourth-impact-assessment/, 2020.4.14.

Jeffrey G. Williamson, "Regional Inequality and the Process of Nation-

al Development: A Description of the Patterns", *Economic Development & Cultural Change*, 1965, 13 (4, Part 2): 1-84.

John D. Kasarda, "The Fifth Wave: The Air Cargo-industrial Complex", *Portfolio: A Quarterly Review of Trade and Transportation*, 1991, 4 (1): 2-10.

John D. Kasarda, "Time-Based Competition & Industrial Location in the Fast Century", *Real Estate Issues*, 1999 (4): 24-29.

Kai Tang, et al., "The Relationship between the Airport Economy and Regional Development in China", *Emerging Markets Finance and Trade*, 2022, 58 (3): 812-822.

Mckinley Conway, *Airport Cities* 21: *The New Global Transport Centers of the* 21*st Century*, New York: Conway Data, Inc., 1993.

Manchester Airport, "Manchester Airport Master Plan to 2030", https://www.manchesterairport.co.uk/about-us/manchester-airport-masterplan.

Omar EL Hosseiny, "Challenges Facing the Interrelation of 21st Century International Airports and Urban Dynamics in Metropolitan Agglomerations. Case Study: Cairo International Airport", Airports and Urban Dynamics 39th Iso Carp Congress, 2003.

Paul Krugman, "Increasing Returns and Economic Geography", *Journal of Political Economy*, 1991, 99 (3): 483-499.

Paul Krugman, "The New Economic Geography, Now Middle-aged", *Regional Studies*, 2011, 45 (1): 1-7.

Paul Rosenstein-Rodan, "Problems of Industrialisation of Eastern and South-Eastern Europe", *Economic Journal*, 1943, 53 (210/211): 202-211.

Ragnar Nurkse, *Problems of Capital Formation in Underdeveloped Countries*, New York: Oxford University Press, 1953.

Spiekermann, K., Wegener, M., "The Shrinking Continent: Accessibility, Competitiveness, and Cohesion", *European Spatial Research and Planning*, 2008, 177 (4): 115-140.

后　记

本书是我主持的国家社会科学基金一般项目“中国城市群创新能力差异及协同路径研究”（21BJY229）阶段性研究成果，也是我近些年来对临空经济研究的系统性总结。本书主要探讨临空经济在构建区域发展新格局中的动力源作用，可供从事临空经济和区域经济理论研究与应用实践的同仁参考。因涉及面较广，笔者理论水平及实践深度较为有限，导致本书内容有诸多不足和疏漏，有些观点、技术、数据等甚至可能存在错误。因此，恳请读者能够谅解，并不吝指正。

2014 年 9 月，我考入郑州大学攻读管理学博士学位，师从高友才教授。当时，郑州航空港经济综合实验区建设正如火如荼，学界也开始对临空经济这一新的经济形态给予更大的关注。郑州大学应时而动，把“临空经济管理”设为基础与新兴学科予以支撑，并招收这一方向博士研究生，我有幸成为了该方向的第一位博士生。在读博的四年时间里，我围绕临空经济，阅读了一定量的文献，初步打下了研究基础。2017 年 2 月，也是我博三下学期刚开始之时，郑州航空港经济综合实验区发布了立法服务外包项目招标公告，我们团队前后返工四次制作标书，中标后又经历了无数次的项目论证、条款修改等工作，最终《郑州航空港经济综合实验区条例》顺利由河南省人大常委会通过，成为中国首部临空经济区创制性地方立法。这个项目从立项到完成，前后耗时近四年，足够一个攻读博士学位的周期。在参与这个项目中，我对临空经济有了更深层次的认识，并顺利完成了我的博士论文，于 2018 年 6 月拿到博士学位。毕业后留校任教，继续从事临空经济相关的研究工作，截至本书出版时，我已主持临空经济相关省部级课题六项，发表学术论文十余篇，以博士论文为基础出版的著作还获得了 2020 年度河南省社会科学优秀成果奖二等奖、河南省高校哲学社会科学优秀成果奖特等奖。但实际上，截至目前，关于临空经济的研究仍属小众性研究。参加学术交流，当我告知他人我的研究方向是临空经济时，总还要再解释一番。不过这些都没有关系，我觉得这个主题的研究仍然是非常有意义的，可能捞不到大鱼，但总会有收获，本书就是集腋成裘的结果。

本书的出版特别要感谢我的几位老师。感谢我的博士生导师高友才教授。读博四年里，高老师耳提面命；毕业后的这些年，他仍然是时常鞭策。尤其是当我在学术研究、日常工作等方面遇到难以抉择的问题时，他都能够给予我无私的帮助与指点。及至本书的书名敲定、章节安排，他都提出了宝贵的建议。感谢王海杰教授。从博士的时候就跟着他做过研究，这些年更是能频听教诲。不管是在教学与科研上，还是在为人处世上，他都给予我很多点拨，提供了很多锻炼的机会，激励我更快更好地成长。在本书的研究中，我也多次向他讨教，其中关于临空经济的制度属性等内容，就来自于他的观点启发。感谢我的硕士生导师牛树海副教授。牛老师为人真诚谦和，多年来在生活上、学业上都给予了我极大的关心，教我治学做事。我们也共同参与了一些课题研究，本书很多关于区域发展新格局的想法，就是从与他平日的交流探讨中获得的。

感谢郑州大学商学院领导和同事们的支持。感谢北京大学政府管理学院陆军教授、台湾实践大学张存炳教授、河南财经政法大学刘荣增教授、河南省社科院完世伟研究员等老师的指导。感谢郑州大学国际学院王小喵老师、商学院研究生张锟、任梦怡、蔡晓培等同学，他们帮助我搜救资料、构建模型、处理数据，有的还提供了重要观点。感谢宋徐波、杨文娟、王秋莲、邱小路、靳琳琳、周昊飞、丁昱文、孙四喜等小伙伴的鼓励，在与他们的日常交流或合作中，让我体会到协力精进的乐趣。感谢我的家人们给予的精神支持和无微不至的关心，使我能够全身心投入到本书的撰写中。感谢小汤包给我带来的幸福。

最后，感谢中国社会科学出版社刘晓红老师。这是刘老师与我的第二次合作。她工作认真负责、一丝不苟，为拙作的出版付出了很多辛苦。

汤 凯

2023 年 4 月 24 日于许昌